Marie Krause
@hej.wichtelthomes

Das skandinavische WICHTELBUCH

Bezaubernde DIY-Ideen rund um die Wichteltür

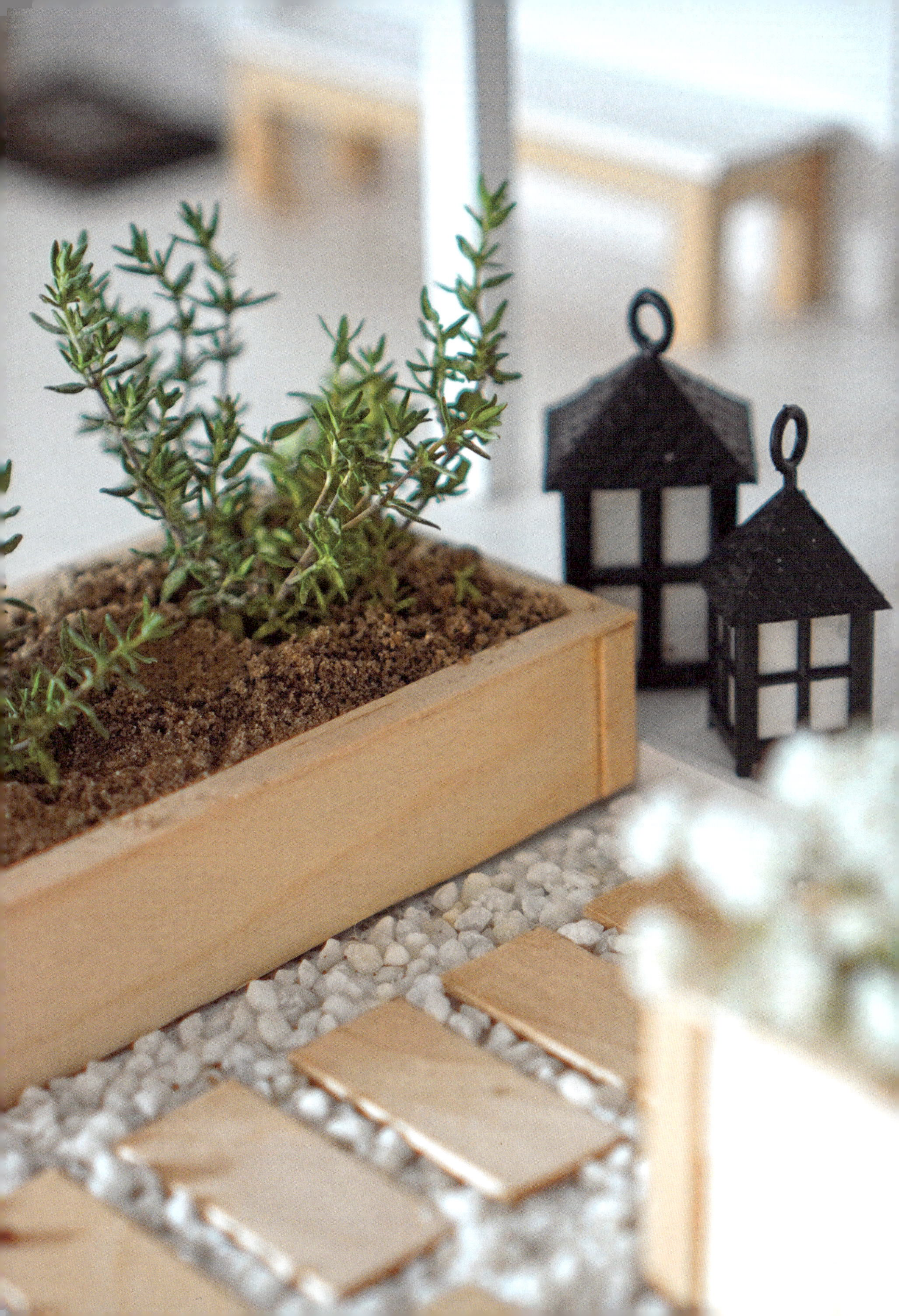

INHALT

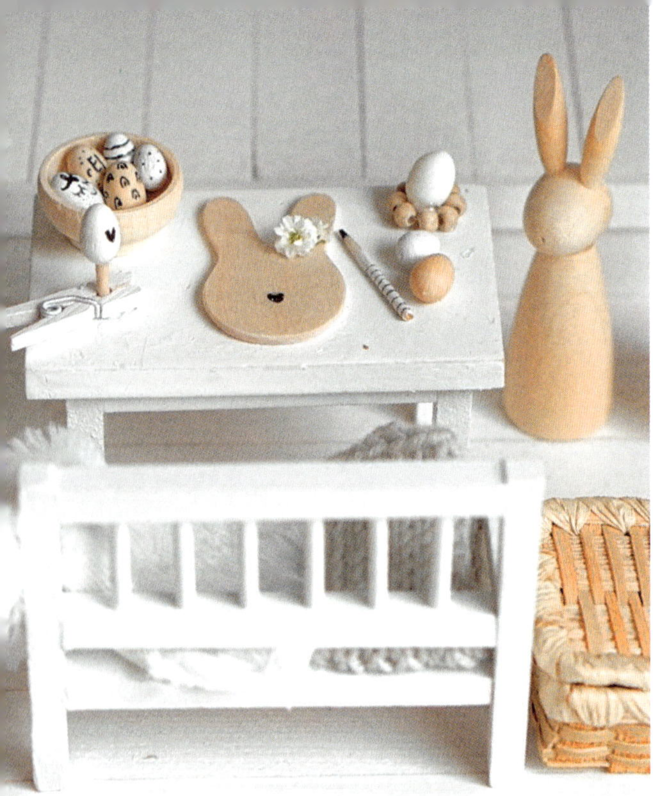

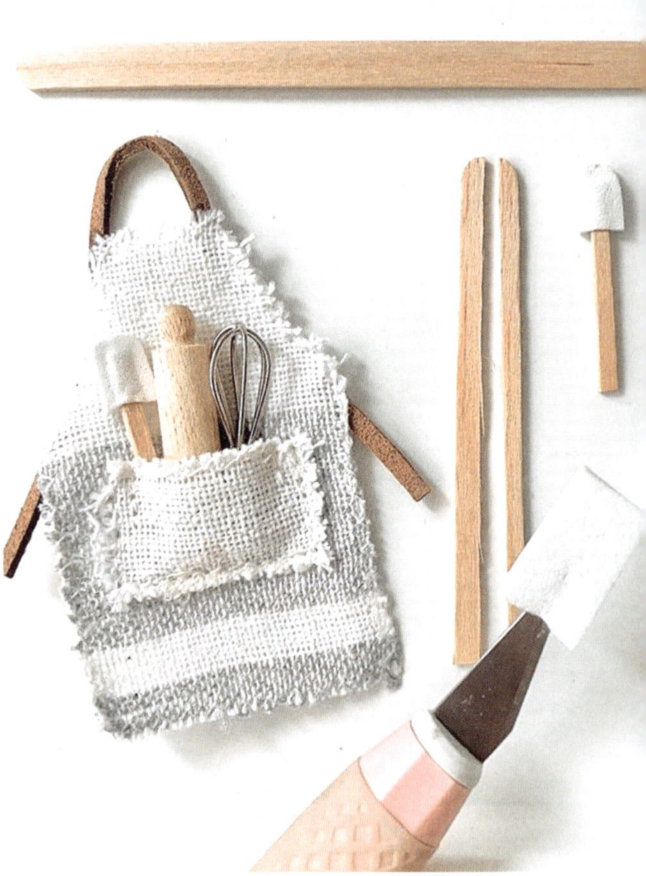

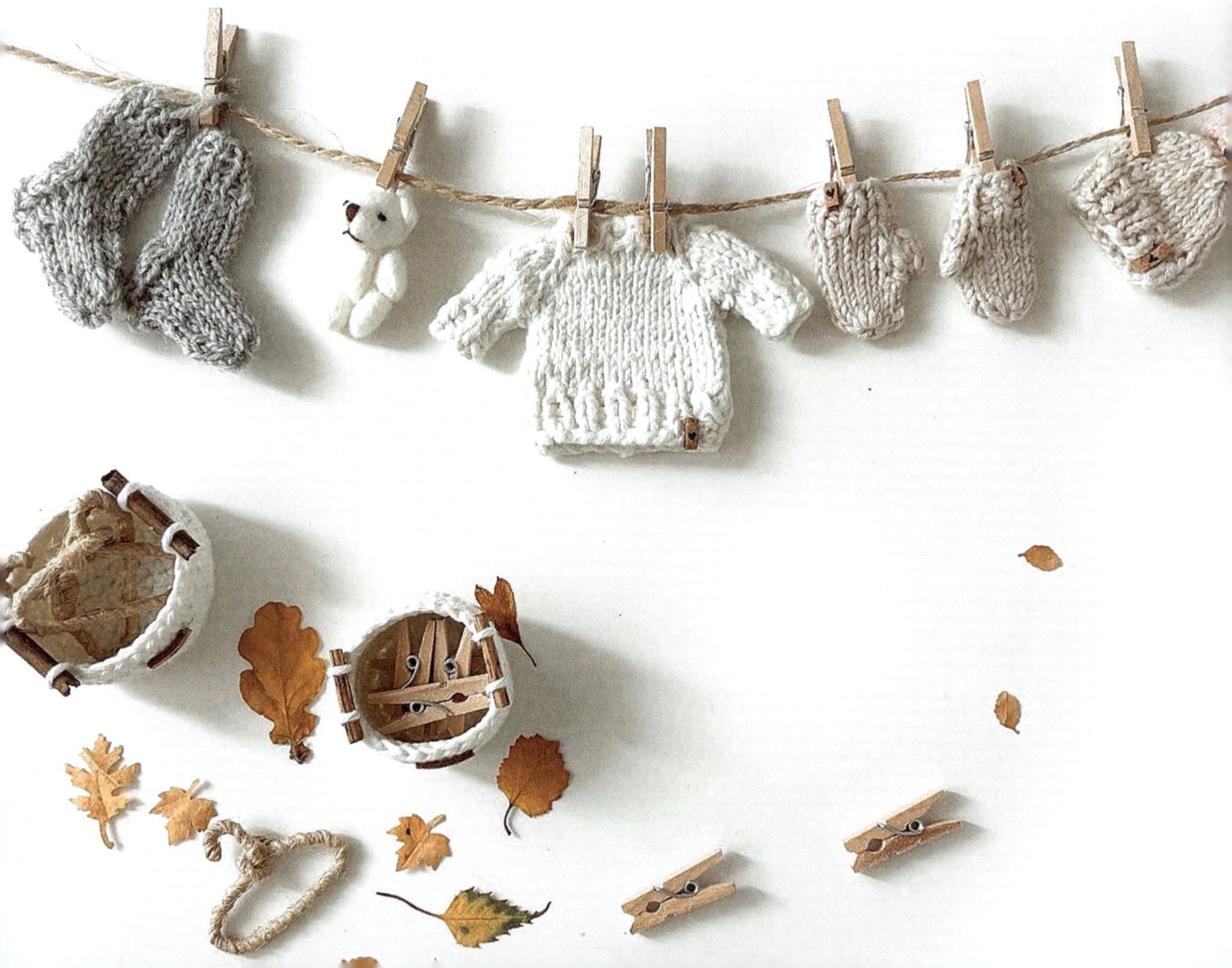

VORWORT

Hat man den Wichtel erst einmal so richtig fest ins Herz geschlossen, und die Zeit bis zur nächsten Weihnacht fühlt sich unendlich lang an, ja, dann kommt man schon ins Grübeln, ob er nicht auch unterm Jahr hin und wieder mal vorbeischauen könnte.
So war es jedenfalls bei uns: Nicht nur den Kindern fehlte unser Wichtel ziemlich schnell, auch ich vermisste diese besondere Vorbereitungs- und Bastelzeit, vor allem die großen, aufgeregten Kinderaugen, die neugierig in der Wichtelkulisse nach Nachrichten und Veränderungen spähten.
So kam dann eins zum anderen, schließlich gibt es für Wichtel immer was zu tun, zu entdecken und zu lernen, nicht nur zur Weihnachtszeit.
Ich habe euch eine große Auswahl an wunderschönen Projekten zusammengestellt, die ihr in diesem Buch hier entdecken könnt. Hoffentlich gefällt es euch so wie mir. Weitere tolle DIYs, auch zum Kulissenbau, findet ihr auf Instagram unter hej.wichtelthomes und in meinem ersten Buch, das 2022 unter dem Titel „Das skandinavische Weihnachtswichtelbuch“ erschienen ist.

Liebe Grüße

MARIE

MATERIALIEN & VORLAGEN

Wer gern bastelt, hat meistens schon einiges an Materialien zu Hause und auch den ein oder anderen Favoriten für sich gefunden. Meine eigenen Lieblingsmaterialien stelle ich euch nun vor – mit entsprechenden Alternativen.

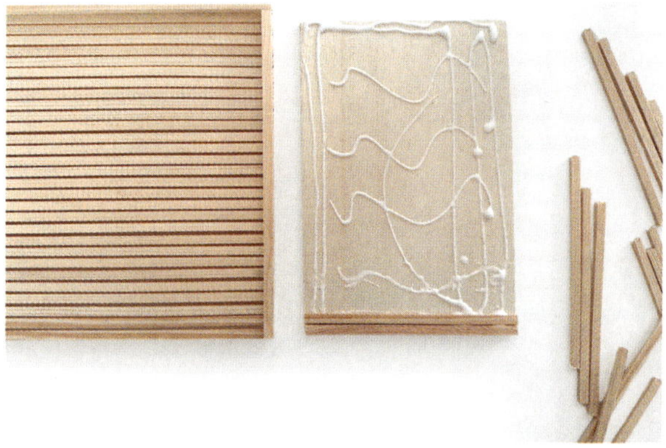

HOLZ

Ich nutze immer gern 4-mm-Sperrholzplatten und Holzleisten in verschiedenen Breiten und Stärken aus dem Baumarkt. Damit lassen sich relativ zügig kleine und auch größere Elemente für die Wichtelkulisse bauen. Großer Vorteil ist auch die Stabilität. Je nach Größe eurer Kulisse messt ihr den gewünschten Bereich aus und sägt ihn aus Sperrholz zu, ebenso die Holzleisten. Diese werden dann einfach (auch mit kleineren Abständen) aufgeklebt und oftmals runden kleinere Zierleisten alles noch etwas ab.
Für kleinere Projekte habe ich 2-mm-Lindenholzplatten für mich entdeckt. Sie lassen sich super gut schneiden und verarbeiten. Alternativ lässt sich aber auch feste Pappe (z.B. 2-mm-Finnpappe) einsetzen. Auch mit Klötzchen (kaufe ich bei *Basteln und Dekorieren*), meist aus Eichenholz, lassen sich großartige

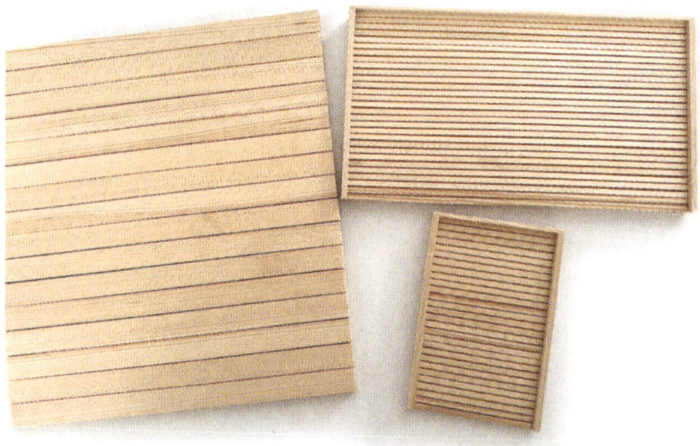

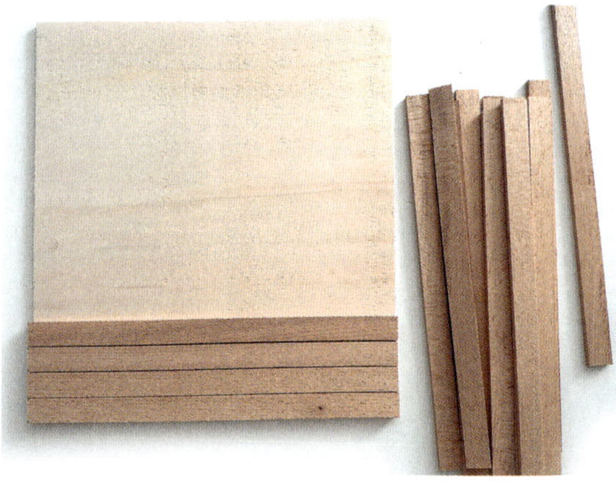

Sachen bauen. Sie sind in der Regel 16 cm lang und 2,2 cm breit.
Besonders beliebt sind die typischen Bastelhölzer (auch als Eisstiele bekannt). Es gibt sie in unterschiedlichen Längen und Breiten. Auch Kaffeerührstäbchen sind bestens geeignet zum Basteln, zumal sie sich super einfach mit der Schere schneiden lassen. Ich nutze gern die einfachen, sehr schmalen aus den Dekoläden (z.B. *Tedi*) und etwas breitere mit 18 cm Länge, die ich meist online über *Amazon* beziehe.

Kleine Rundhölzer, Zahnstocher und Streichhölzer möchte ich auch noch erwähnen. Sie erlauben ganz besonders kleine Projekte und Details.

PAPIER

Ich arbeite gern mit unterschiedlichen Papiersorten, da sie leicht unterschiedliche Farbnuancen haben. Für Vorlagen nutze ich 120-g-Papier, da reicht aber auch ganz klassisches Druckerpapier. Besonders schön finde ich Aquarellpapier (z.B. *Rossmann*), das nicht so bläulich wie normales Papier ist und je Seite unterschiedliche Strukturen hat. Oftmals gibt es auch Blöcke mit verschiedenfarbigem Kraftpapier in Schwarz, Weiß und Braun mit unterschiedlichen Stärken (z.B. *Tedi*). Etikettenpapier kann super praktisch sein, wenn Vorlagen aufgeklebt werden sollen. Es ist schön dünn und trägt dadurch nicht so auf. Richtig toll finde ich auch Packpapier: Es lässt sich toll bedrucken, um damit besonders schön kleine Geschenke zu verpacken.

WERKZEUGE

Säge: Ich nutze zum groben Sägen von Sperrholz und Holzleisten eine übliche Feinsäge aus dem Baumarkt, zusammen mit einer Gehrungsschneidlade für Holzleisten (z.B. *Wisent Bauhaus*).

Bastelmesser: Das ist ein wirklich hilfreiches Werkzeug zum Schneiden von dünnen Hölzern, Formen aus Pappe und Ähnlichem.
Aktuell setze ich ein Bastelmesser (Hochleistungsmesser) von *Fiskars* ein.

Scheren: Neben einer üblichen Schere zum Papierschneiden verwende ich noch eine weitere zum Schneiden von Bastelhölzern und dünnem Draht, ebenfalls von *Fiskars* (Allzweckschere). Stoffe schneide ich mit einer Stoffschere.

Holzbohrer: Ich kann euch kleine dünne Holzbohrer wärmstens empfehlen, denn damit lassen sich tolle Details erschaffen. Meistens werden sie zusammen mit einem Handbohrer genutzt, ich spanne meine immer in den Akkuschrauber, damit geht es dann noch etwas schneller.

Kleine Helfer: Dazu zähle ich Klemmen zum Fixieren, eine Silikonunterlage beim Kleben mit Holzleim, Schleifpapier in unterschiedlichen Körnungen für Holz (grob, mittel, fein), eine Pinzette, Nadeln und eine weiche Unterlage, wenn etwas durchstochen wird (z.B. Filz).

Stifte: Besonders fein schreibende Stifte sind für die kleine Wichtelwelt besonders gut geeignet. Ich habe mich für die wasserfesten von *Edding* entschieden, dort gibt es noch eine Vielzahl weiterer praktischer Stifte, wie Kreidestifte, UV-Stifte, Tinte und sogar Ersatzminen, mit denen sich echte kleine Wichtelstifte darstellen lassen.

KLEBER

Mein absoluter Lieblingskleber ist definitiv Holzleim (z.B. *Ponal Express*). Damit klebe ich jedes Material, egal ob Holz, Pappe, Papier, Beton und Stoffe. Ich verwende ihn gern auch zum Fixieren von Jutegarn. Heißkleber nutze ich eher selten, er ist aber super geeignet zum Fixieren von Blumen und von Teilen, die nur vorrübergehend haften sollen. Auch kleine Klebepunkte (z.B. von *Rayher*) sind zum leichten Fixieren super geeignet.

FARBEN

Ich setze gern *Chalk Effekt* Sprühfarben von *COSMOSLAC* ein. Sie haben eine feine Düse, tropfen nicht und trocknen super schnell, zudem haben sie einen wirklichen tollen matten Kreidelook. Auch für spezielle Anforderungen, wie z.B. Plastik, gibt es tolle passende Sprays. Matten Klarlack verwende ich bei Projekten, die auch mal Schmutz abbekommen, wie zum Beispiel Terrassen oder wenn ich etwas an die Hauswand kleben möchte, um es besser wieder lösen zu können. Glänzenden Klarlack nutze ich nur, wenn etwas nach Keramik aussehen soll.
Mit Holzbeize lassen sich tolle Effekte auf unbehandeltem Holz erzielen.
Und für kleine Flächen eignen sich auch Acrylstifte von z.B. *Edding*.

STOFFE

In diesem Buch gib es auch einige Projekte, bei denen genäht wird. Dafür habe ich überwiegend Baumwolle in Leinenoptik (gibt es z.B. bei *Alles für Selbermacher*) verwendet. Alle Projekte können auch mit der Hand genäht werden. Da Baumwolle dazu neigt, auszufransen, habe ich immer den Fransenstopp von Prym genutzt. Man kommt zwar auch ohne ihn aus, aber die Gefahr, dass etwas Schaden nimmt, ist recht groß. Zum Anzeichnen der Schnittteile sind Stifte hilfreich, die entweder durch Wärme oder durch Wasser wieder entfernt werden können. Das ist jedoch kein Muss, da nichts im sichtbaren Bereich angezeichnet wird.

VORLAGEN

Für dieses Buch habe ich auch einige Vorlagen erstellt (Download unter: www.verlagshaus24.de/das-skandinavische-wichtelbuch). Am genauesten arbeitet es sich damit, wenn ihr in den Druckereinstellungen die tatsächliche Größe oder 100 % wählt und dann druckt. Bei dem Schnittmuster ist ein kleines Kontrollkästchen dabei: Misst es nach dem Ausdrucken genau 2 cm, so ist alles exakt gedruckt. Über das Einstellen der Prozente können einige der Vorlagen auch individuell in der Größe (größer, kleiner) angepasst werden. Man kann natürlich auch auf unterschiedlichen Papiersorten und auf Baumwollstoff drucken. Dafür die Vorlage einmal normal auf Papier ausdrucken, dann auf den gedruckten Bereich euer Wunschmaterial fixieren (z.B. mit Tesafilm oder Washi Tape), in den oberen Einzug des Druckers legen und erneut drucken.

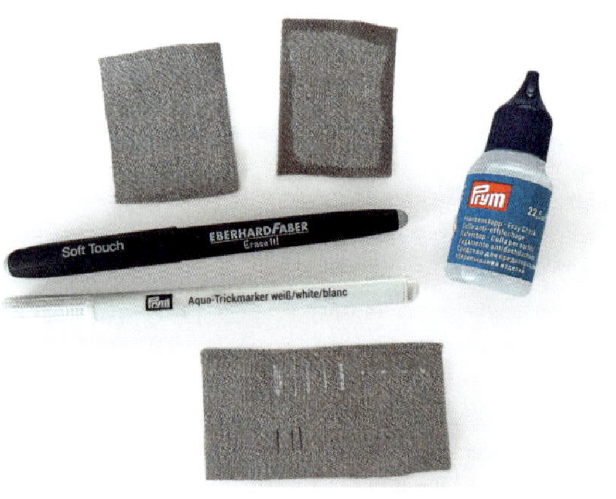

PROJEKTBEZOGENES

Je nachdem, welches Projekt ihr machen möchtet, benötigt ihr ggf. auch Jute und Garne, Holzperlen, Wattekugeln, Zange, Papierrollen, Kunstschnee, lufttrocknende Modelliermasse, Naturmaterialien zur Dekoration, wie kleine getrocknete Äste und Laub, Tannengrün, alte Kerzen, Strohhalme, Tannengirlanden u.v.m.

HINWEISE

Bitte lest euch jede Anleitung erst gut durch, bevor ihr startet. Dann wisst ihr im Vorhinein, wofür welches Material gebraucht wird und wie ungefähr der Ablauf ist.
Fast alle Projekte in diesem Buch inkl. gezeigter Vorlagen sind Prototypen. Das heißt, dass eure fertigen Ergebnisse und Vorlagen minimal anders aussehen oder anders angeordnet sein können.
Folgende **Grundmaterialien** werden in der Materialliste der einzelnen Projekte nicht gesondert aufgelistet: Bleistift, Schere, Klebeband, Klemmen, Bastelmesser, Lineal, Drucker, Papier, Holzleim, Farben.
Die Maße der fertigen Sachen sind nach Länge, Breite/Tiefe und Höhe angegeben und zwar immer nur circa, denn die meisten Hölzer sind nicht genormt und können je nach Charge kleine Maßabweichungen aufweisen. Manchmal läuft auch nicht alles nach Plan und wir sind keine Maschinen, die immer alles millimetergenau schneiden und sägen können. Daher macht euch nicht verrückt, wenn eure Maße am Ende vielleicht etwas anders sind.
Die Größe der Projekte sind an keinen festen Maßstab gebunden. Ich orientiere mich immer an der Größe fester Bestandteile, wie zum Beispiel der Stiefel, Tür, Werkzeuge usw. Es kann also sein, je nachdem welche Tür ihr nutzt bzw. wie groß eure Kulisse ist, dass einiges mal etwas größer oder kleiner ausfällt. Fast alle Projekte sind aber so angelegt, dass sie sich individuell anpassen lassen.

SHOPPING

Es ist gar nicht so einfach, an der Vielzahl kleiner süßer käuflicher Dinge vorbeizukommen, zumal sie sich teilweise auch einfach schwer selbst basteln lassen.

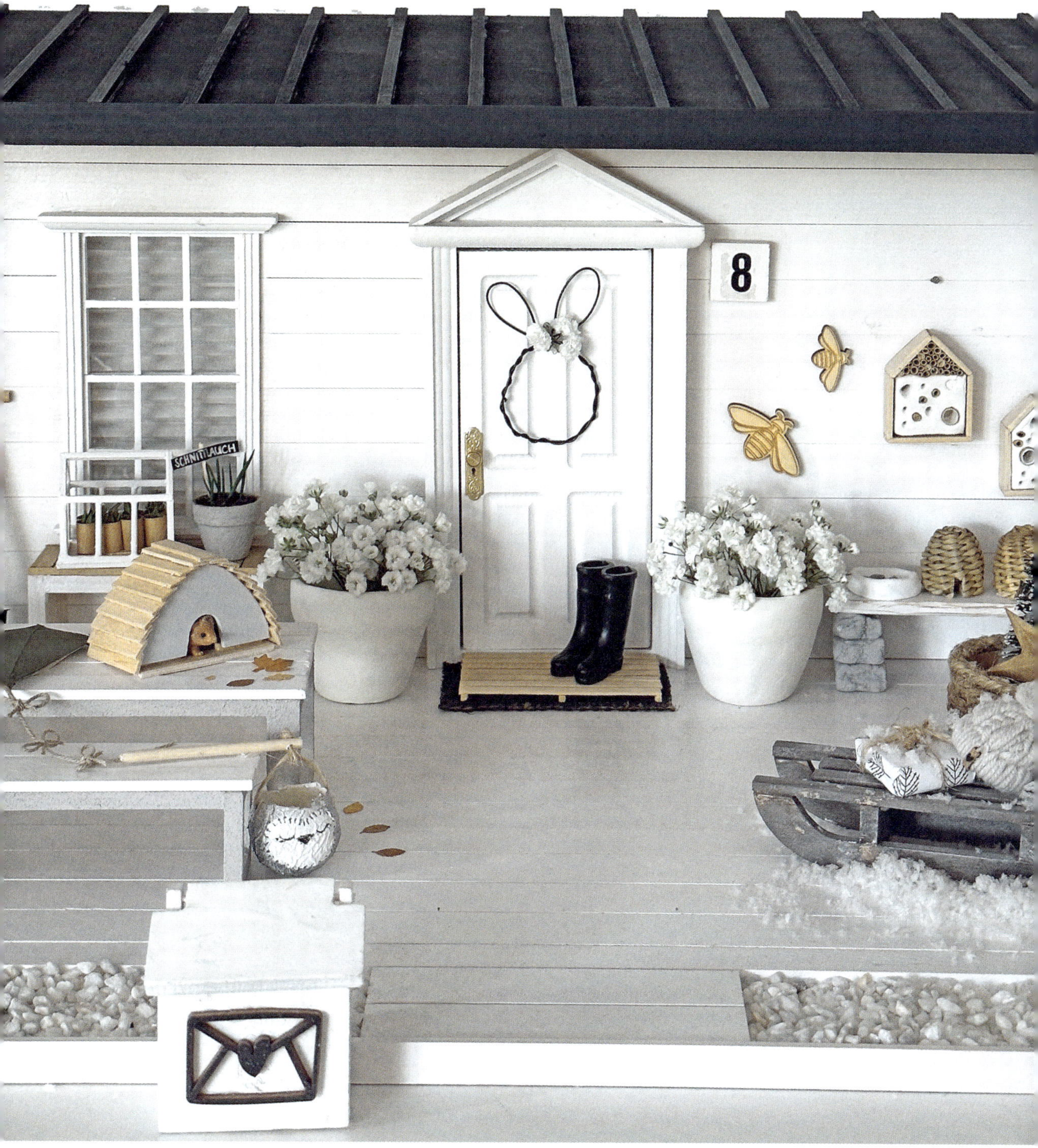

Außerdem ist es manchmal auch einfach praktischer, etwas fertig zu kaufen, wie z.B. Stiefel, Gießkannen, Eimer, Blumentöpfe, Gartenschlauch und Werkzeuge, Wasserhähne, Lichterketten, Laternen, Schüsseln, Tiere usw.
Fündig geworden bin ich bei *Miroflor, Basteln und Dekorieren, Rayher, Schleich* und kleine gelaserte Holzsachen habe ich bei *Eules Werkstatt* gefunden (dort kann man sich sogar Dinge individuell anfertigen lassen). Besonders schön ist es natürlich, wenn man lokal fündig wird und die Sachen vor Ort begutachten kann, denn selbst bei angegebenen Maßstäben von 1:12 sind manche Sachen trotzdem verwirrend unterschiedlich groß oder klein.

ALLGEMEINES ZUM BUCH

Dieses Buch ist so ausgerichtet, dass der Wichtel immer ein paar Tage in unterschiedlichen Jahreszeiten kommen könnte. Am besten eignen sich Ferien- und Feiertage dafür – dann haben die Kinder meist mehr Zeit und Ruhe, sich auf die Geschehnisse einzulassen, und natürlich auch wir Eltern. Auch habe ich versucht, möglichst viele Projekte so zu gestalten, dass unsere Kinder sich aktiv mit einbringen können.
Man muss natürlich nicht alle Projekte umsetzen, manche können durchaus über mehrere Tage laufen oder sich wiederholen. Sucht euch die Sachen aus, auf die ihr am meisten Lust bekommen habt! Vielleicht lasst ihr euch von meinen Ideen auch nur inspirieren und macht etwas ganz Eigenes daraus. Nichts muss, alles kann.

- Da es in der Wichtelwelt kein Richtig oder Falsch gibt, muss auch der kleine Wichtel zeitlich und örtlich nicht begrenzt agieren. Besonders praktisch daran ist, dass die Kulisse nicht immer zwingend aufgebaut werden muss, sie könnte entweder direkt stehen bleiben, oder der Wichtel sucht sich einen anderen Unterschlupf oder bekommt ihn durch uns oder unsere Kinder angeboten (besonders toll, wenn die Kinder selbst Ideen haben). Er könnte zum Beispiel ein paar Tage in einem Zelt, einem großen Windlicht oder einer Laterne, einem Wohnwagen, Kürbis, Ferienhaus oder im Garten/Schuppen, in einem Baumhaus verweilen.

- Auch anreisen kann er ganz individuell, etwa in einem Heißluftballon, einem selbstbastelten kleinen Flieger, auf dem Rücken eines Dinosauriers, im Camper, Fahrrad usw.

- Schön ist es auch, wenn es eine feste Anlaufstelle gibt, an der die Kinder immer sicher Post vom Wichtel erhalten. Dafür könnte man, wenn der Wichtel gerade nicht da ist oder nicht in seiner festen Kulisse wohnt, weil sie nicht aufgebaut ist, einen (zusätzlichen) Briefkasten im Flur aufstellen oder einen kleinen zweiten direkt an den hauseigenen kleben, sofern dies möglich ist.

- Die Interaktion mit dem Wichtel kann auch in verschiedene Richtungen laufen. Mal ist der Wichtel wie gewohnt der Aktive, der etwas macht oder zeigt, es können aber auch unsere Kinder sein, die mithilfe von uns Eltern für den Wichtel etwas vorbereiten, basteln oder erzählen.

AUFTEILUNG DES BUCHES

Frühling
Da der reine Weihnachtswichtel, den ihr kennt, kaum Gartenutensilien benötigte, gibt es hier natürlich erst einmal kräftig zu bauen und einzurichten. Hauptsächlich geht es im Frühling um das erste Anpflanzen, Erforschen und Beobachten. Auch lernt der Wichtel noch etwas über Bienen und Pflanzen. Einiges weiß er zwar schon, einiges versucht er auszuprobieren – und unsere Kinder können ihn dabei tatkräftig unterstützen.

Sommer
Das Wissen, das er sich im Frühjahr schon angeeignet hat, wird nun weiter vertieft. Die Beete werden mit etwas größeren Sachen bepflanzt und es gibt gesammelte Samen zu sortieren. Es geht auch ein wenig um Spiel und Spaß, denn schließlich ist so ein Sommer ein richtiges Highlight für einen Wichtel. Bedingt durch die langen Ferien und Urlaubstage sind hier besonders viele Projekte zusammengekommen.

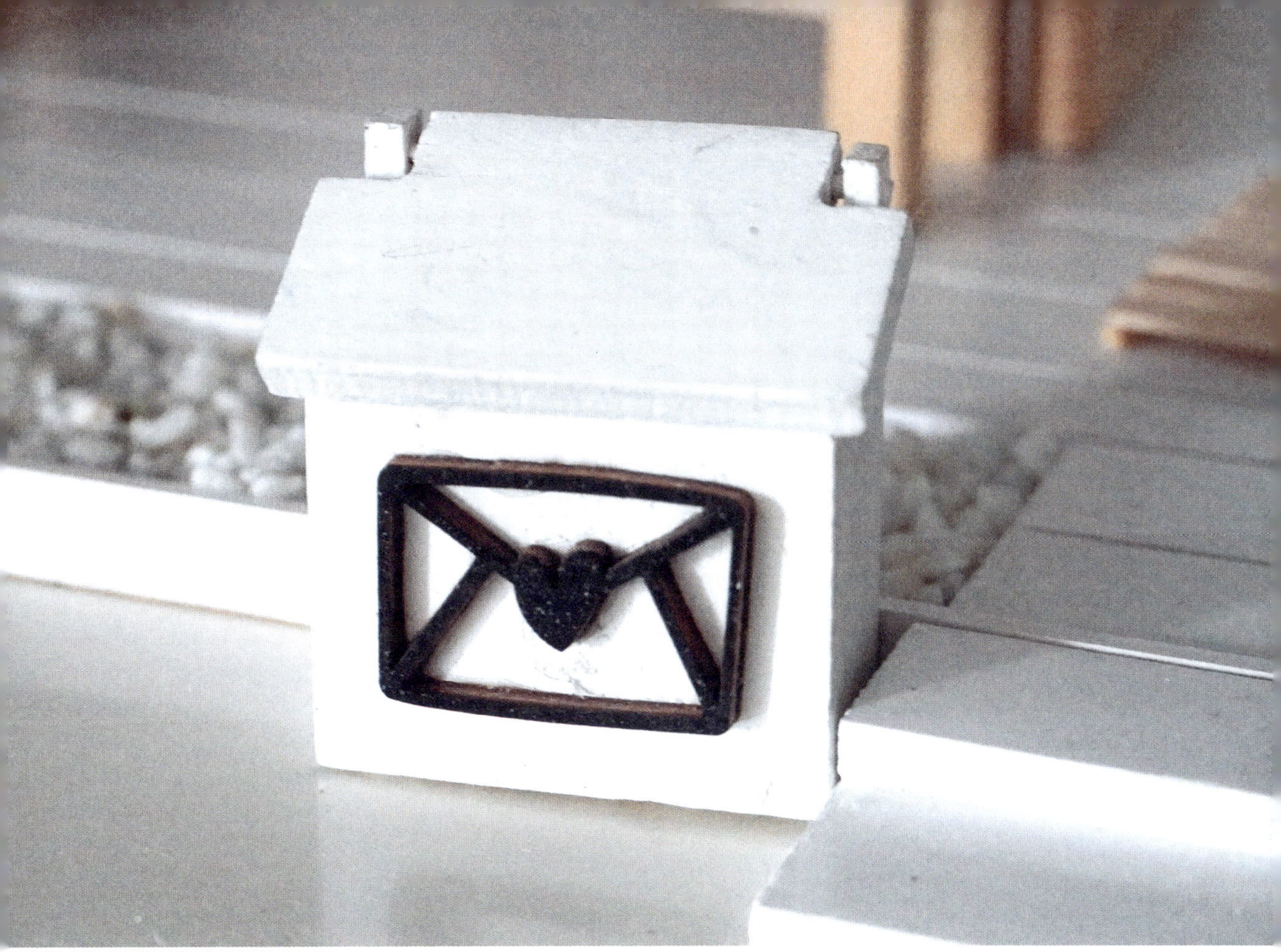

Herbst
Im Herbst probiert der Wichtel ganz klassische Dinge aus, kümmert sich um ein paar kleine Bewohner in seinem Garten und bereitet sich auf Halloween vor. Vielleicht geht er auch (wieder) zelten, falls das im Sommer nicht der Fall war.

Winter
In der Vorweihnachtszeit ist der Wichtel wieder voll in seinem Element. Er bringt ein paar neue Dekorationen mit und bereitet sich auf das Weihnachtsfest vor. Da er bis Silvester bleiben möchte, hat er auch ein paar frostige Sachen für die Tage zwischen den Feiertagen parat.

Die einleitende Erklärung zu dem jeweiligen Projekt kann auch, inhaltlich natürlich angepasst, als Inhalt für den Wichtelbrief genutzt werden.
Da auch dieses Buch nicht unendlich viel Platz bietet, mir aber laufend neue Projekte einfallen, habe ich immer noch ein paar zusätzliche Möglichkeiten oder Aktionen beschrieben. Ihr könnt diese dann eigenständig umsetzen.
Lasst mich gern an euren DIYs teilhaben, wenn ihr bei Instagram aktiv seid. Verlinkt mich gern oder nutzt den Hashtag *#hejthomes*. Ihr erreicht mich aber auch per E-Mail unter *hej.thomes@gmail.com*, falls ihr Fragen habt oder etwas unklar ist. Und nun wünche ich euch viel Freude beim Basteln und eine wundervolle Zeit mit euren Kindern und eurem Wichtel.

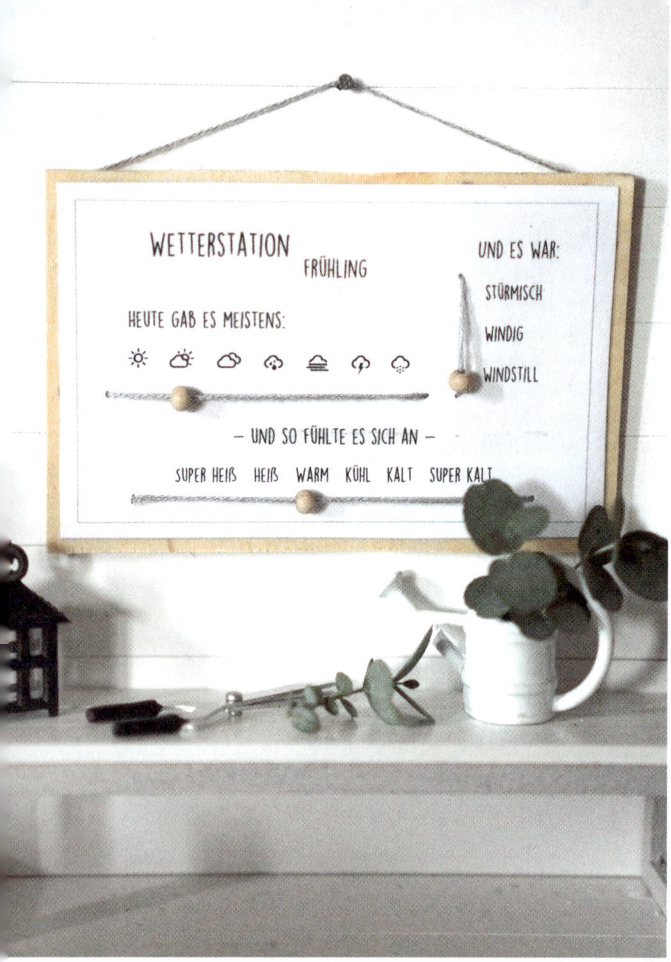
WETTERSTATION
FRÜHLING
HEUTE GAB ES MEISTENS:
UND ES WAR:
STÜRMISCH
WINDIG
WINDSTILL
– UND SO FÜHLTE ES SICH AN –
SUPER HEIß HEIß WARM KÜHL KALT SUPER KALT

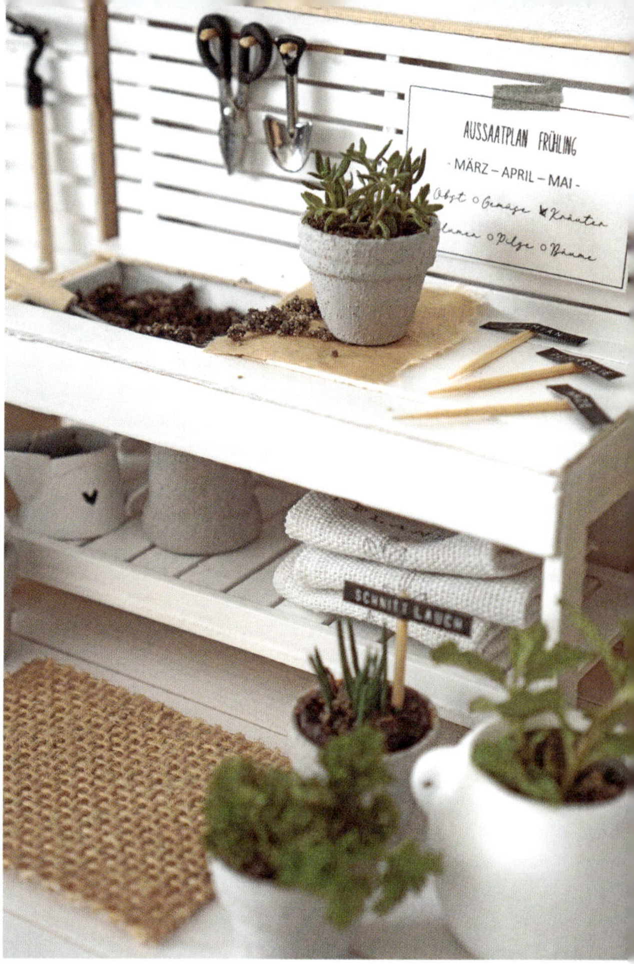
AUSSAATPLAN FRÜHLING
- MÄRZ – APRIL – MAI -
Obst ○ Gemüse ✕ Kräuter

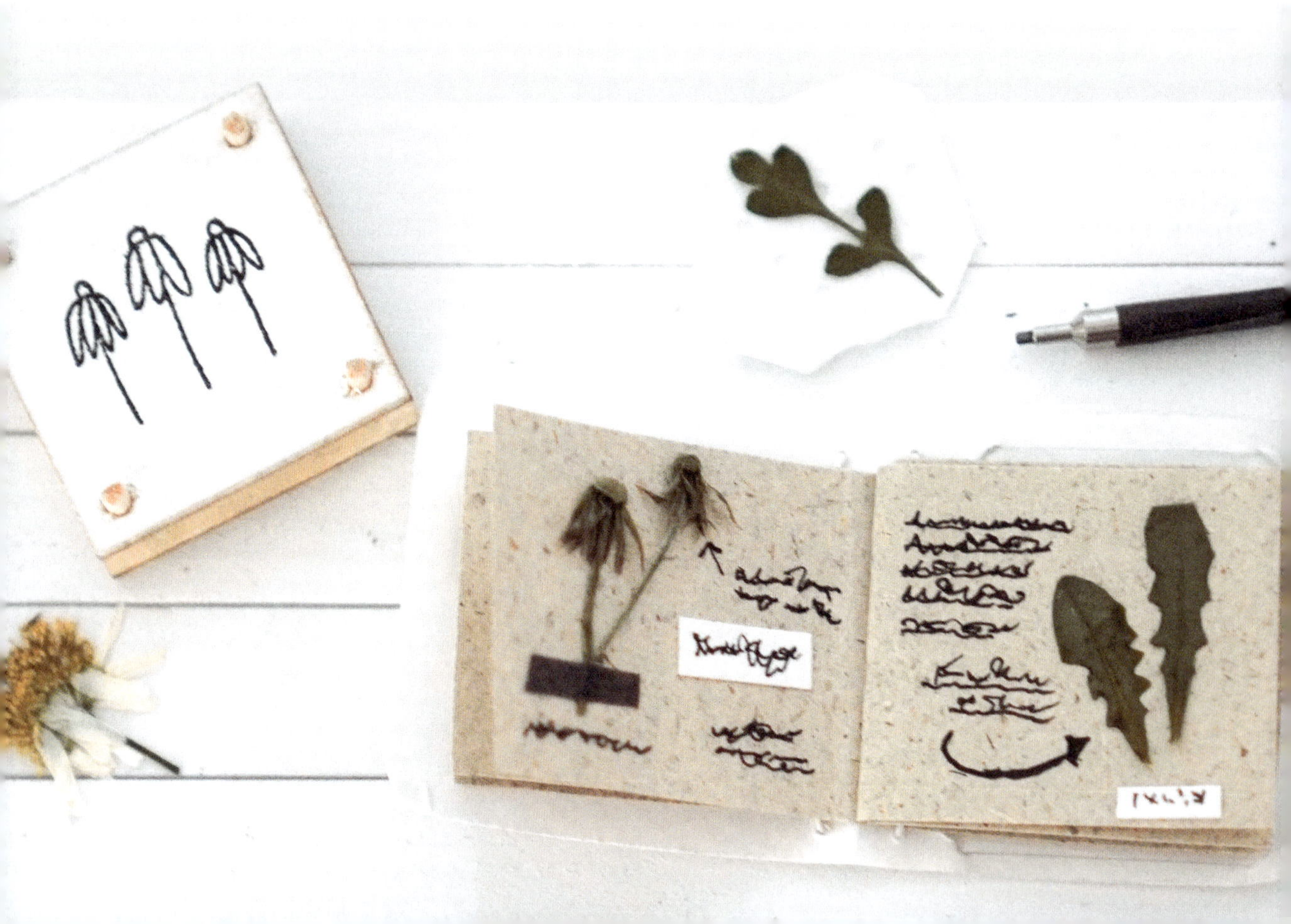

Frühling

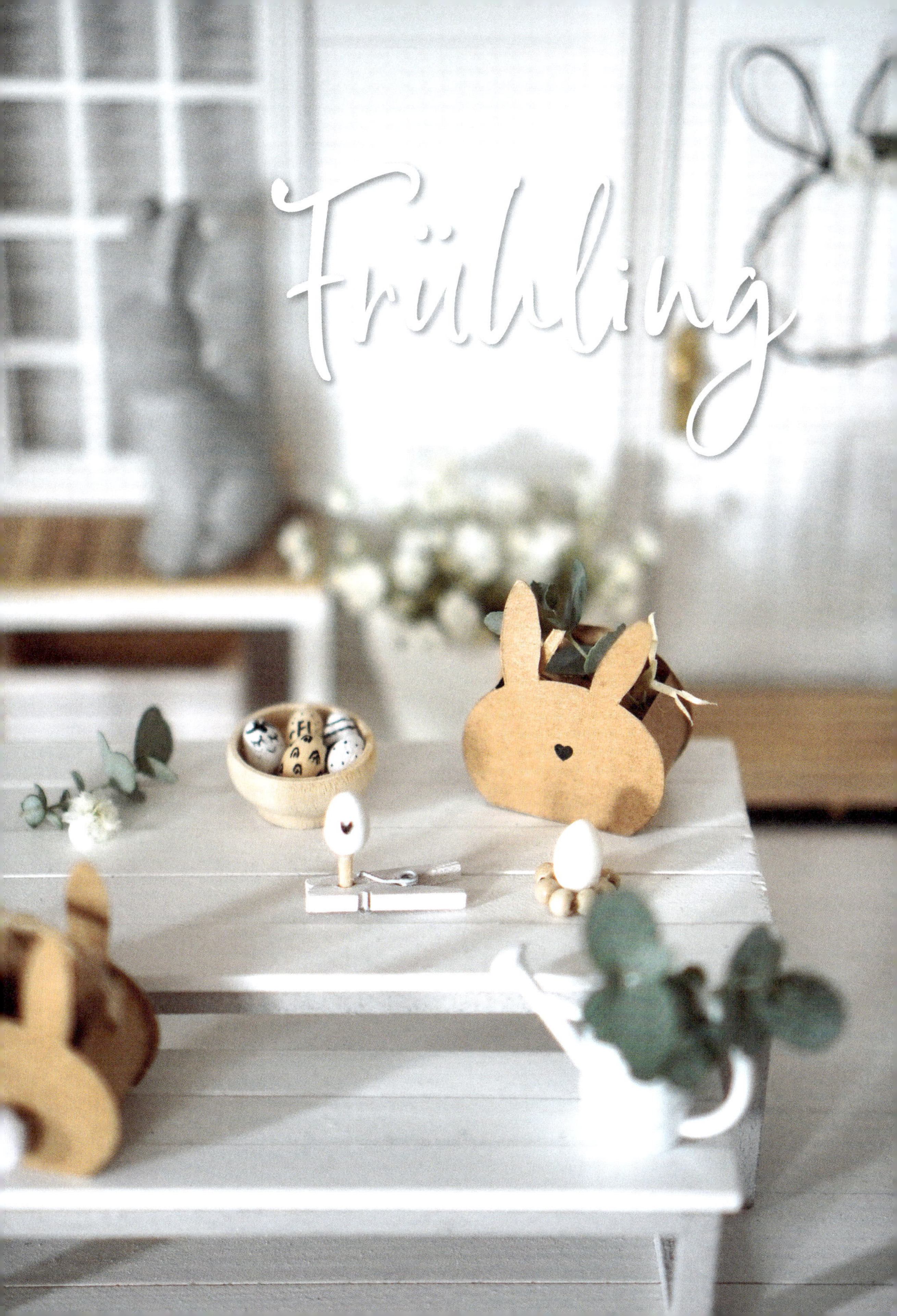

WETTERSTATION

Unser Wichtel möchte etwas über das aktuelle Wetter erfahren und bittet die Kinder, ein paar Tage das Wetter für ihn aufzuzeichnen. Schließlich schläft er selbst ja tagsüber und bekommt dadurch nicht so viel mit. In der Nacht liest er dann die Werte ab und notiert sie sich.

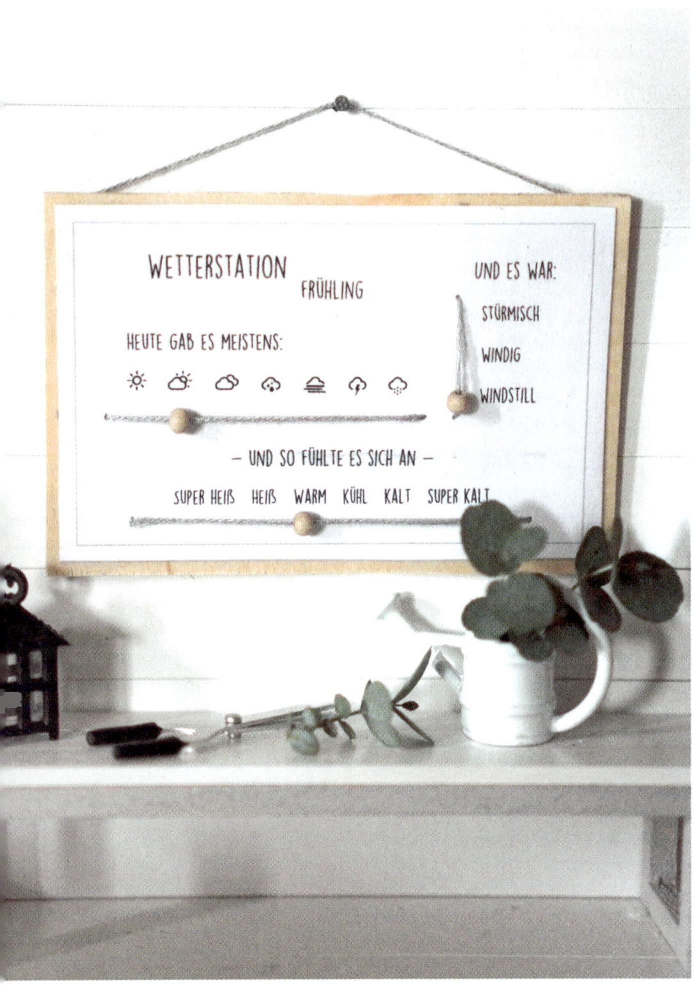

GRÖSSE

10 cm x 6,5 cm, ohne Aufhängung

MATERIALIEN

1 2-mm-Lindenholzplatte
20 cm x 10 cm (alternativ Pappe)

Vorlage Wetterstation

1 Nadel, die so dick ist wie das Garn

(Stick-)Garn (*Rayher*)

3 kleine Holzperlen 4 mm (*Rayher*)

1 Kaffeerührstäbchen

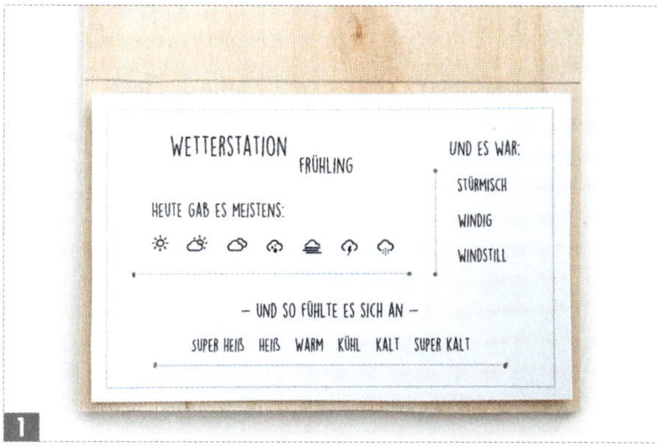

1

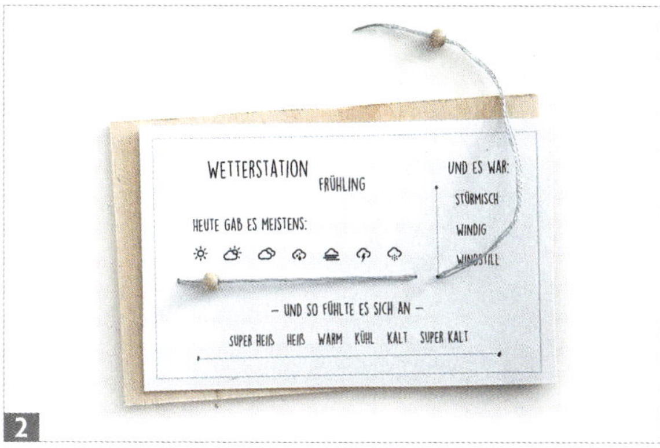

2

3

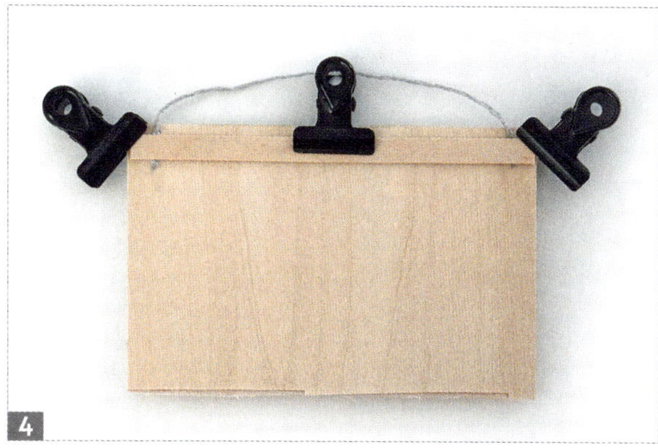

4

1 Aus der ausgedruckten Vorlage den gewünschten Bereich ausschneiden und die Rückwand zuschneiden. Mit einer Nadel die Punkte für das Garn durchstechen.

2 Ich habe Stickgarn genommen, das ich aufgrund der Dicke in zwei Hälften geteilt habe. Das eine Ende des Garns wird an die Rückseite geklebt und in den ersten Bereich inkl. Perle gefädelt. Es wird ohne Nadel gefädelt, da sonst unnötig große Löcher entstehen. Dann werden die nächsten Bereiche vorsichtig eingefädelt und das Garn wird leicht strammgezogen, sodass die Perle am Garn nicht zu sehr durchhängt. Aber Achtung, nicht zu stramm, damit das Papier nicht reißt. Im Anschluss das Garn kürzen und ebenfalls auf der Rückseite festkleben.

3 Das Ganze sollte dann auf der Rückseite so in etwa aussehen. Dann kann es auf die zuvor vorbereitete Rückwand geklebt werden.

4 Jetzt wird noch die Aufhängung an die Rückseite geklebt und mit einem gekürzten Kaffeerührstäbchen fixiert.

TIPP

Das Garn lässt sich leichter einfädeln, wenn ein Ende ca. 0,5 cm mit etwas Holzleim benetzt und spitz gezwirbelt wird. Kurz getrocknet, wird das Garn an der Stelle fester und ist somit stabiler.

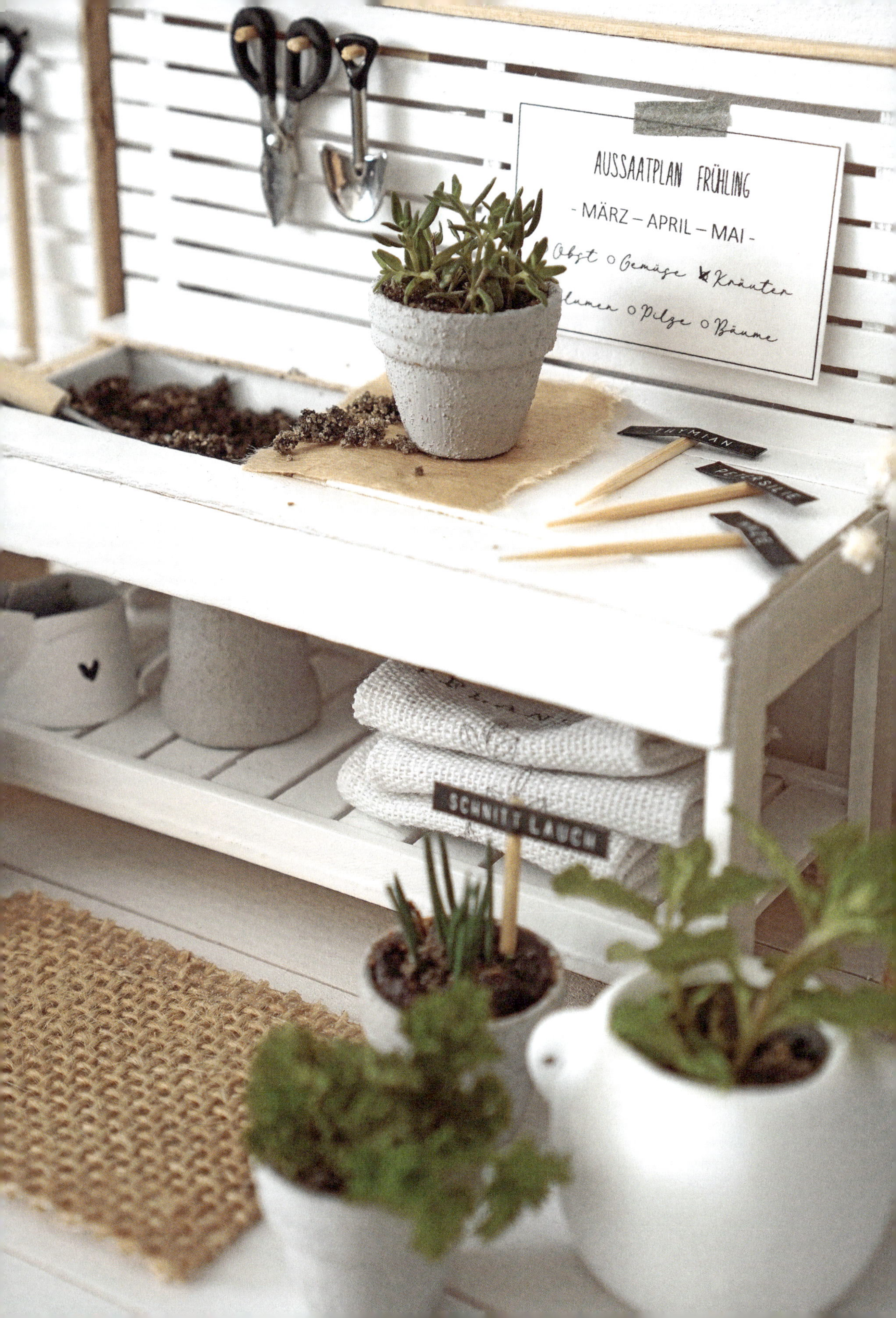
AUSSAATPLAN FRÜHLING
- MÄRZ – APRIL – MAI -
Obst ○ Gemüse ☒ Kräuter
○ Pilze ○ Bäume
THYMIAN
SCHNITTLAUCH

PFLANZTISCH

Einen festen Arbeitsbereich im Garten kann jeder Wichtel gut gebrauchen. Besonders praktisch ist dabei ein Pflanztisch, der später auch als Werkbank genutzt werden kann. In den kleinen integrierten Boxen lassen sich super gut Sachen verstauen und verstecken.

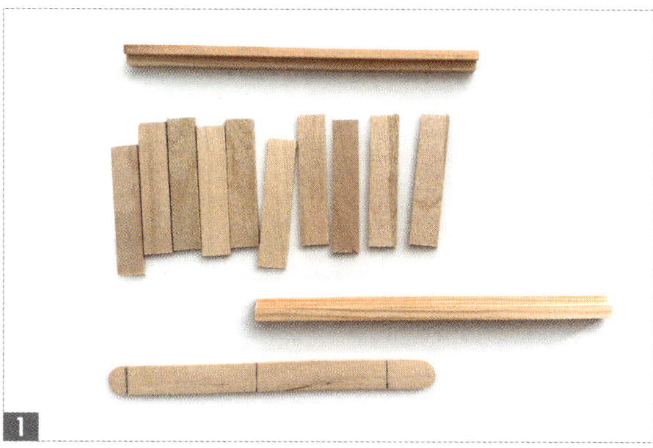

1

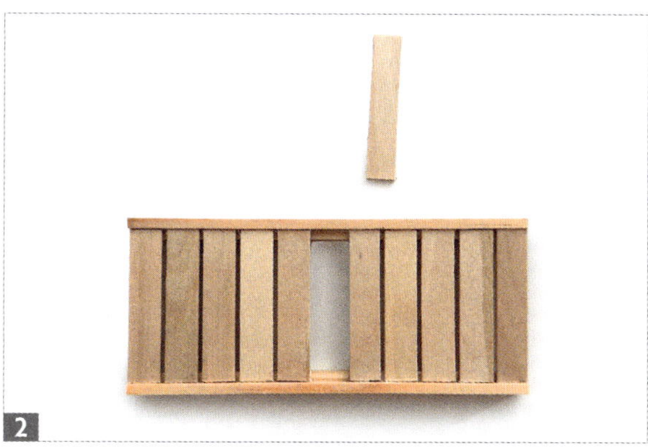

2

1 Im ersten Schritt werden aus beiden Rechteckleisten zwei 12 cm lange Stücke gesägt und so aufeinander geklebt, dass ein kleiner Versatz entsteht. Aus 6 Bastelhölzern werden 11 Stücke à 4,5 cm geschnitten. Aus einem Bastelholz bekommt man gut 2 Stücke.

2 Auf den entstandenen Versatz werden die zuvor geschnittenen Bastelhölzer aufgeklebt.

GRÖSSE

12,5 cm x 5,3 cm x 11,1 cm

MATERIALIEN

1 Rechteckleiste 0,3 cm x 0,8 cm (*Bauhaus*)

1 Rechteckleiste 0,3 cm x 0,4 cm (*Bauhaus*)

6 schmale Bastelhölzer je 11 cm x 1,1 cm (*Rayher*)

2 breite Bastelhölzer je 15 cm x 1,8 cm (*Rayher*)

2 Streichholzschachteln (*Rayher*)

10 schmale Kaffeerührstäbchen

1 2-mm-Lindenholzplatte 20 cm x 10 cm (alternativ Pappe oder Reststück)

1 Zahnstocher (Zahnpicks *Rayher*)

FÜR DIE DEKORATION

Tontöpfe, Vorlage Aussaatplan & Pflanzschilder (Saat und Samen), frische Kräuter, Werkzeuge, kleine Kanne, Zahnstocher, Holzbohrer Gr. 2,3 mm

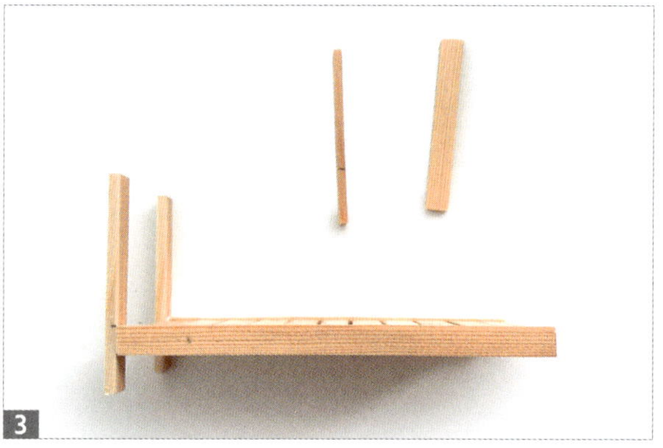

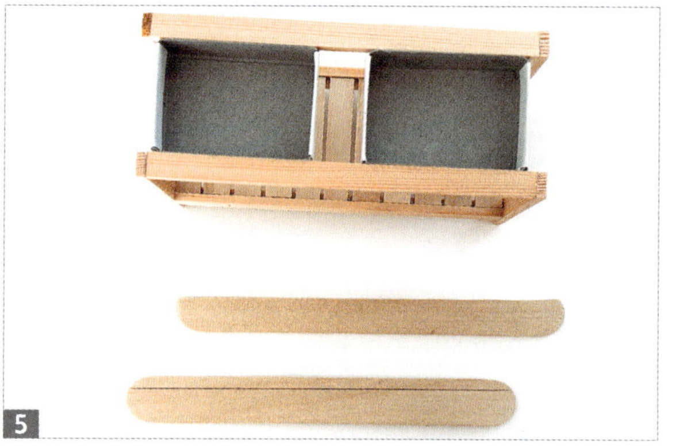

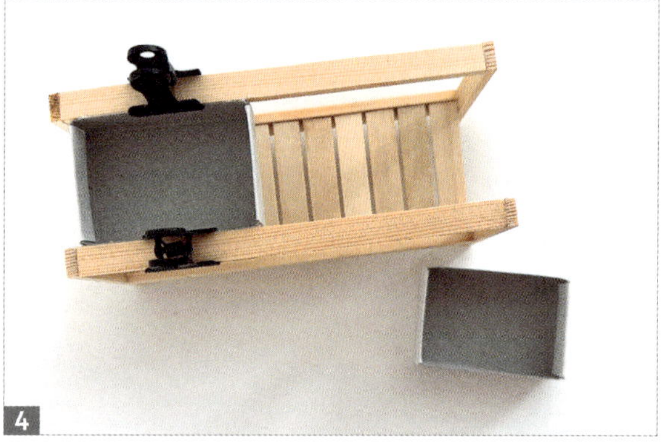

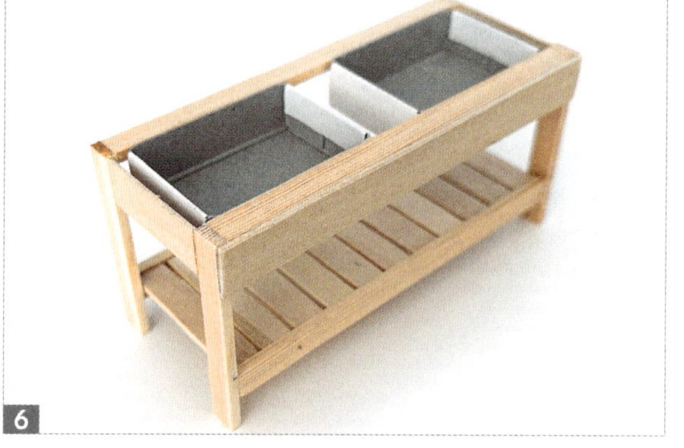

3 Dann werden aus der 0,8 cm breiten Rechteckleiste vier Beine à 6 cm gesägt, es wird eine Markierung bei 1,8 cm von unten gesetzt und die Beine dann an die Seite geklebt.

4 Oben werden zwei weitere Stücke aus der Rechteckleiste (0,3 cm x 0,8 cm) à 16 cm gesägt und vorne und hinten zwischengeklebt. Jetzt kann noch relativ zügig getestet werden, ob das innere Teil der Streichholzschachteln dazwischen passt. Wenn nicht, kann jetzt noch ein wenig justieren werden. Wenn alles passt, können die Schachteln noch farblich gestaltet und fest eingeklebt werden (i ch habe diesen Schritt etwas umständlicher später durchgeführt).

5 Im nächsten Schritt werden zwei breite Bastelhölzer auf je ca. 1,3 cm verschmälert.

6 Eines wird auf die Länge der kompletten Vorderseite gekürzt und angeklebt. Dann wird der Zwischenraum an den Seiten ausgemessen und aus dem zweiten verschmälerten Bastelholz werden zwei Seitenteile geschnitten und ebenfalls angeklebt.

7 Die Zwischenräume der Schachteln können jetzt mit schmalen Kaffeerührstäbchen und einem kleinen Stück breitem Bastelholz ausgekleidet werden, evtl. ist noch eine kleine Anpassung an den Hölzern nötig.

8 Für die Rückwand werden drei 11 cm lange Stücke aus der Rechteckleiste 0,3 cm x 0,4 cm gesägt, gleichmäßig auf insgesamt 11,5 cm verteilt angeordnet und darauf 8 schmale Kaffeerührstäbchen geklebt. Wie weit die Stäbchen geklebt werden können, wird an der Höhe des bisherigen Tisches ermittelt. Nach der Trocknungszeit werden sie auf 12,5 cm gekürzt. Im Anschluss kann alles farblich nach Wunsch gestaltet und die fertige Rückwand an den Tisch geklebt werden. Ich habe oben als Abschluss noch ein weiteres unbehandeltes Kaffeerührstäbchen aufgeklebt.

9 Jetzt werden für die Boxen noch ein paar Deckel aus der Lindenholzplatte ausgemessen und dann zugeschnitten und ggf. farblich gestaltet.

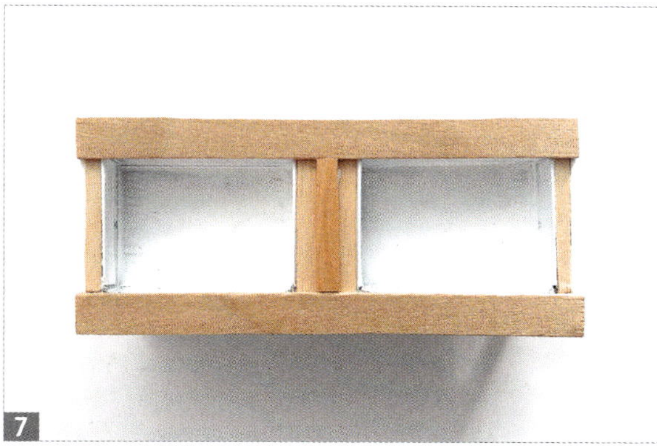
7

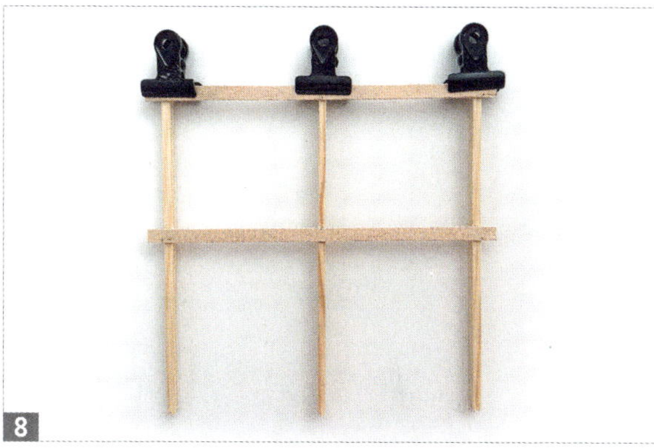
8

10 Aus einem Reststück Rechteckleiste kann mittels Holzbohrer und Zahnstochern eine kleine Leiste für kleine Werkzeuge gebastelt werden. Sie wird dann von hinten eingesetzt.

11 Jetzt können kleine Tontöpfe farblich gestaltet, mit Erde gefüllt und mit frischen kleinen Kräutern bepflanzt werden. Kleine Pflanzschilder können super leicht selbst erstellt werden. Dazu auf einem Stück Papier mit einem schwarzen Edding ein paar Balken aufmalen und mit einem dünnen Kreidestift beschriften. Alternativ können auch die Pflanzschilder aus der Druckvorlage ausgeschnitten und auf gekürzte Zahnstocher geklebt werden. Ebenso kann ein Aussaatplan mit angebracht werden.

AUFGABE Hier bittet der Wichtel die Kinder, dass sie an den Pflanzen riechen, um herauszufinden, wohin welcher Pflanzenstecker gehört. Der Wichtel hat nämlich gerade einen leichten Schnupfen und ist sich selbst nicht so ganz sicher.

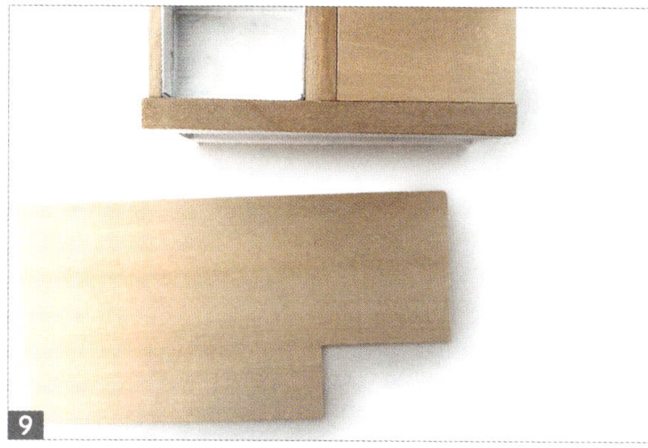
9

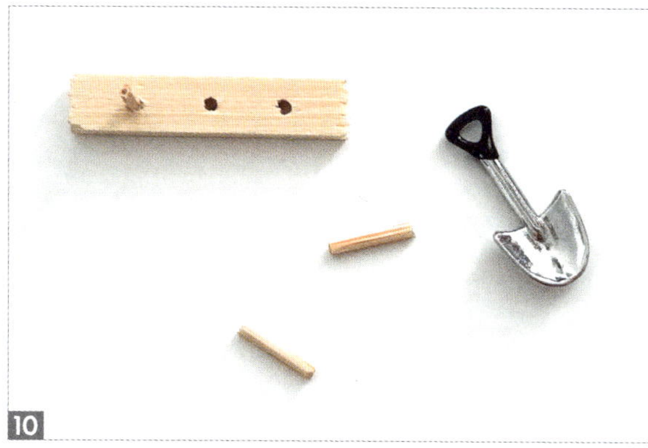
10

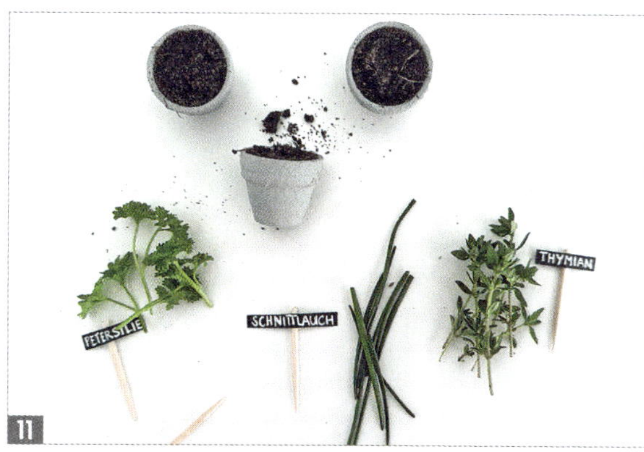

11

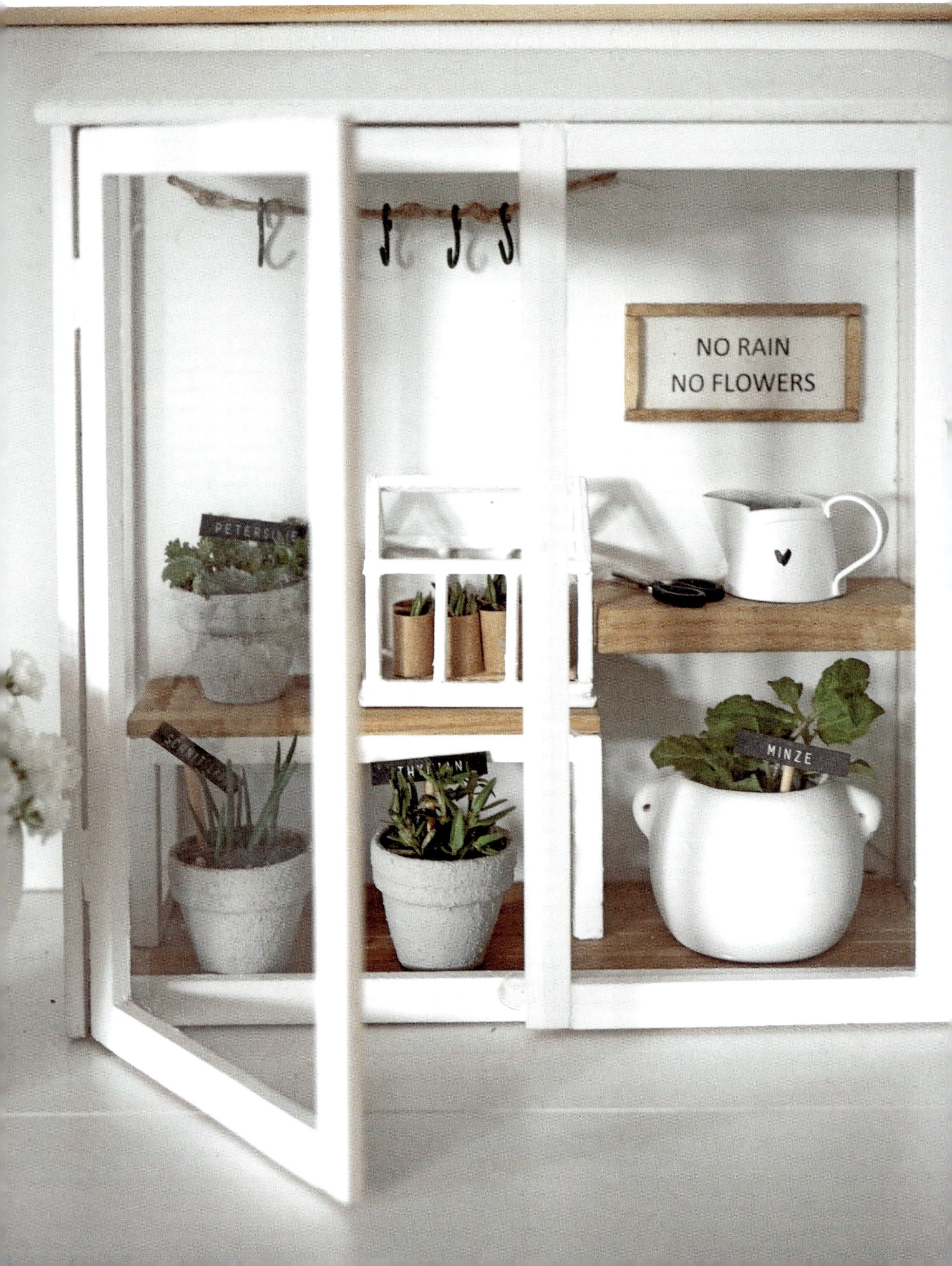
NO RAIN
NO FLOWERS
MINZE

GEWÄCHSHAUS

Damit alle Kräuter und Minipflanzen auch bei kühlen Temperaturen gut wachsen, ist so ein Gewächshaus eine tolle Sache! Auch lassen sich hier später Kräuter für den Winter trocknen. Die Kinder können tagsüber beim Gießen helfen.

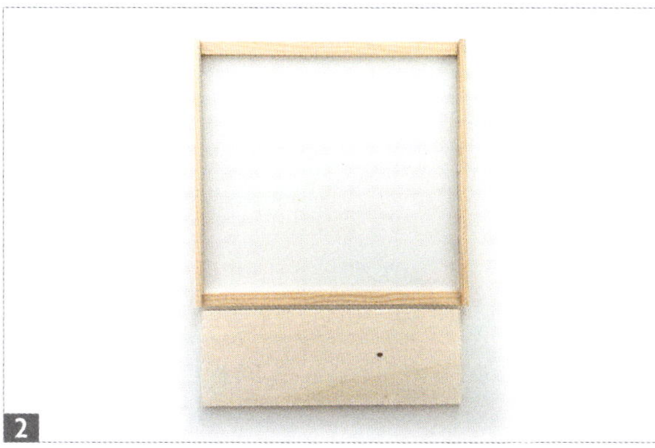

2

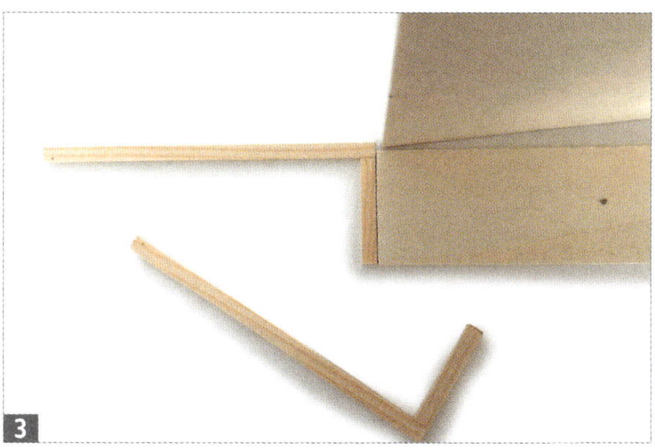

3

GRÖSSE

14,7 cm x 6 cm x 15,5 cm hinten hoch

MATERIALIEN

1 Sperrholzplatte A4

2 Rechteckleisten 0,3 cm x 0,8 cm (*Bauhaus*)

1 kleines Stück festes Papier/Pappe oder SnapPap

Windradfolie

doppelseitiges Klebeband

Für die Inneneinrichtung

9 schmale Kaffeerührstäbchen

Jutegarn

Holzbohrer Gr. 1 mm

Draht

3 Streichhölzer

Vorlage Schild (Saat und Samen)

1 Aus der Sperrholzplatte wird für die Rückwand ein 14 x 15 cm und für den Boden ein 5 x 14 cm großes Stück zugesägt.

2 Aus der Rechteckleiste wird aus vier Stücken à 14 cm ein Rahmen für die späteren Türen gefertigt, die Seiten werden beim Zusammenkleben hochkant gelegt.

3 Die Seitenteile werden ebenfalls aus der Rechteckleiste gefertigt und direkt ausgemessen. Dazu die Rückwand an das Bodenteil legen, ausmessen, zusägen und aneinanderkleben. Die längste Seite ist 15 cm hoch, wie die Rückwand.

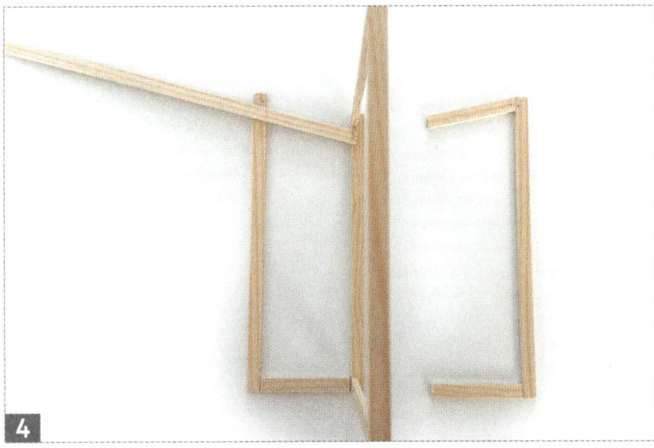

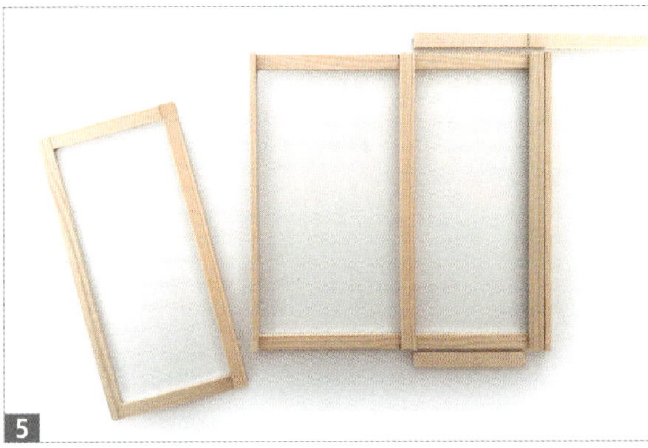

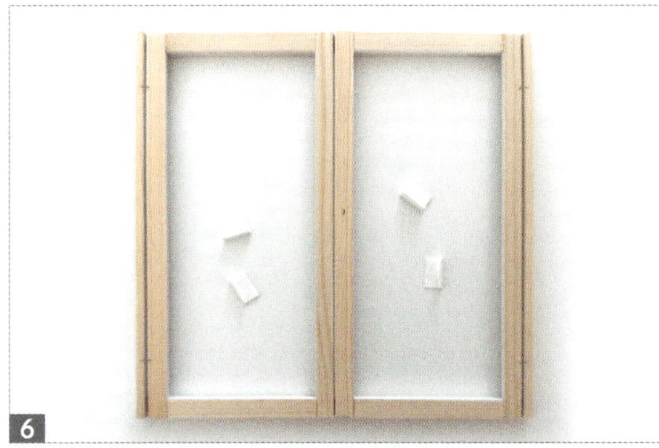

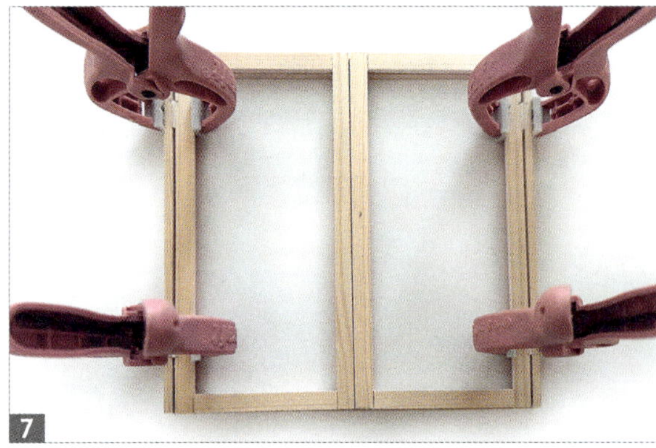

4 Jetzt werden der Rahmen und das eben angefangene Seitenteil hingelegt, um die obere Verbindung mit dem richtigen Winkel zu ermitteln. Dafür die Rechteckleiste auf den Bereich legen und die Schräge anzeichnen. Das wird dann noch mal für die andere Seite wiederholt.

5 Für die Türen wird die Mitte des Rahmens ermittelt und aus den beiden dabei entstehenden Bereichen werden die Maße für jede Tür so ermittelt, dass noch ein minimaler kleiner Spalt an den Seiten für die späteren Scharniere bleibt. Das Spaltmaß wird ermittelt, indem man das feste Papier/Pappe (woraus später die Scharniere entstehen) knickt und die dabei entstehende Bruchkante ausmisst, in der Regel sind das nur 1–1,5 mm.

6 Aus dem eben geknickten festen Papier/Pappe werden nun vier Scharniere à 1 cm x 1 cm geschnitten und man setzt Markierungen von 2 cm von der oberen und unteren Kante auf dem Rahmen und den Türen.

7 Die Scharniere werden nun eingeklebt und fixiert.

8 Wenn das Holz noch farblich gestaltet werden soll, ist dies der richtige Zeitpunkt. Erst wird alles innenliegende (inkl. Rückwand) weiß eingesprüht, kurz gewartet und dann mit doppelseitigem Klebeband die Tür- und Fensterrahmen von innen beklebt. Im Anschluss wird der äußere Teil besprüht und trocknen gelassen.

9 In der Zwischenzeit können die schmalen Kaffeerührstäbchen auf das Bodenteil geklebt und nach Belieben im Anschluss noch etwas mit Holzbeize bearbeitet werden.

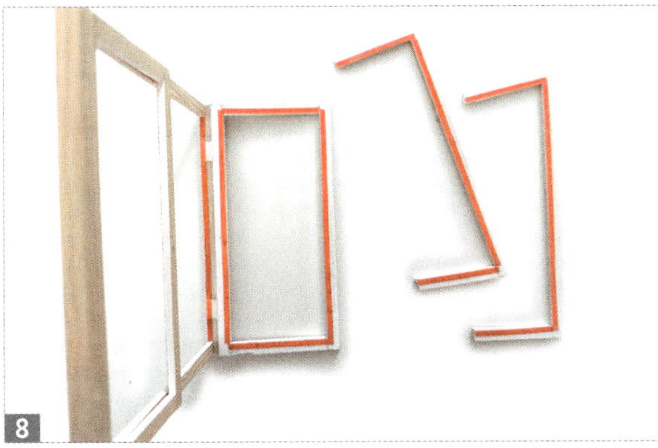

8

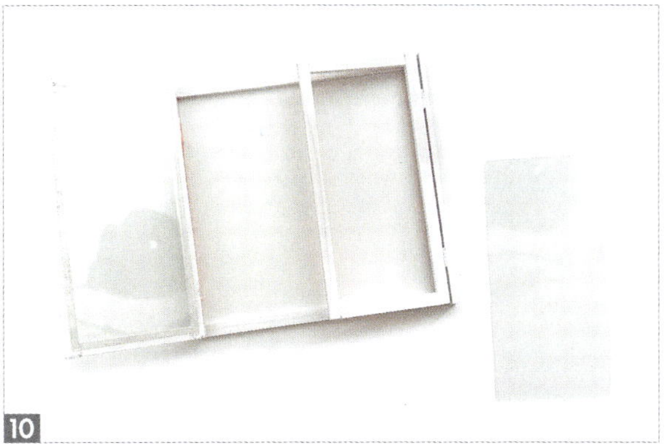

10

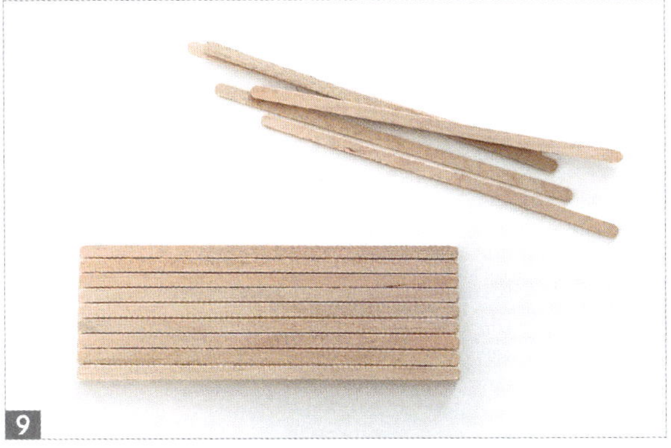

9

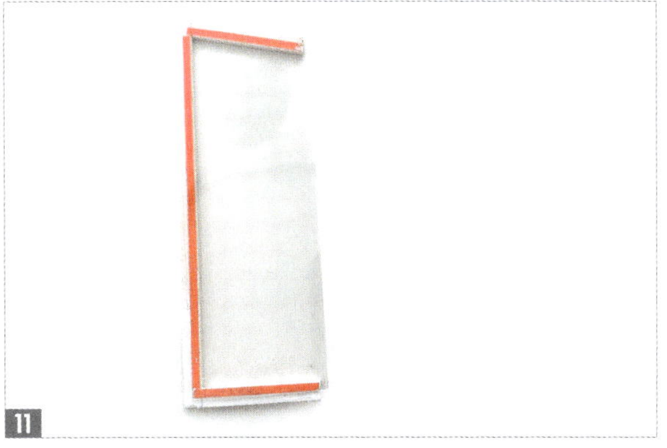

11

10 Dann wird die Windradfolie passend zum Türrahmen zugeschnitten und angeklebt.

11 Ebenso die Fensterrahmen, die werden allerdings an der offenen Seite ein paar Millimeter breiter zugeschnitten.

12 Bis auf die Rückwand können alle bisher entstandenen Teile nun fest miteinander verklebt werden. Die Rückwand kann währenddessen aber mit dazu genommen werden, um genauer zu schauen, ob alles passt, dies ist auch wichtig für den nächsten Schritt.

13 Denn aus dem Korpus des Gewächshauses wird nun die Größe des Daches ermittelt, das dann aus Sperrholz zugesägt wird. Damit später nichts rutscht, werden noch zwei Teile aus der Rechteckleiste so zugeschnitten und eingeklebt, dass sie genau an den Wänden innen anliegen. Nun kann die Rückwand beliebig bestückt werden.

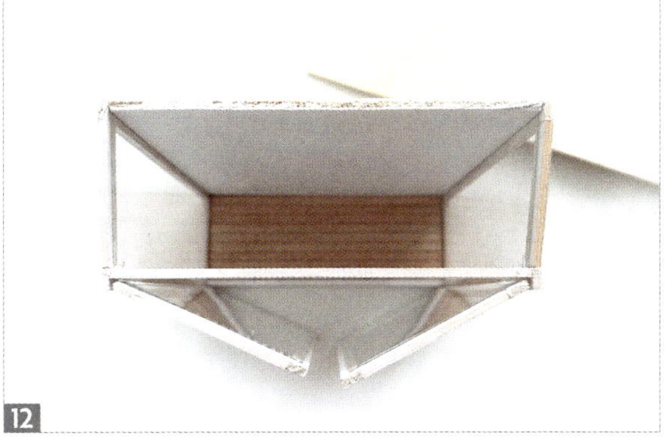

12

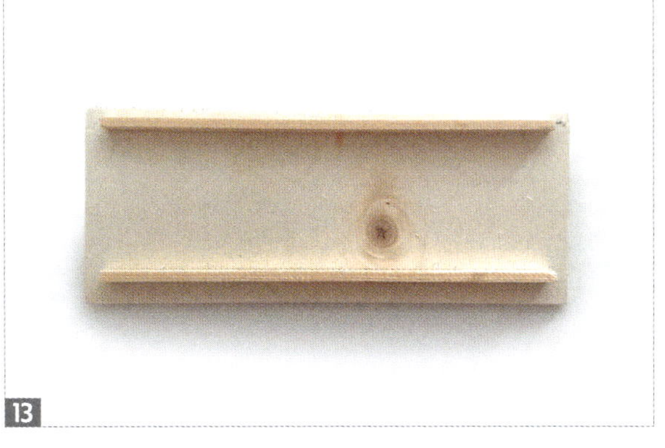

13

KLEINES ANZUCHTHÄUSCHEN

GRÖSSE

4 cm x 2,4 cm x 3,8 cm

MATERIALIEN

1 sehr breites Bastelholz
20 cm x 2,4 cm

13 Streichhölzer

2 Zahnstocher

etwas Kraftpapier

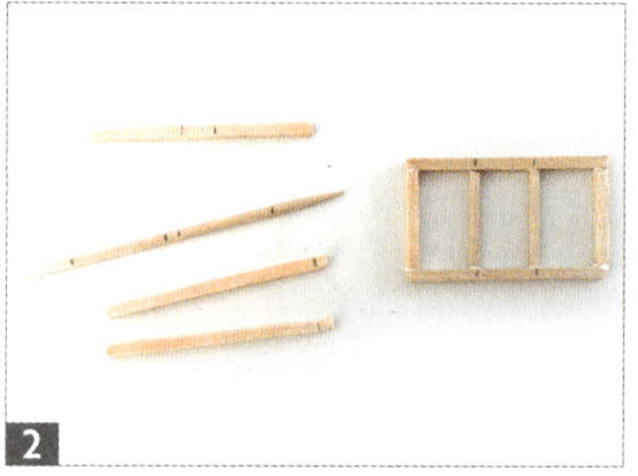

2

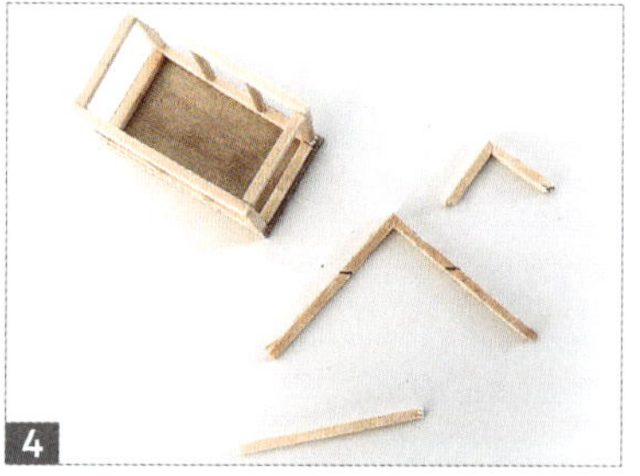

4

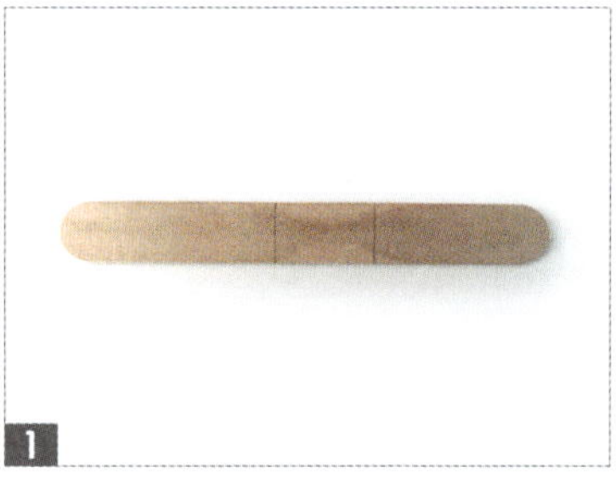

1

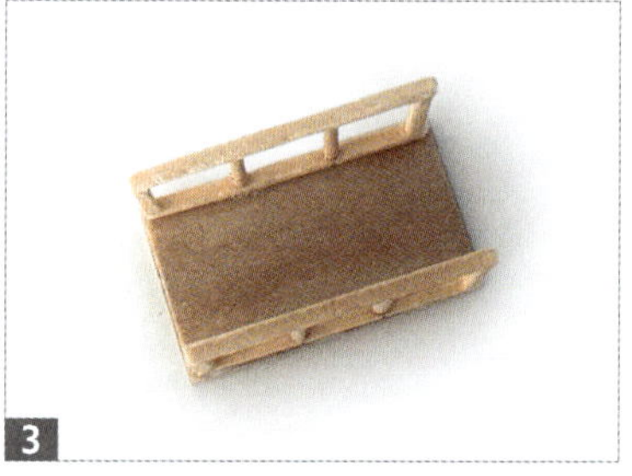

3

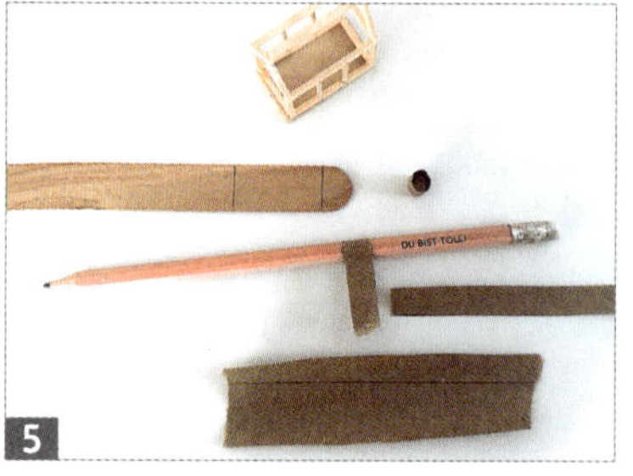

5

1 Aus dem sehr breiten Bastelholz ein 4 cm großes Stück für den Boden ausschneiden.

2 Aus sechs Streichhölzern und zwei Zahnstochern werden zwei Seitenteile gefertigt, die Streichhölzer werden auf 3,8 cm und 1,8 cm gekürzt, ebenso die Zahnstocher auf 1,8 cm. Alles wie in der Abbildung aneinanderkleben.

3 Beide Seitenteile werden nun auf den Boden geklebt.

4 Jetzt werden alle Streichhölzer für die Seiten passend ausgemessen, gekürzt und eingesetzt. Für das Dach werden zwei Streichhölzer im leichten Winkel geschnitten und auf die Breite des Seitenteils zugeschnitten und aufgeklebt.

5 Aus dem Reststück des breiten Bastelholzes kann verschmälert ein weiteres Bodenteil geschnitten werden, mit den innenliegenden Maßen. Dann werden aus 1 cm breiten Papierstreifen kleine Anzuchttöpfchen gebastelt. Dabei ist es hilfreich, die Streifen um einen Bleistift zu wickeln, an der Überlappung zuzukleben und dann abzuschneiden. Die kleinen Töpfe können dann fest auf den Boden geklebt werden.

KLEINE GARTENBANK

GRÖSSE

8 cm x 3 cm x 3,8 cm

MATERIALIEN

1 5-mm-Kantholz

1 Rechteckleiste 0,3 cm x 0,7 cm (*Toom Baumarkt*)

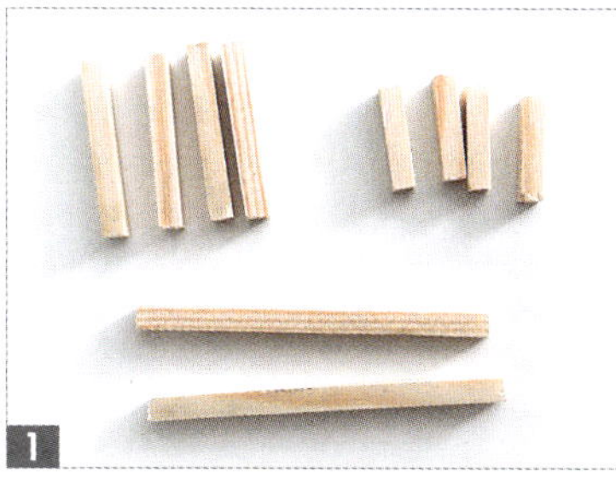

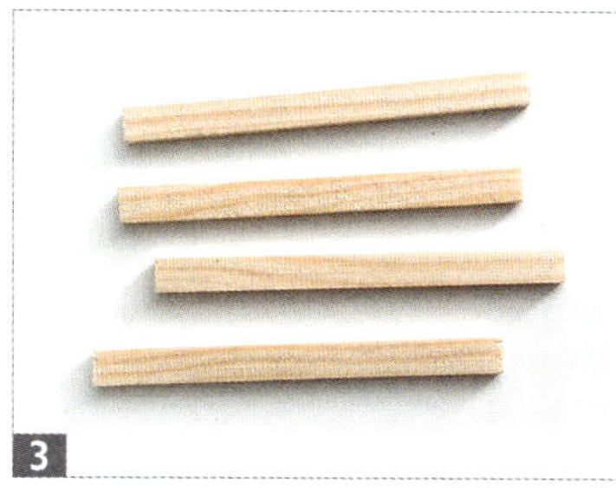

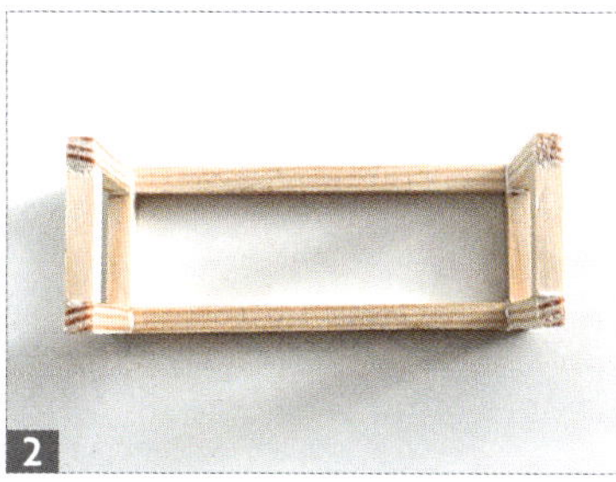

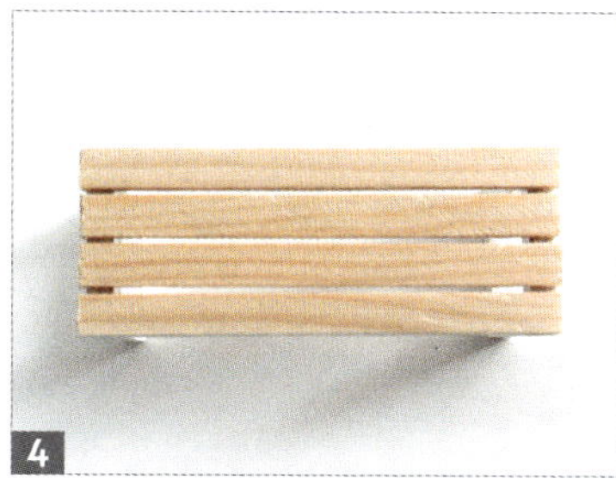

1 Aus dem Kantholz werden vier Teile à 3,5 cm, vier Teile à 2 cm und zwei Teile à 7 cm gesägt.

2 Die Teile werden miteinander verbunden und nach kurzer Trocknungszeit kann das Gestell farblich gestaltet werden.

3 Aus der Rechteckleiste werden vier Teile à 7 cm gesägt.

4 Nach dem Aufkleben kann es nach Belieben noch etwas mit Holzbeize bearbeitet werden.

5 Nach der gleichen Bauweise lassen sich auch größere Tische und Bänke ganz individuell fertigen.

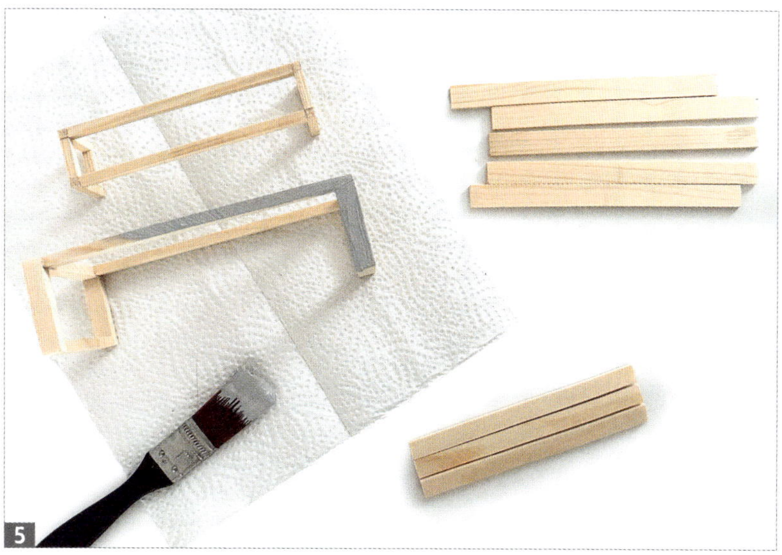

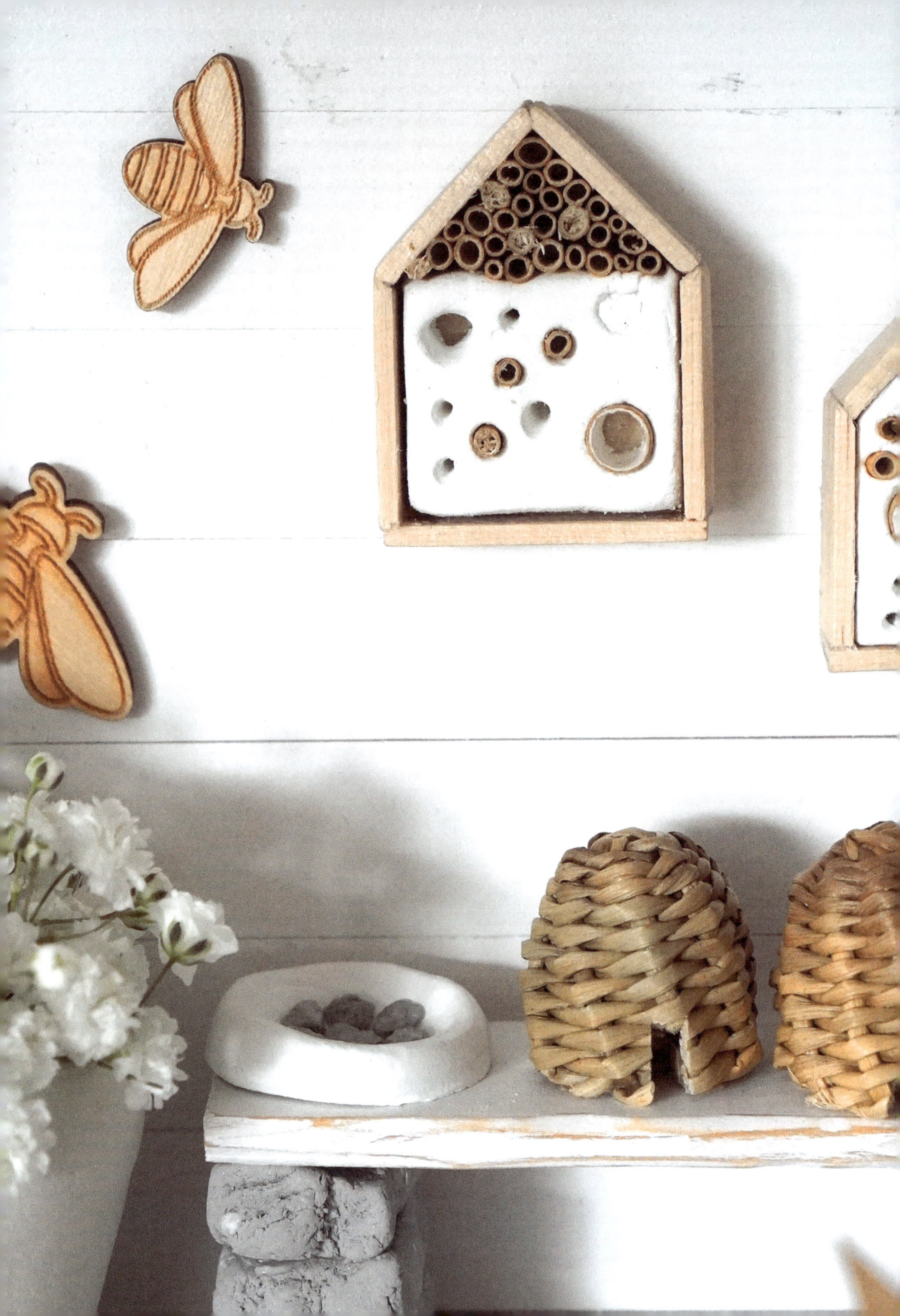

BIENENHÄUSCHEN

Am 20. Mai ist Weltbienentag und weil das so ein wichtiges Thema ist, fertigt der Wichtel für diese imposanten Tierchen kleine Bienenhäuser. Damit sie auch gleich etwas Nahrung finden, stellt er noch etwas Schleierkraut dazu. Mit den Kindern zusammen könnte man auf ähnliche Weise auch größere Bienenhäuser für den eigenen Garten fertigen.

BANK

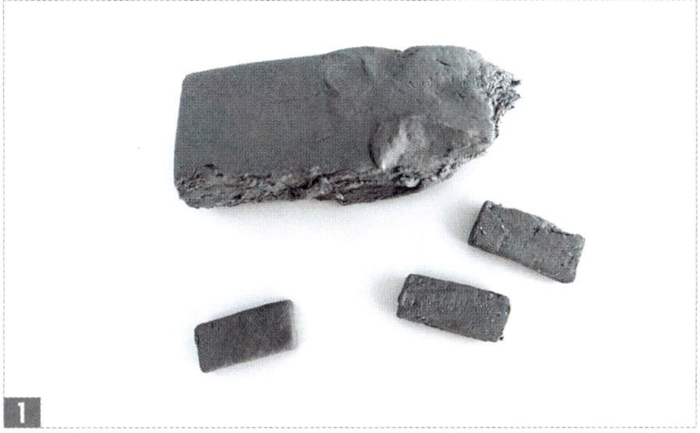

1

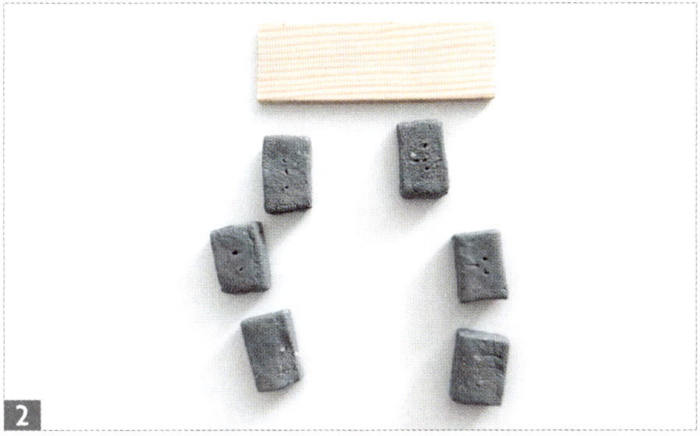

2

GRÖSSE

Häuschen klein 3,5 cm x 2 cm, groß 3 cm x 4 cm
Bank 9 cm x 3 cm x 3 cm

MATERIALIEN

Für die Bank

ein kleines (Rest-)Holzstück

lufttrocknende Modelliermasse Beton-Look (*Rayher*)

Für die Häuser

1–2 sehr breite Bastelhölzer 20 cm x 2,4 cm (*Rayher*)

2–3 schmale Bastelhölzer je 11 cm x 1,1 cm (*Rayher*)

lufttrocknende Modelliermasse (*Rayher*)

Schleifpapier

1 Pappstrohhalm

1 Zahnstocher

etwas Stroh

1 Aus der auftrocknenden Modelliermasse werden 6 Blöcke à 3 cm x 1 cm geformt, die man trocknen lässt. Damit man später noch weiß, welche von der Höhe am besten zusammenpassen, sind kleine Markierungen hilfreich.

2 Dann wird nach Belieben das Holzstück farblich gestaltet. Mit einem Bastelmesser kann es noch weiter bearbeitet werden, damit es gebraucht aussieht. Dann werden die getrockneten Betonstücke aneinander und dann unter das Holzstück geklebt.

HÄUSCHEN

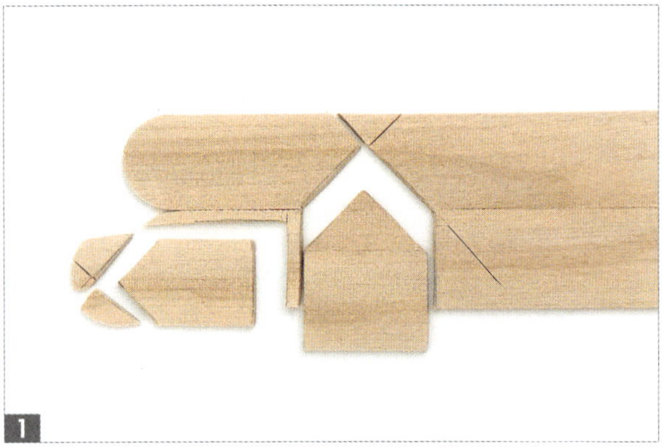

1

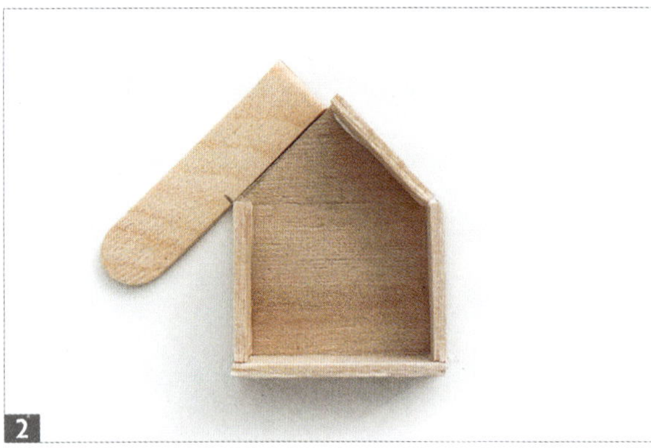

2

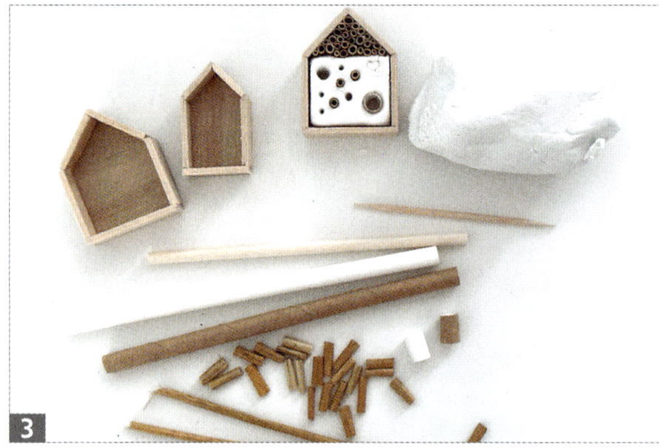

3

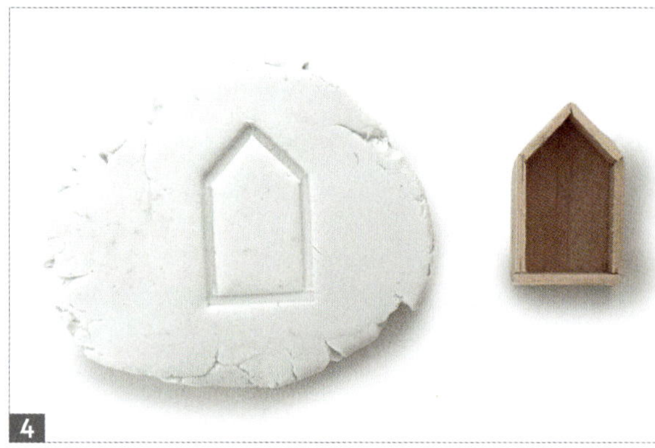

4

1 Für die Bienenhäuser werden zwei sehr breite Bastelhölzer aneinandergeklebt, darauf die Häuser gezeichnet und dann ausgeschnitten. Die Größe und Form der Häuser wird eigenständig gewählt.

2 Für die Seitenwände werden die schmalen Bastelhölzer entsprechend der Länge zugeschnitten und angeklebt. Um an den Übergängen zum Dach eine Schräge hinzubekommen, empfiehlt es sich, sie mit Schleifpapier zu formen.

3 Nun können die Häuser ganz nach Wunsch mit lufttrocknender Modelliermasse gefüllt und mit kleinen Stücken aus Stroh und Pappstrohhalm ausgestattet werden.

4 Wenn das ganze Haus gefüllt werden soll, kann ein Abdruck super hilfreich sein. Die Modelliermasse kann komplett im Haus trocknen. Sollte sich die Modelliermasse nach dem Trocknen wieder aus dem Haus lösen, kann sie einfach mit Holzleim fest eingeklebt werden.

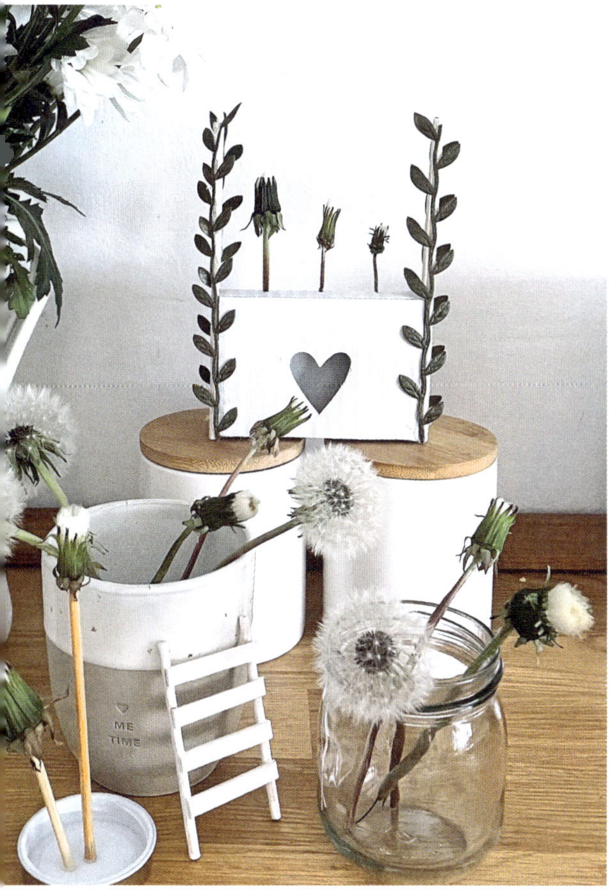

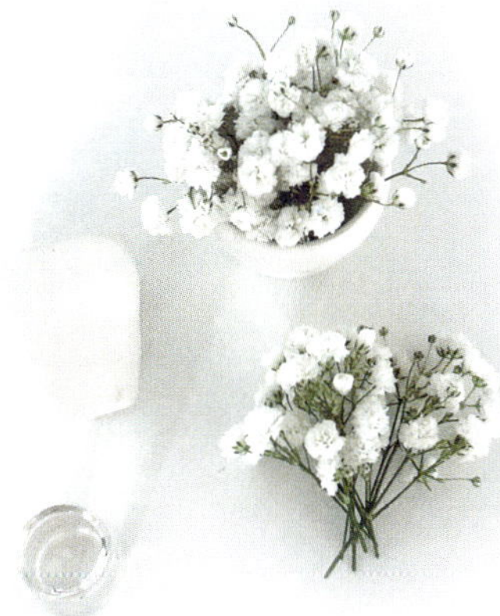

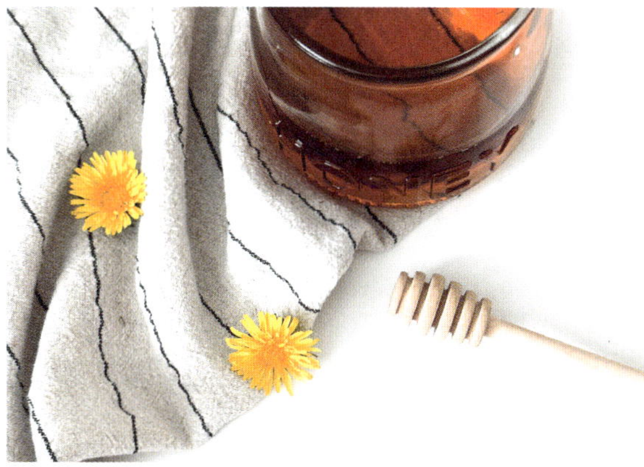

Im Frühjahr kann man mit Löwenzahnblüten auch schöne Experimente machen. Hier hat unser Wichtel bereits verblühte Löwenzahnköpfe gepflückt und aufgestellt. Sie gehen dann nach und nach als Pusteblumen auf.

Damit sich frisches Schleierkraut länger hält, können in gekauften Tontöpfe kleine Gläser gestellt werden. Tontöpfe lassen sich auch prima mit lufttrocknender Modelliermasse verschönern. Dazu einfach etwas Wasser verwenden, damit die Masse etwas weicher und geschmeidiger wird.

Mit blühendem Löwenzahn lässt sich toller Löwenzahn-„Honig" machen, wobei das natürlich kein echter Honig ist, dennoch super lecker. Wenn man beim Pflücken darauf achtet, nicht unbedingt die frischesten Blüten zu nehmen und eher am frühen Nachmittag oder Abend sammelt, bleibt auch noch genug für die Bienen selbst.

REZEPT

100 g Blüten (ohne Kelch ~ 60 g)
750 ml Wasser
250 g Zucker
250 g Rohrzucker

Blüten von Grünzeug entfernen, zusammen mit dem Wasser kurz aufkochen, über Nacht stehen lassen. Am nächsten Tag das Grünzeug mithilfe eines Siebs aus dem Sud entfernen. Dieser wird dann erneut aufgekocht. Dann den Zucker hinzufügen, bei mittlerer Temperatur einkochen lassen, bis die gewünschte Konsistenz erreicht ist. Testen lässt sich das, indem man etwas von der Flüssigkeit auf dem Teller erkalten lässt. Abgefüllt in sauberen Gläsern ist er ungefähr ein Jahr haltbar, wobei er bei der kleinen Menge bei uns immer sehr zeitnah verbraucht ist.

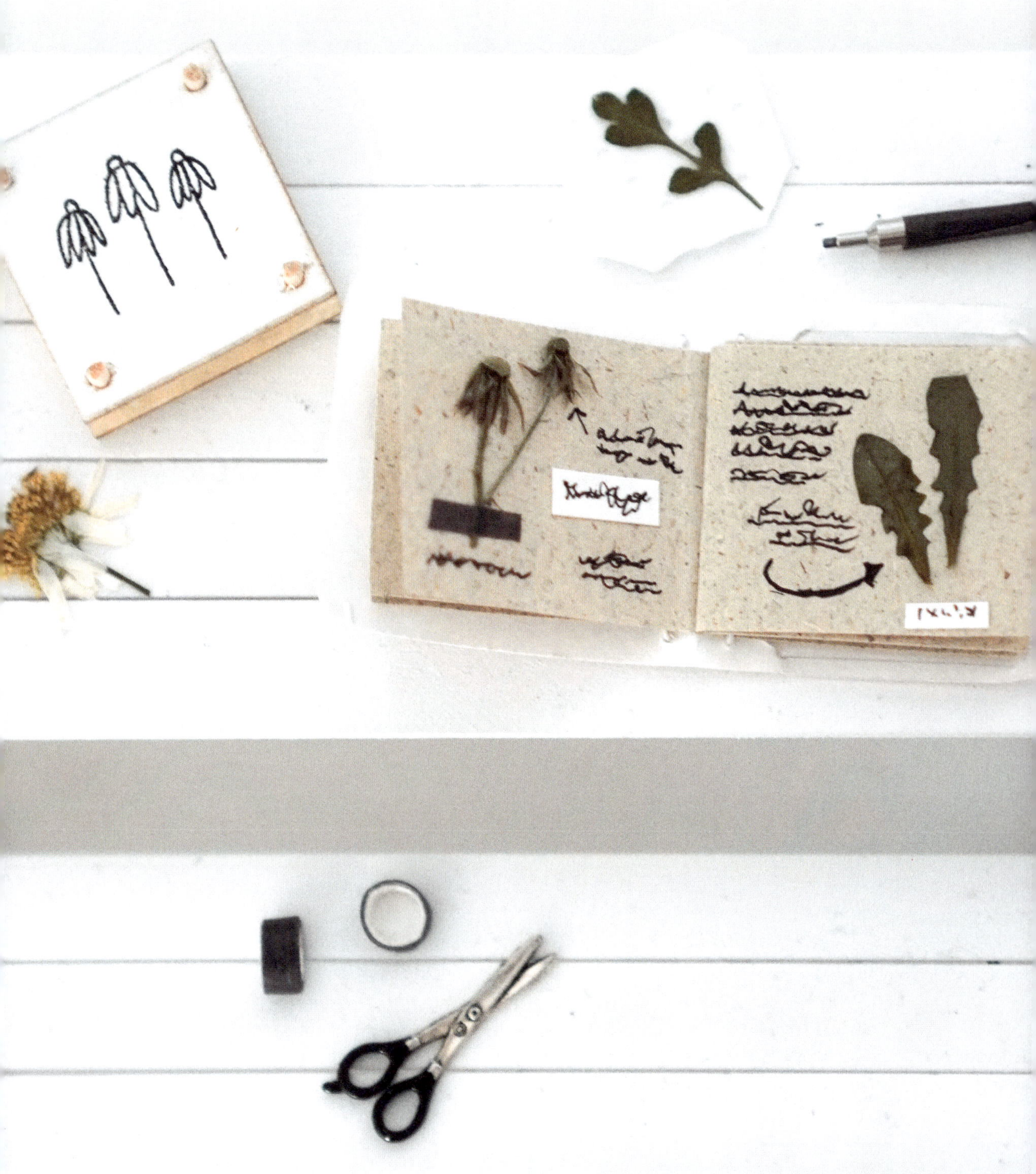

BLÜTENPRESSE

Um ein besonderes Andenken an die Frühjahrszeit zu haben, hat sich unser Wichtel eine Blütenpresse gebastelt und testet jetzt ganz viel aus. Er bittet auch die Kinder, nach ganz besonders kleinen Blättern Ausschau zu halten. Dieses Projekt lässt sich von Kindern mit wenigen Mitteln (Sperrholz, Muttern und Flügelschrauben) auch selbst basteln.

GRÖSSE

2,3 cm x 2,3 cm x 1 cm

MATERIALIEN

1 sehr breites Bastelholz 20 cm x 2,4 cm (*Rayher*)

Zahnstocher

Holzbohrer Gr. 2,3 mm

etwas Küchenpapier

optional: getrocknete Blätter

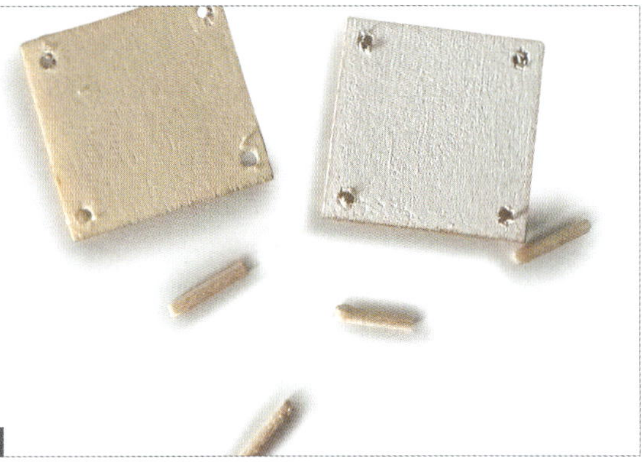

1

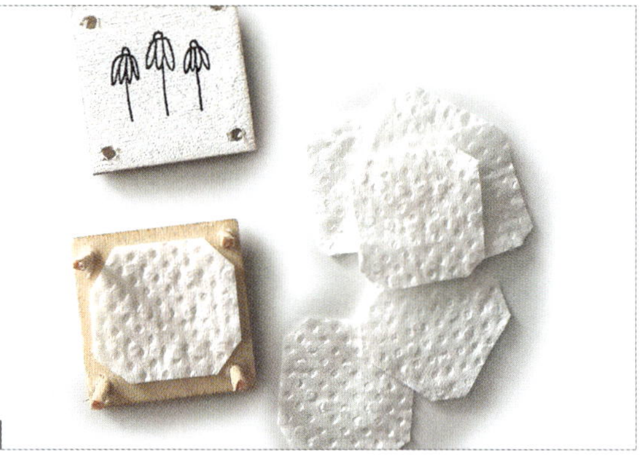

3

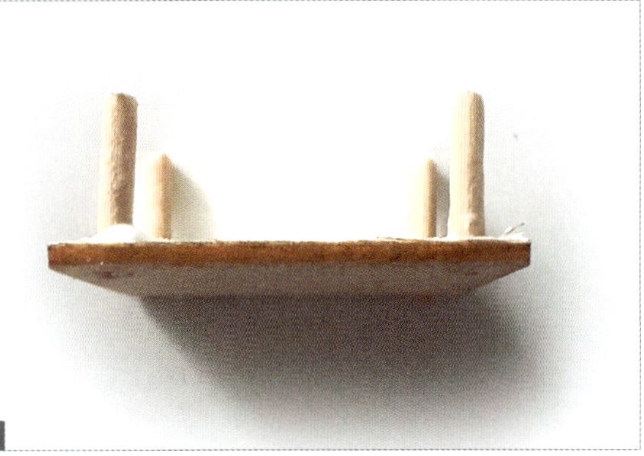

2

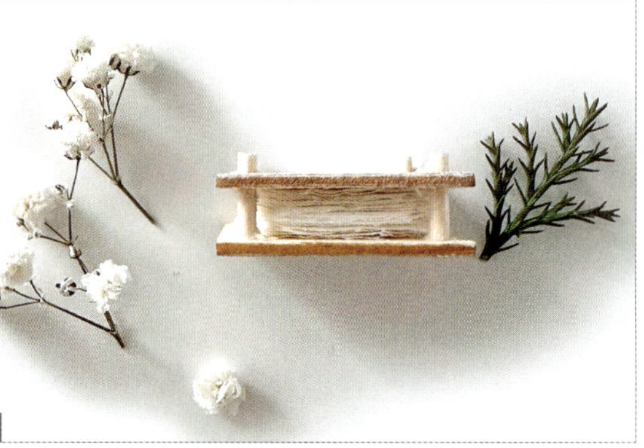

4

1 Aus dem sehr breiten Bastelholz werden zwei gleich große Stücke, aus dem Zahnstocher vier Stücke à 1 cm geschnitten und in die Ecken kleine Löcher gebohrt. Eines der Holzstücke, das später als Deckel dient, kann noch farblich gestaltet werden.

2 In das untere Teil werden nun die vier kleinen Stücke des Zahnstochers geklebt.

3 Aus Küchenpapier kleine Stücke und die Ecken abschneiden.

4 Zum Schluss den Deckel aufsetzen.

HERBARIUM

GRÖSSE
4 cm x 3 cm

Damit der Wichtel all seine zuvor getrockneten Blätter auch überall mit hinnehmen und zeigen kann, hat er alles schön in ein Herbarium geklebt.

MATERIALIEN

festes Papier (Aquarellpapier)

etwas dickere Nadel

dünnes Gummiband (*Prym*)

optional: Vorlage Herbarium (Saat und Samen)

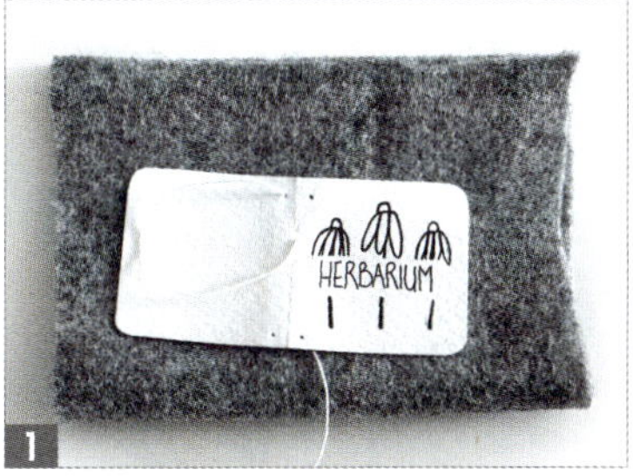

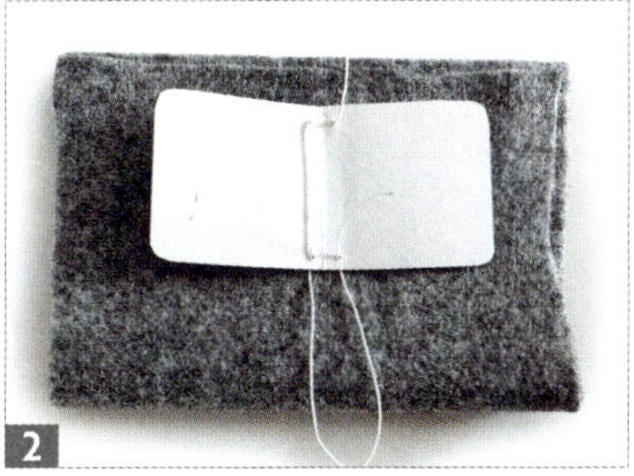

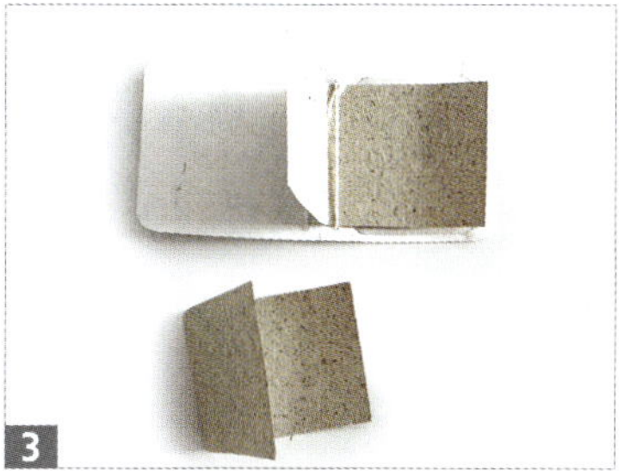

1 Es gibt zwei Möglichkeiten: Entweder man erstellt sich selbst das Herbarium oder nutzt die Druckvorlage.

2 Im nächsten Schritt werden mithilfe einer dickeren Nadel vier Löcher gesetzt. Das Gummiband wird ohne Nadel eingefädelt, da sonst unnötig große Löcher entstehen. Im Anschluss knotet man es fest und schneidet die überstehenden Enden ab.

3 Jetzt werden noch ein paar kleine lose Zettel zurechtgeschnitten und eingesetzt.

TIPP

Das Gummiband lässt sich leichter einfädeln, wenn ein Ende etwas mit dem Feuerzeug angesengt wird. An dieser Stelle wird es dann fester und ist somit stabiler.

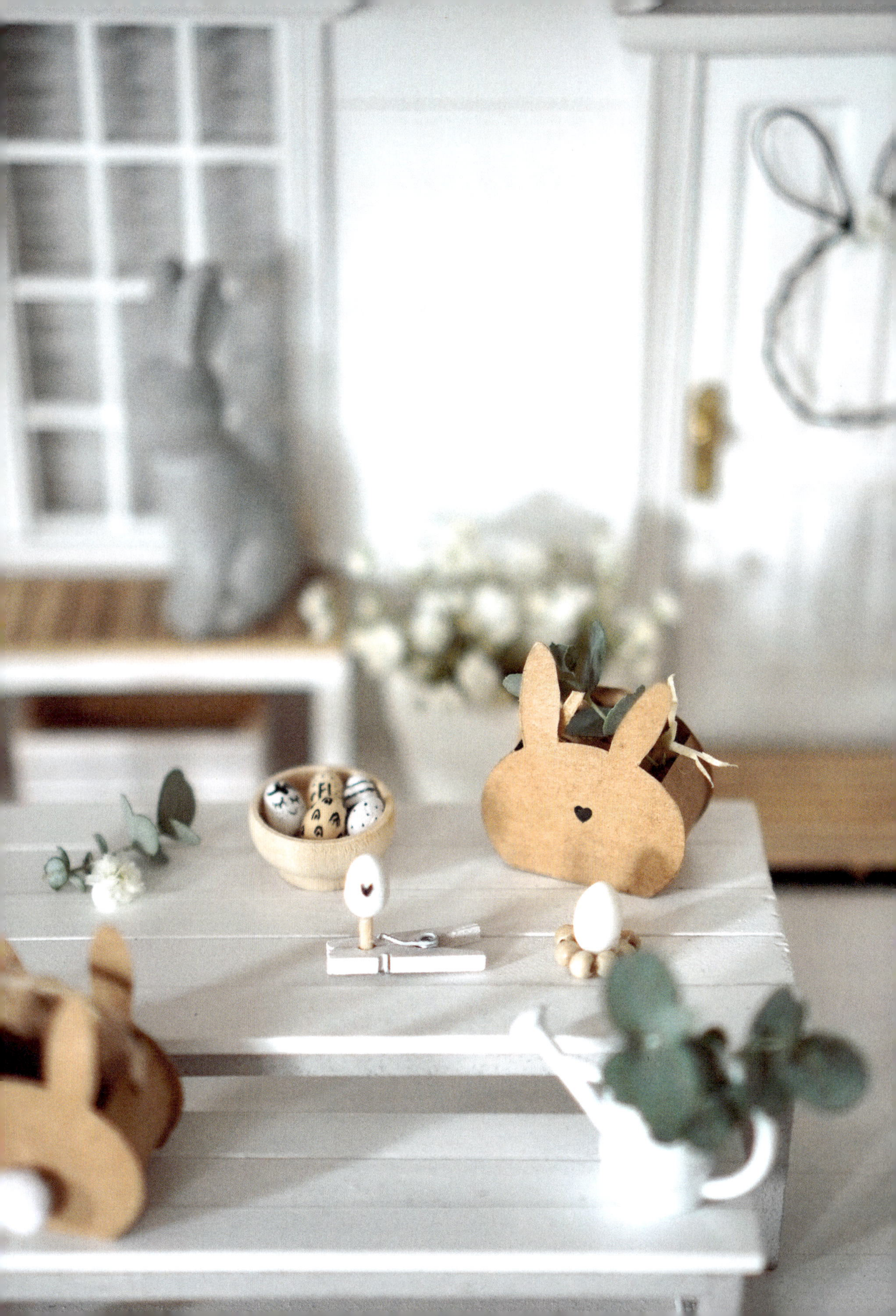

OSTERN

Unser Wichtel bereitet sich auf Ostern vor, dazu hat er fleißig dekoriert und gebastelt. Auch ein paar Hasentaschen hat er vorbereitet. Da er mit dem Osterhasen mitlaufen möchte, nutzt er die Hasentasche mit den Trägern, eine zweite hat er für die Kinder vorbereitet, damit können sie dann Ostereier sammeln, die der Wichtel versteckt hat.

TÜRDEKORATION

GRÖSSE
6 cm x 4 cm

MATERIALIEN
40–50 cm Blumendraht
frische/getrocknete Blumen

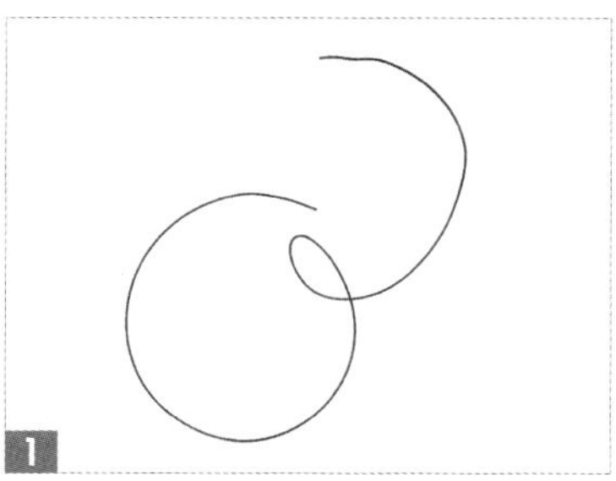

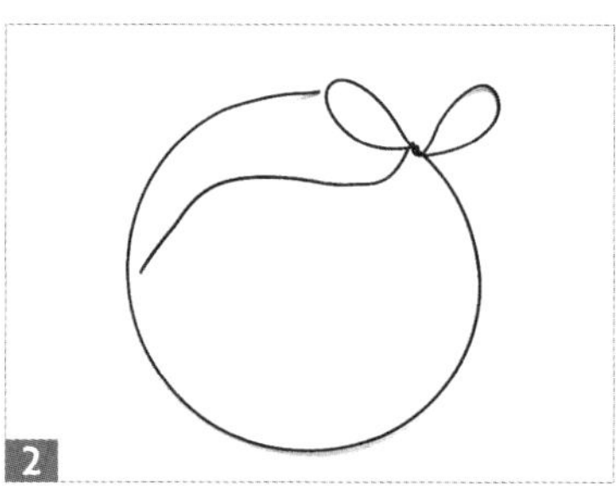

1 Aus dem Draht wird ungefähr mittig das erste Ohr geformt.

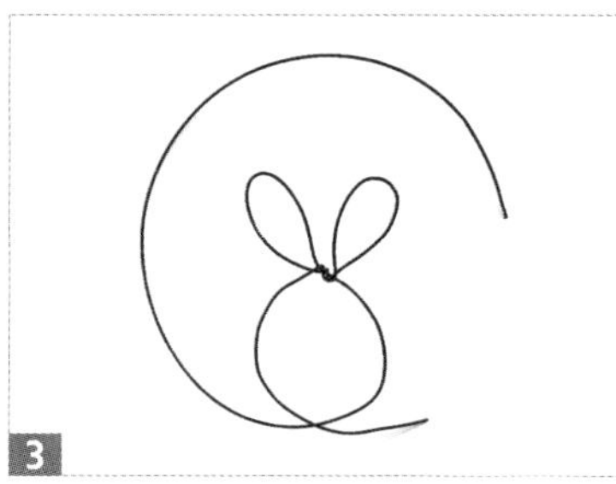

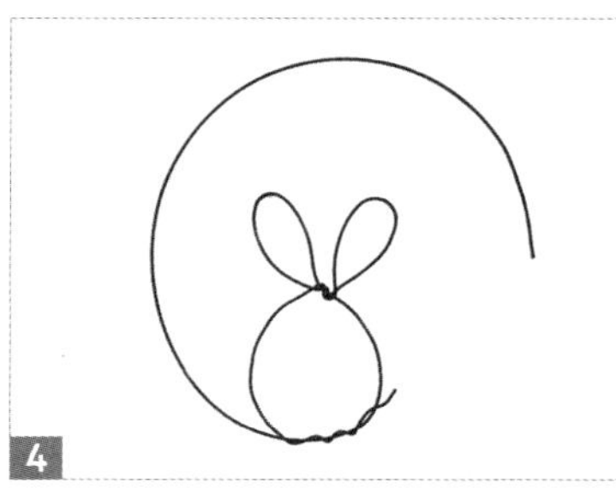

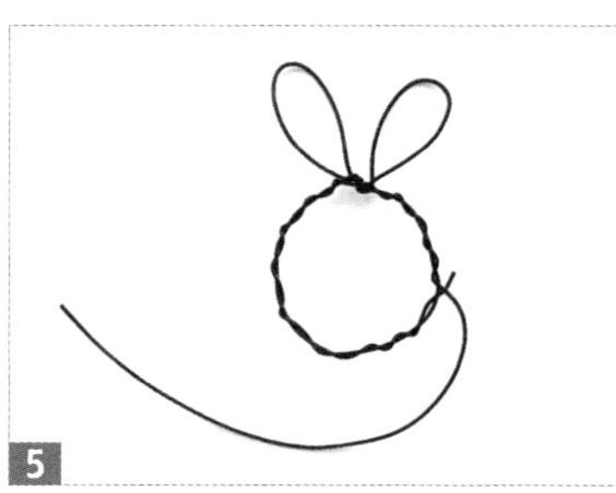

2 Und daran direkt das zweite Ohr.

3 Dann wird der Körper geformt.

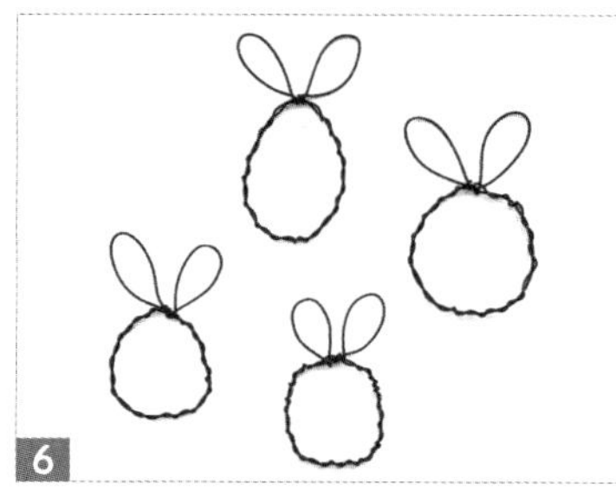

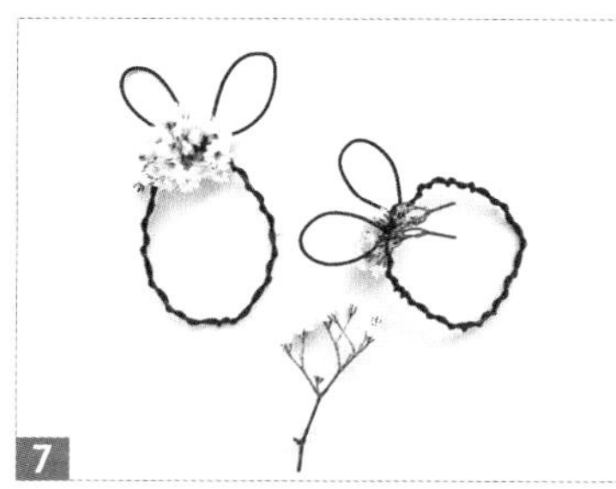

4 Beide Enden des Drahtes werden um den Körper gewickelt.

5 Überstehendes wird dann abgeschnitten.

6 Jetzt wird noch alles in Form gebogen, wobei natürlich mehrere Formen möglich sind.

7 Im Anschluss noch ein wenig mit frischen oder getrockneten Blumen dekorieren.

HASENTASCHE

GRÖSSE
4 cm x 3,5 cm

MATERIALIEN
Kraftpapier

1 dicke Nadel

Vorlage Hasentasche

Jutegarn

optional: kleine Wattekugel

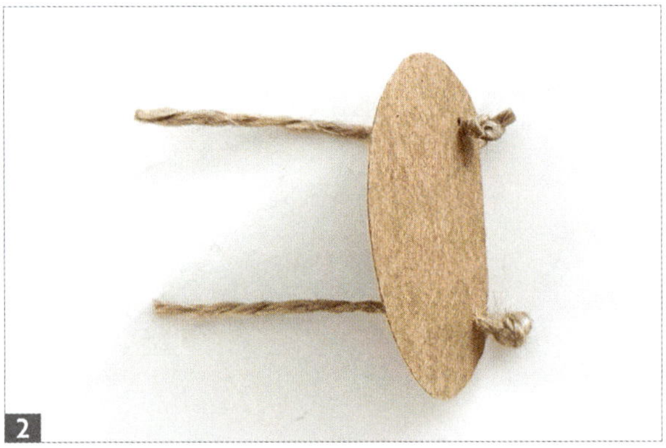

2

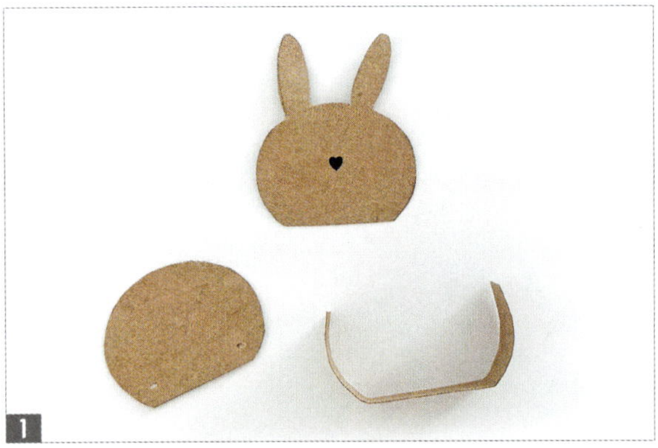

1

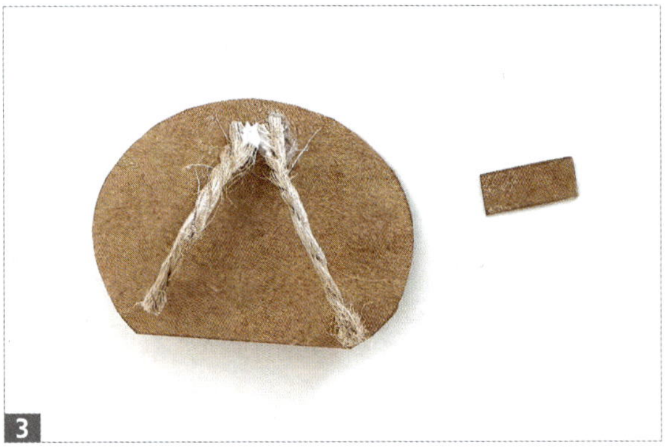

3

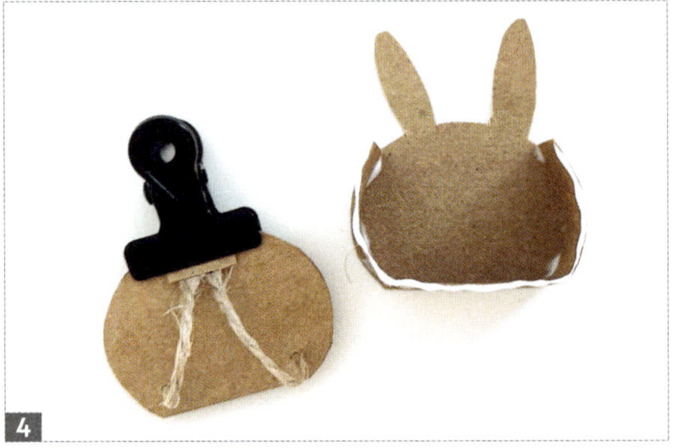

4

Tasche mit Trägern

1 Vorlage ausdrucken und ausschneiden, auf der Rückseite zwei Löcher mit einer dicken Nadel für die Träger stechen.

2 In die Löcher wird Jutegarn eingefädelt und verknotet. Die Länge wird selbst bestimmt.

3 Dann beide Enden überkreuzen und mit einem kleinen Stück aufgeklebtem Papier fixieren.

4 Während der Kleber an den Trägern trocknet, kann das Mittelteil der Tasche auf die Vorderseite aufgeklebt werden. Im Anschluss wird das Rückteil ebenfalls auf das Mittelteil der Tasche geklebt.

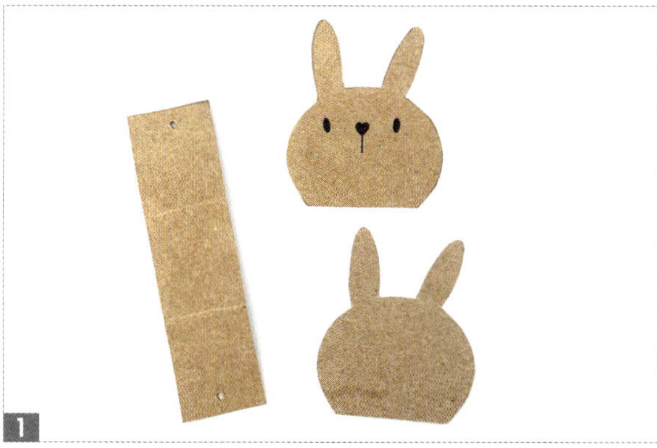

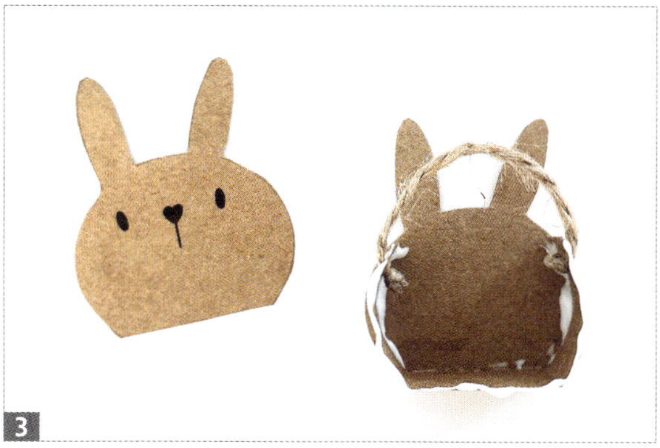

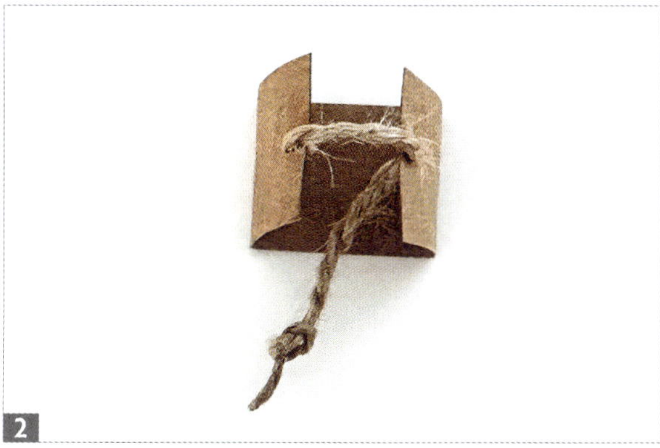

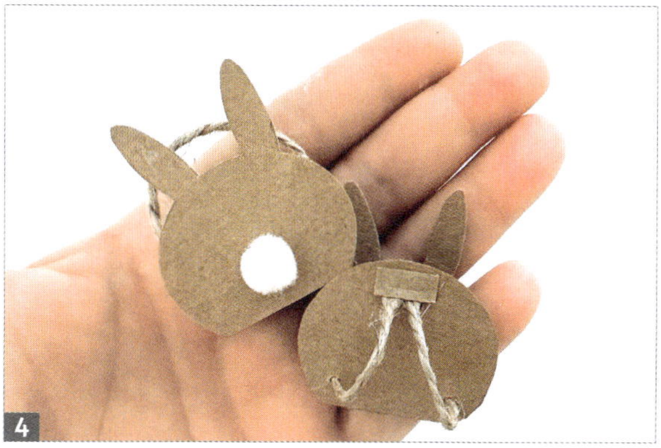

Tasche mit Henkel

1 Vorlage ausdrucken und ausschneiden, in die Seiten des Mittelteils der Tasche zwei Löcher mit einer dicken Nadel für die Henkel stechen.

2 Jutegarn einfädeln und verknoten.

3 Nun kann der Bauch auf die Vorderseite der Tasche aufgeklebt werden, im Anschluss wird das Rückteil ebenfalls auf den Bauch der Tasche geklebt.

4 Wer mag, klebt noch ein kleines Watteböllchen als Hasenschwänzchen auf die Rückseite.

TIPP

Für die Eiersuche: Kleine geformte Eier aus Fondant, die auch mit Lebensmittelfarbe noch verschönert werden können.

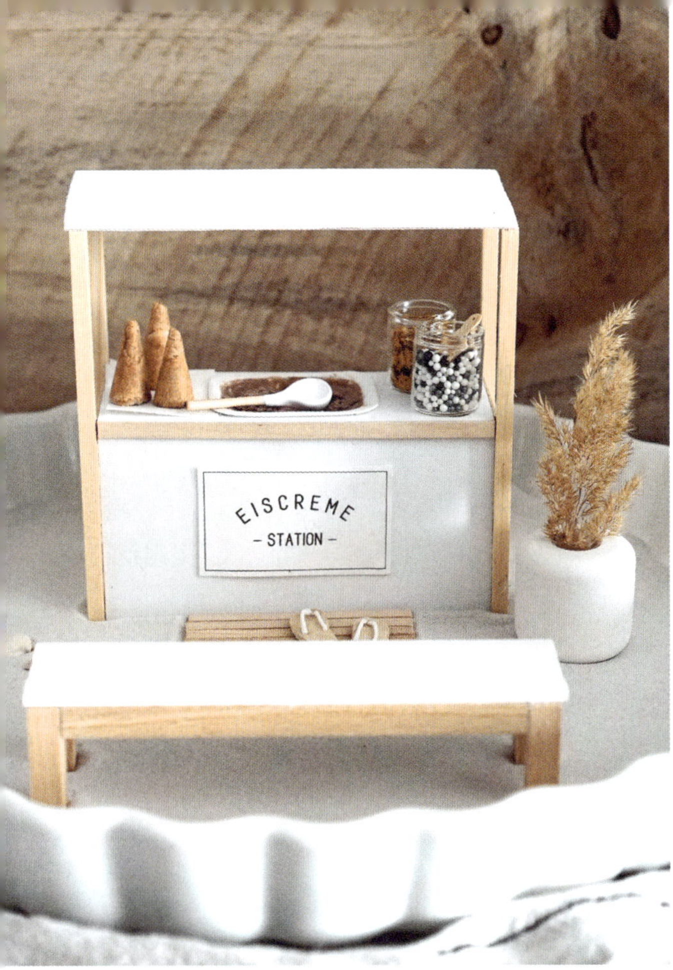
EISCREME
- STATION -

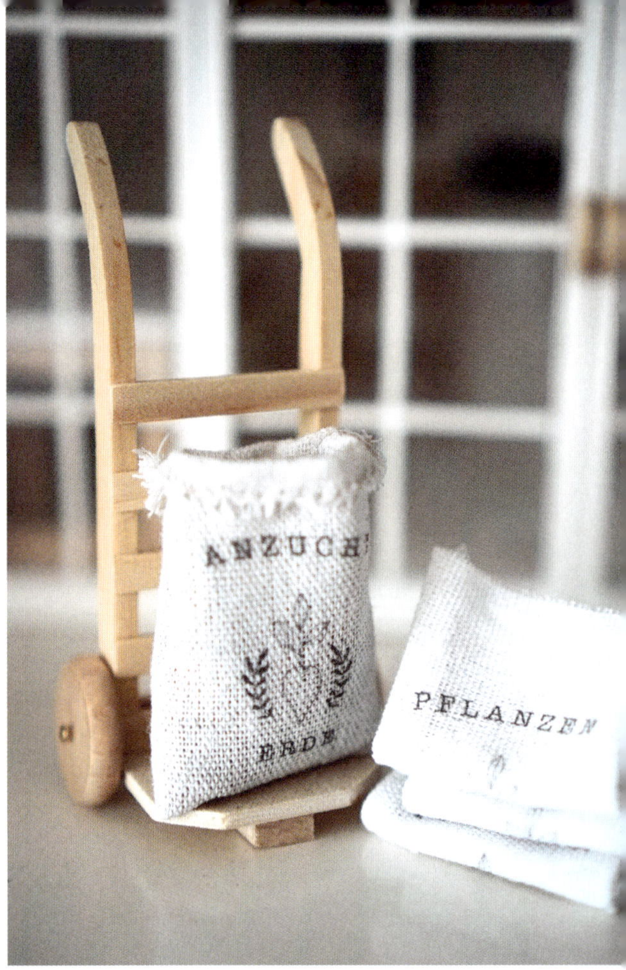
ERDE
PFLANZEN

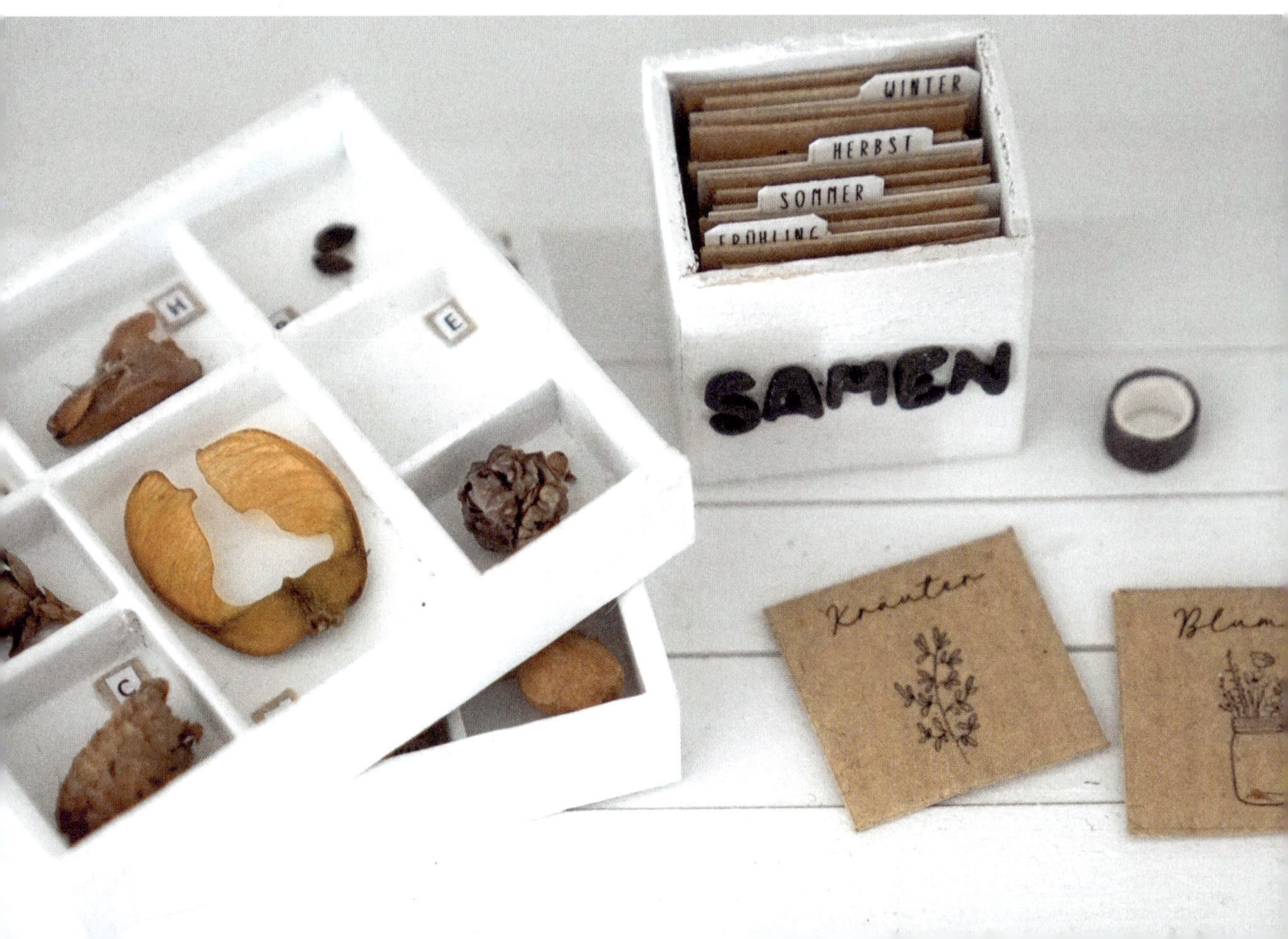
WINTER
HERBST
SOMMER
SAMEN
Kräuter

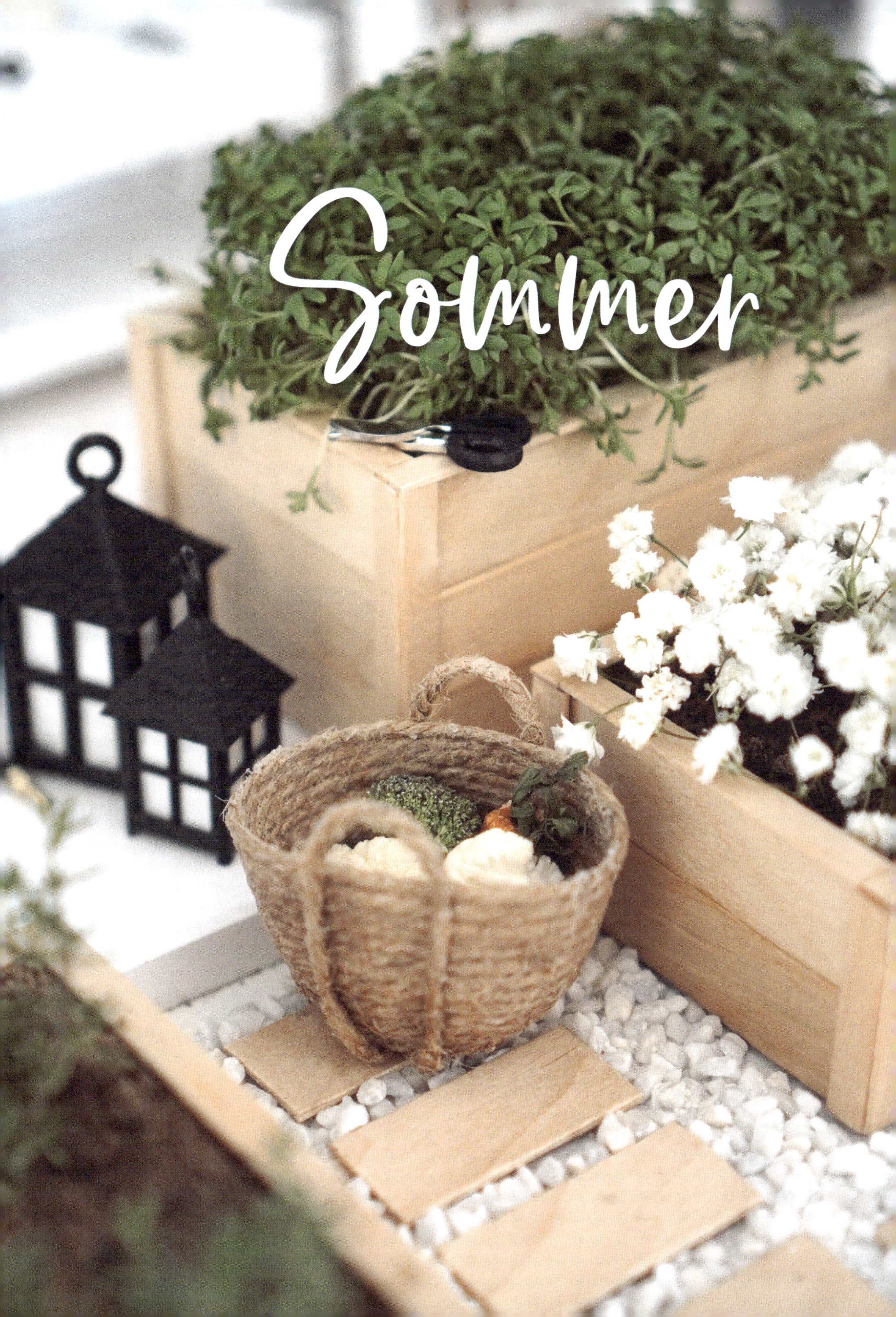
Sommer

BLÜTENBILDER

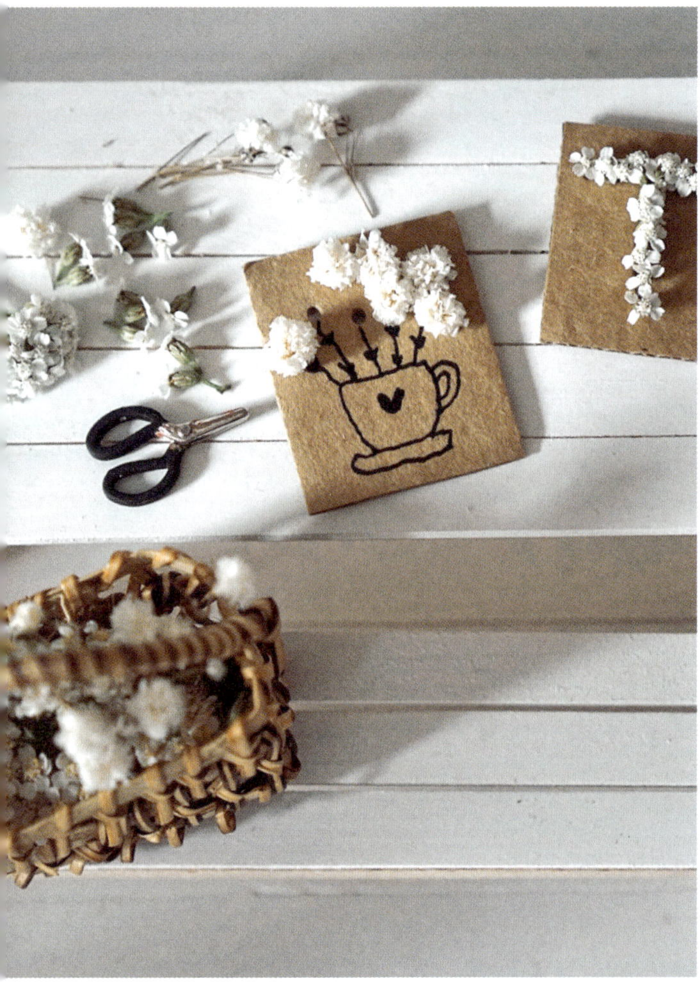

GRÖSSE
2 cm x 3 cm

MATERIALIEN
Pappe
dicke Nadel oder Ahle
frische/getrocknete Blumen

Diese Blütenbilder sind einfach zu machen. Auf Pappe wird ein Bild gemalt (Blumenvase, Blumensträuße oder Schmetterlinge) und mit einer dicken Nadel oder Ahle werden dann kleine Löcher entlang des Bildes gestochen. Dann können kleine Blüten in die Löcher gesetzt werden.

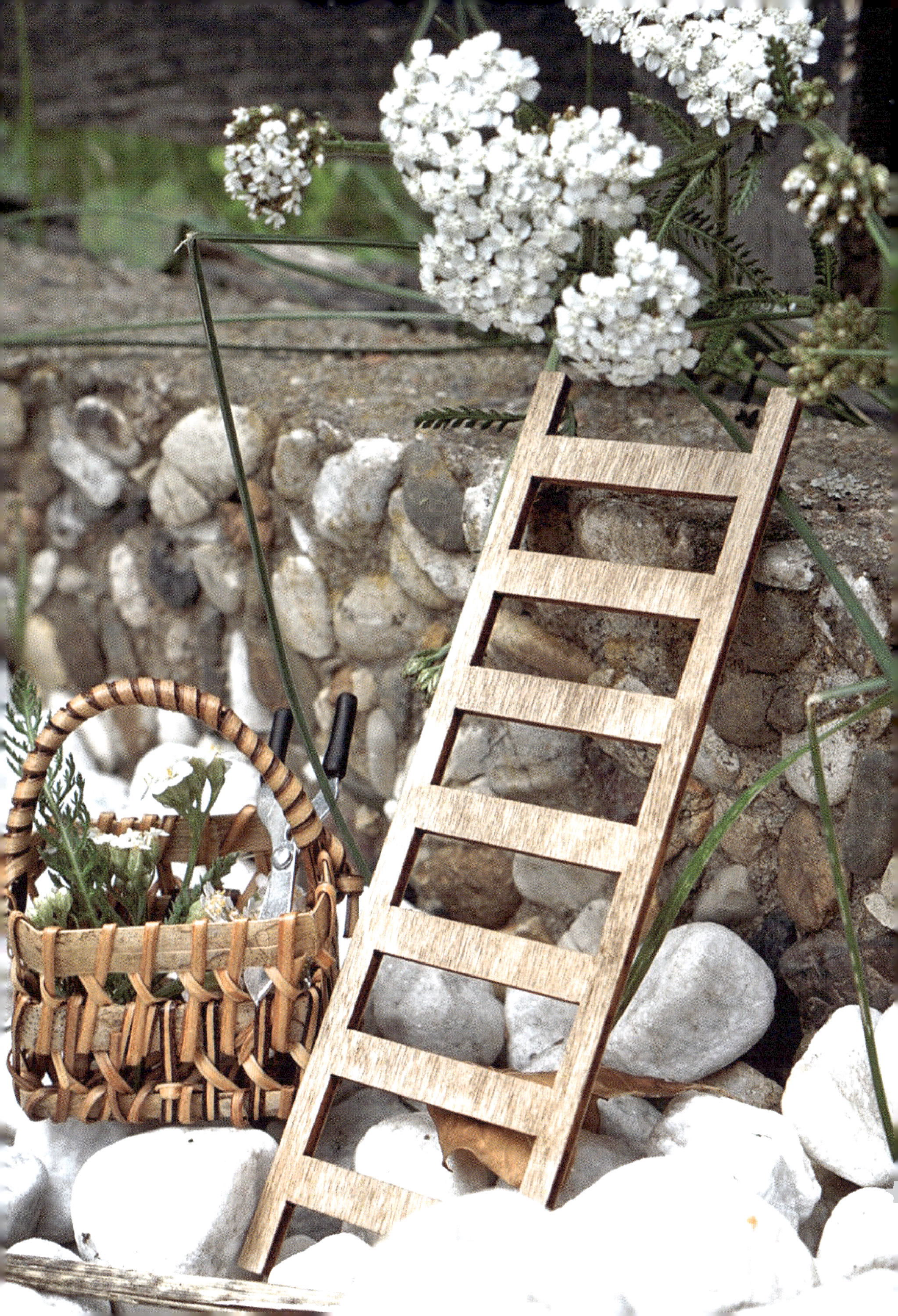

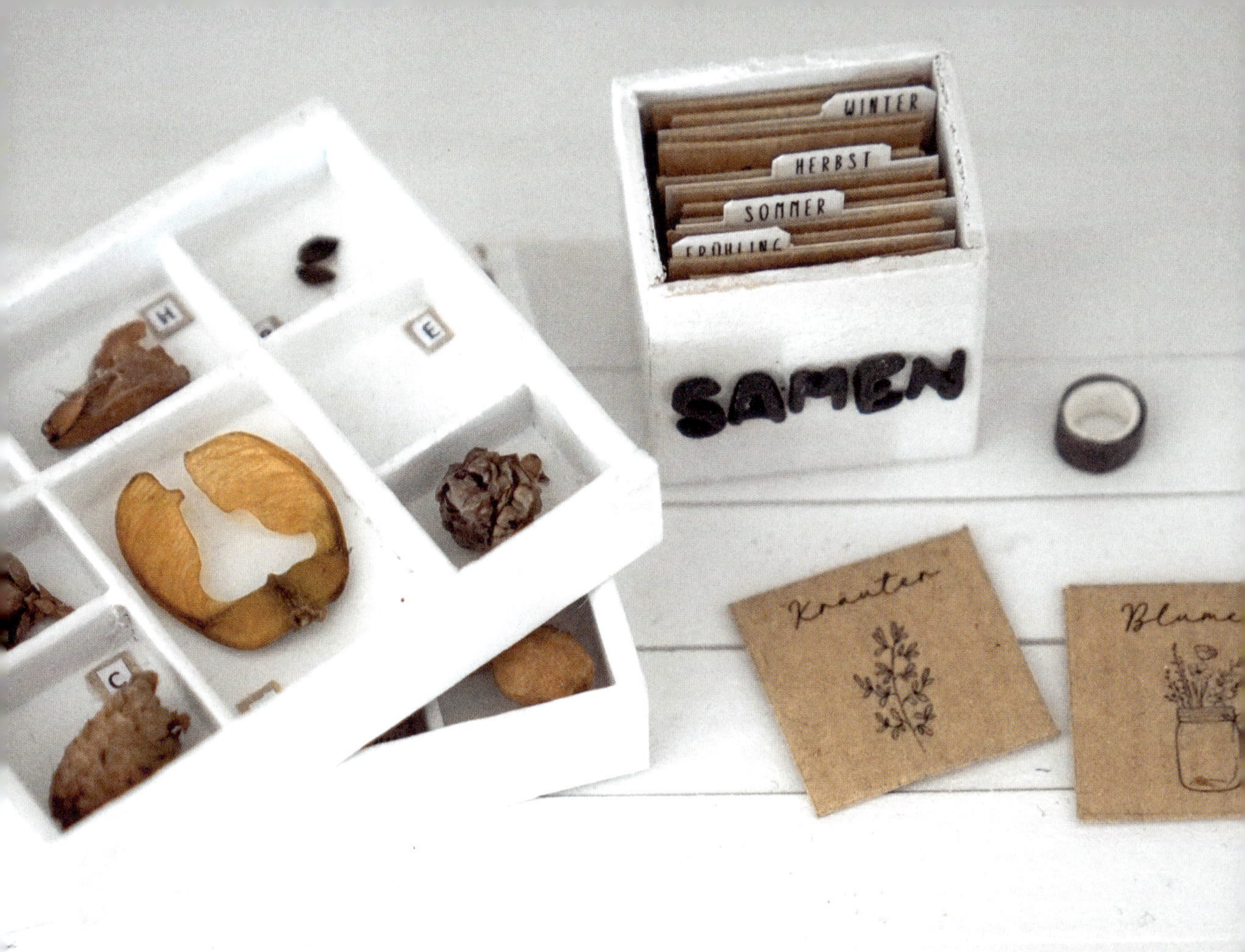
WINTER
HERBST
SOMMER
SAMEN
Kräuter

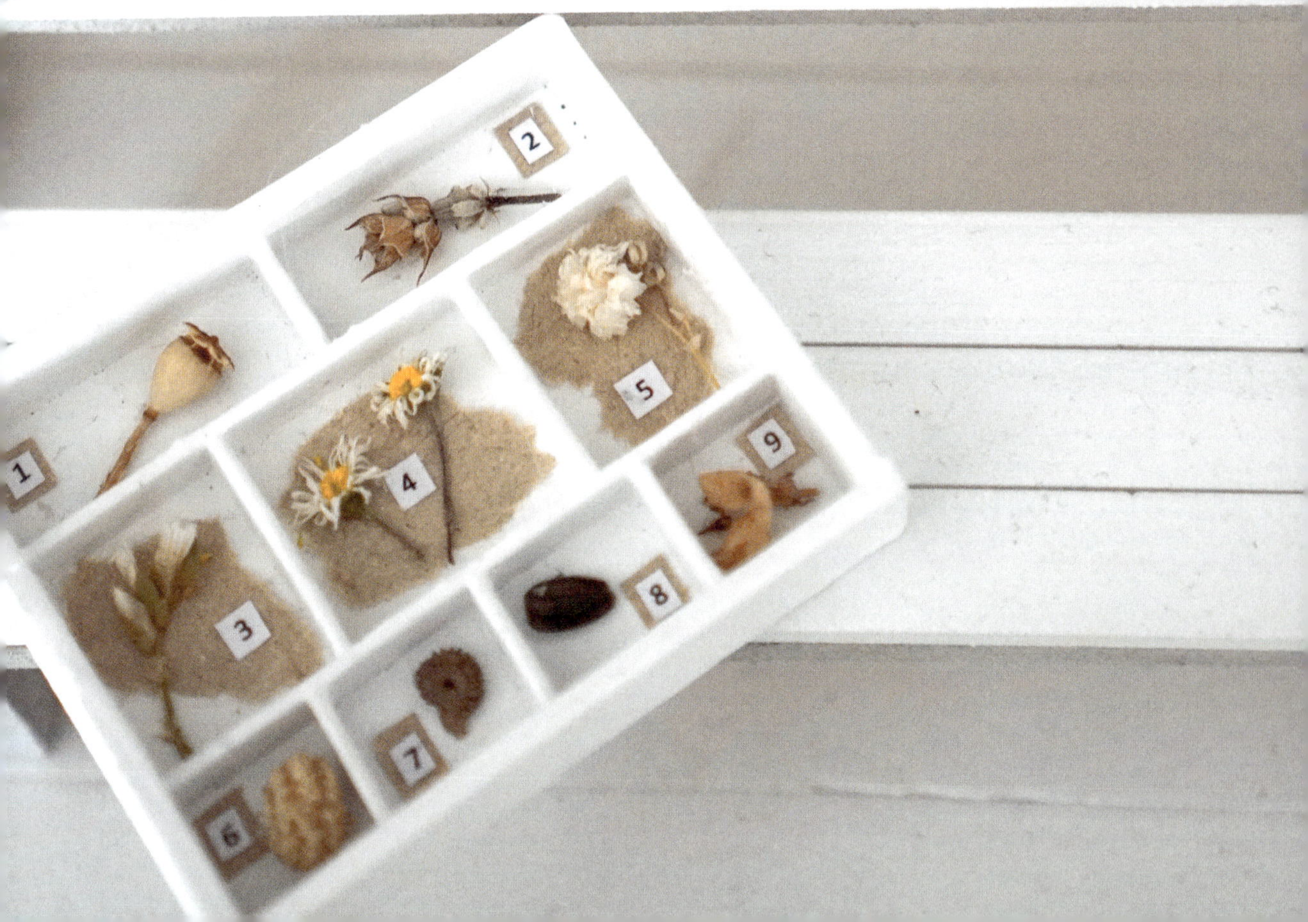

SAATTÜTEN

Wer viel gärtnert, braucht auch Samen – und am besten sicher verpackt. Einige Kinder erkennen sicher schon ein paar Samen und können beim Eintüten helfen. Oder lernen einige über die verschiedenen Setzkästen kennen, bei denen an der ein oder andere Stelle noch etwas fehlt. Dann bittet nämlich unser Wichtel darum, das Sortiment aufzufüllen ... (je nach Jahreszeit vielleicht Melonenkerne, ganz kleine Kastanien usw.)

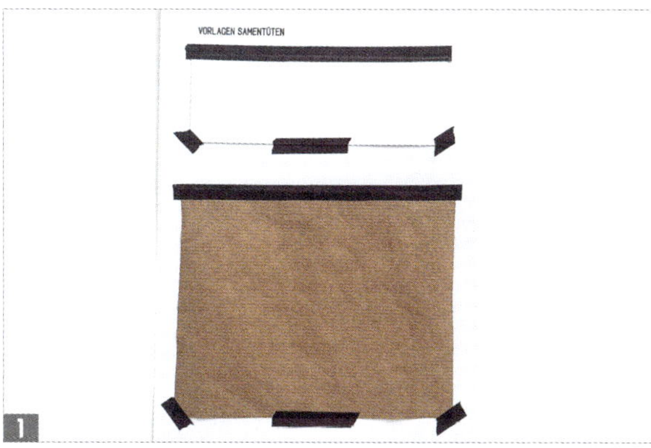

1

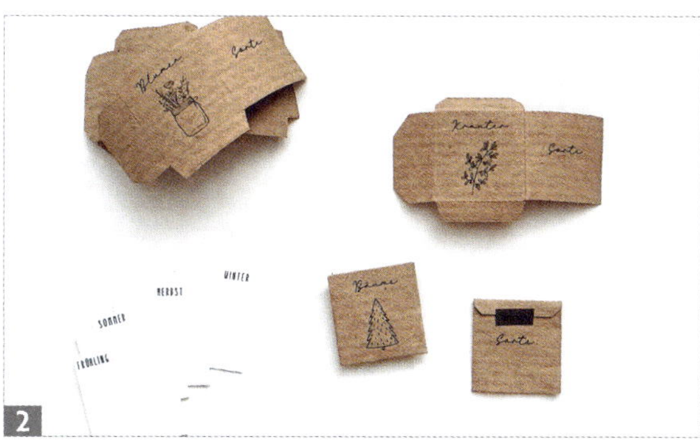

2

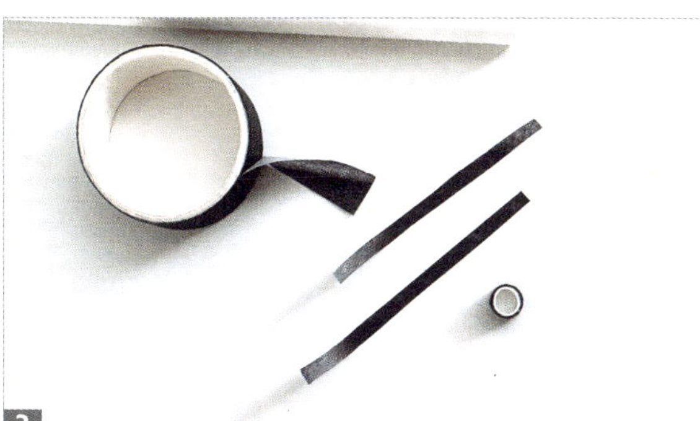

3

GRÖSSE

2 cm x 2 cm

MATERIALIEN

Vorlage Saattüten (Saat und Samen)

festes Papier

Packpapier

Washi-Tape

Pappstrohhalm

1 Erst einmal die Druckvorlage ausdrucken. Wer möchte, klebt auf den Ausdruck verschiedene Papiersorten und druckt es über den oberen Einzug des Druckers erneut, alternativ ist es auch möglich, die Vorlage zweimal auszudrucken, jeweils mit der gewünschten Papiersorte.

2 Dann werden die Tütchen ausgeschnitten, gefaltet und an den Laschen zusammengeklebt, verschließbar mit einem kleinen Stück Washi-Tape.

3 Eine Mini-Rolle Washi-Tape lässt sich gut durch einen kurz abgeschnittenen Pappstrohhalm darstellen, um den dünn geschnittenes Washi-Tape gewickelt wird.

SAATGUTKASTEN

GRÖSSE

2,5 cm x 2 cm x 2,5 cm

MATERIALIEN

1 sehr breites Bastelholz
20 cm x 2,4 cm (*Rayher*)

1 breites Bastelholz
15 cm x 1,8 cm (*Rayher*)

1 Streichholz

1 Tüte Buchstabensuppe (*Knorr*)

Vorlage Reiter für den Saatgutkasten (Saat und Samen)

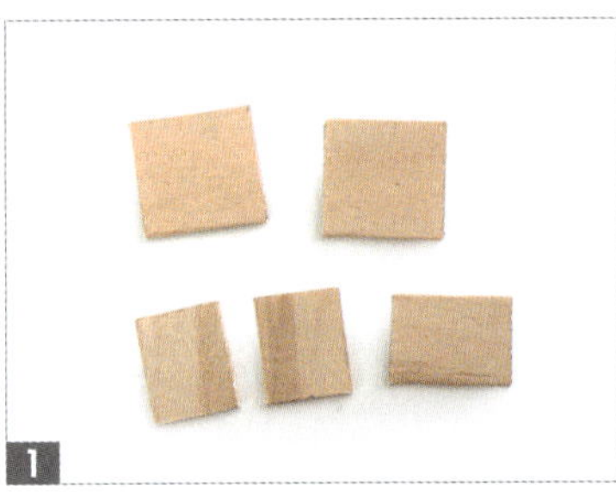

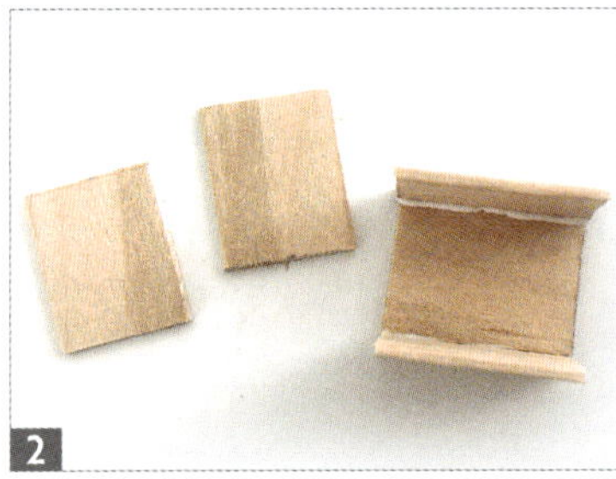

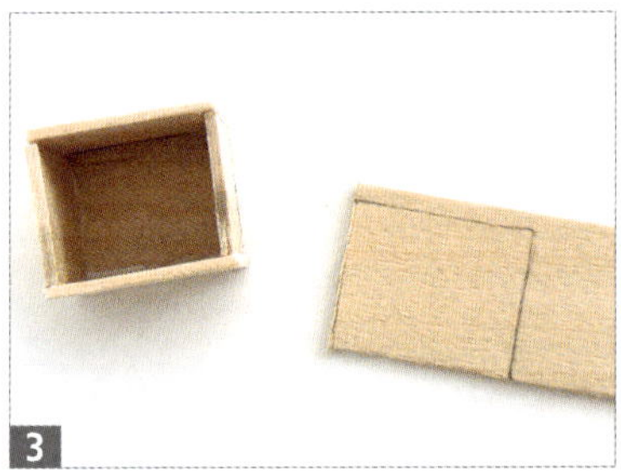

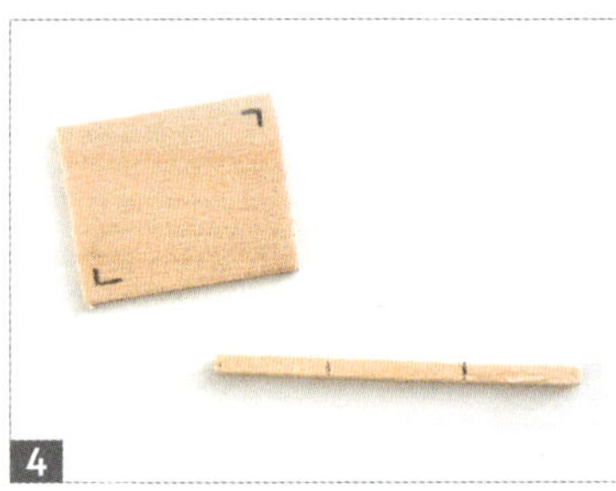

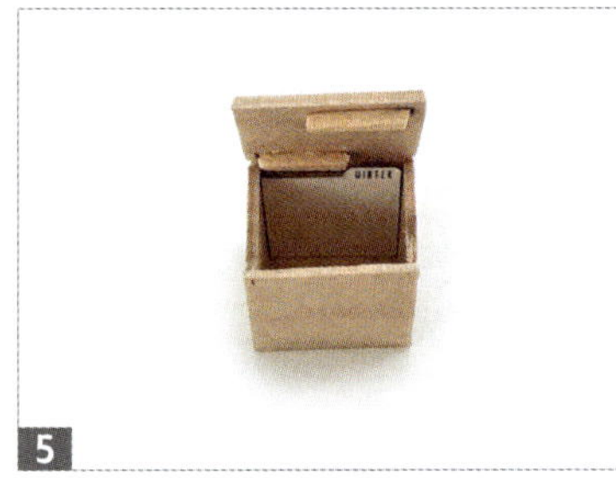

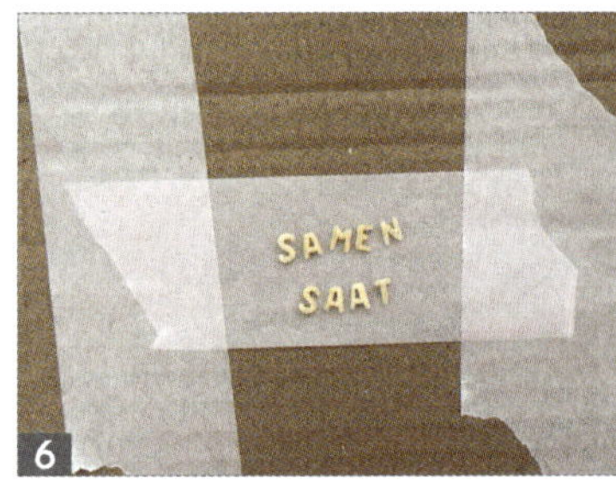

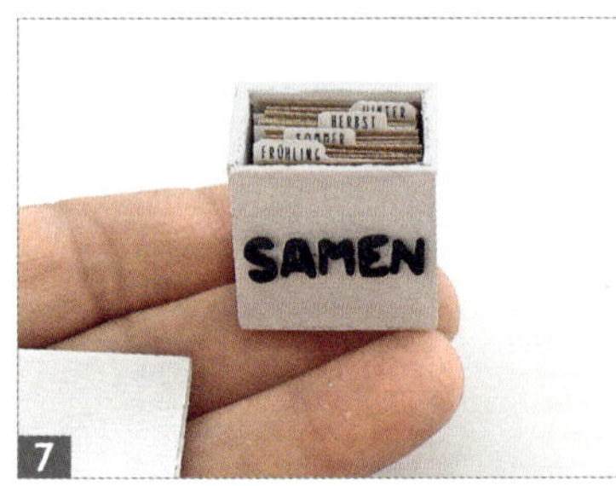

1 Aus dem sehr breiten Bastelholz werden für die Vorder- und Rückseite zwei Teile à 2,5 cm geschnitten, aus dem breiten Bastelholz zwei Teile für die Seiten à 2,2 cm und eines mit 2,5 cm für den Boden.

2 An das Bodenteil werden Vorder- und Rückseite und dann die Seitenteile auf das Bodenteil geklebt.

3 Aus dem Reststück des sehr breiten Bastelholzes wird mithilfe des Kastens der Deckel ermittelt und ausgeschnitten.

4 + 5 Damit später nichts verrutscht, werden noch zwei kleine Teile à 1,4 cm aus einem Streichholz so zugeschnitten und eingeklebt, dass sie genau an den Wänden innen anliegen, etwas versetzt, damit die Reiter nicht anstoßen.

6 Für die Beschriftung sucht man sich aus einer Tüte Nudelsuppe die passenden Buchstaben zusammen und legt sie auf ein Klebeband, damit sie beim Einsprühen mit Farbe nicht verrutschen.

7 Diese Buchstaben können dann in der richtigen Reihenfolge aufgeklebt werden. Für die Einteilung der Saatgutkästen werden die Reiter aus der Druckvorlage ausgeschnitten. Reiter und Tüten können dann eingesetzt werden.

SETZKASTEN

GRÖSSE
5,4 cm x 4,5 cm x 1 cm

MATERIALIEN
2-mm-Lindenholzplatte
20 cm x 10 cm (alternativ Pappe oder Reststücke)

3 schmale Bastelhölzer
11 cm x 1,1 cm (*Rayher*)

2 schmale Kaffeerührstäbchen

Heißkleber

Für die Füllung

Vorlage Nummerierung (Saat und Samen)

Packpapier

getrocknete Blumen, kleine Früchte, Samen (*OwnGrown*)

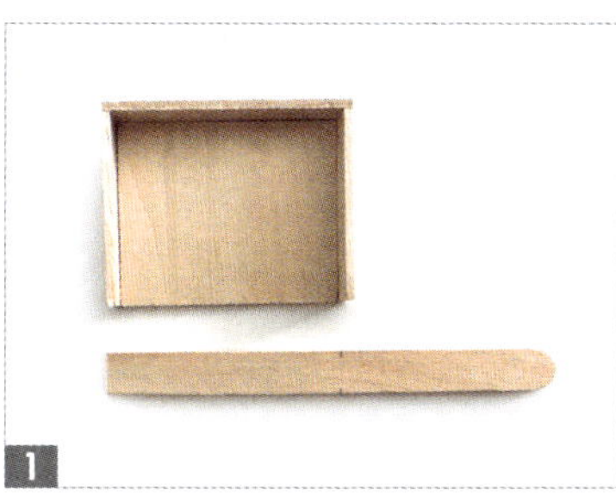

1

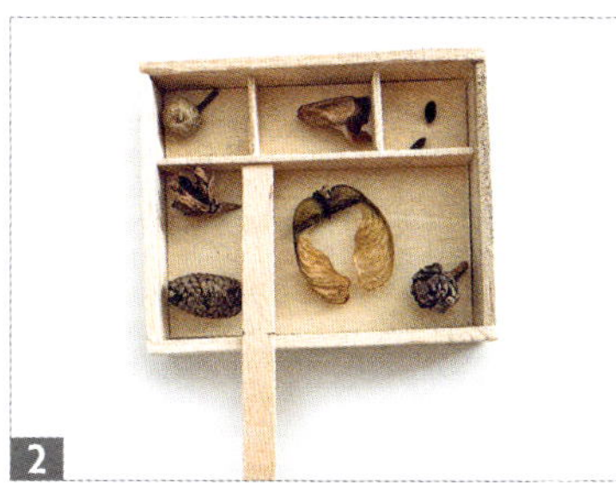

2

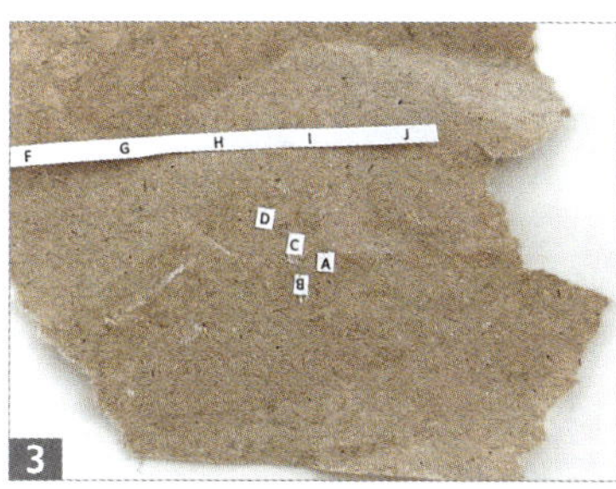

3

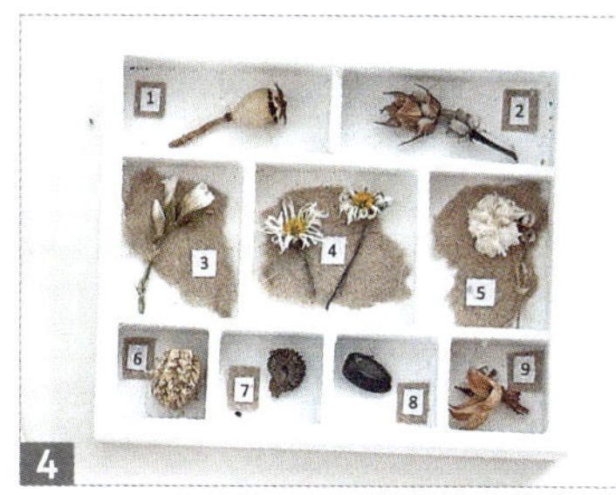

4

1 Aus der Lindenholzplatte wird ein 4 cm x 5 cm großes Bodenteil geschnitten. Um das Bodenteil herum wird durch passend zugeschnittene Bastelhölzer ein Rahmen gefertigt.

2 Durch schmale Kaffeerührstäbchen entstehen nun nach Wunsch die einzelnen Fächer. Im Anschluss kann alles farblich noch gestaltet werden.

3 Zum Schluss werden aus der Vorlage kleine Nummerierungen ausgeschnitten und auf Packpapier geklebt, erneut ausgeschnitten und an gewünschter Stelle im Setzkasten befestigt. Nun ist der Setzkasten fertig und kann dekoriert werden, dafür habe ich die kleinen getrockneten Blumen, kleinen Früchte und Samen mit Heißkleber fixiert.

4 Je nach Bedarf können so für die verschiedenen Themen (Blumen, Ost/Gemüse und Bäume) Setzkästen angelegt werden.

PFLANZENERDE

Für das Befüllen großer Beete benötigt so ein Wichtel auch ein wenig Erde. Dafür hat er ein paar Säcke parat gelegt und bittet die Kinder, ihm beim Füllen zu helfen.

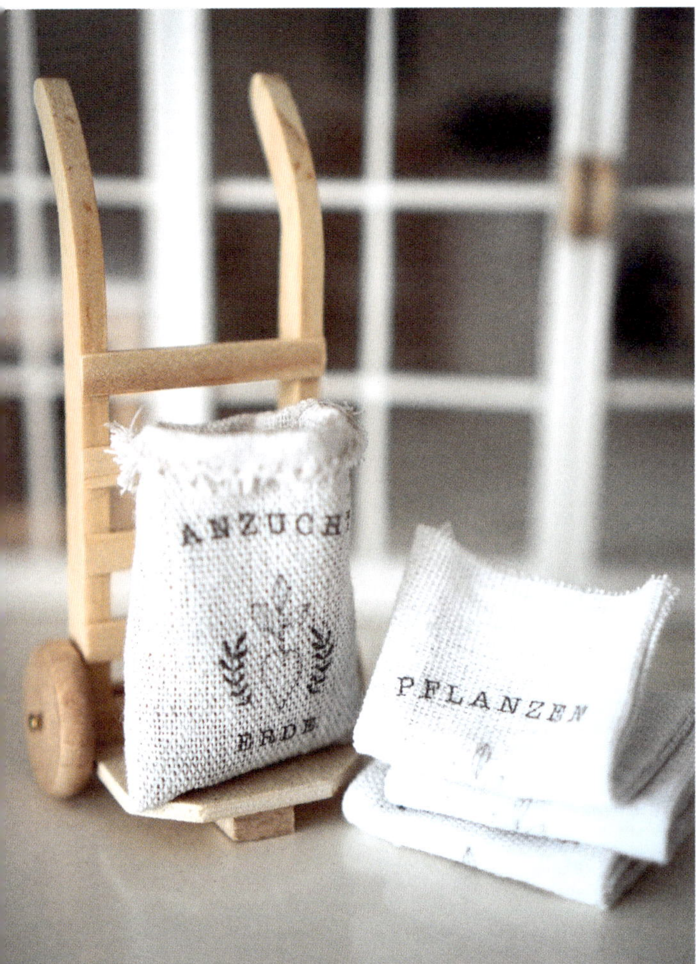

GRÖSSE

4 cm x 6 cm

MATERIALIEN

Stoff

Fransenstopp (*Prym*)

Nadel und Faden (oder Nähmaschine)

Vorlage Pflanzenerde

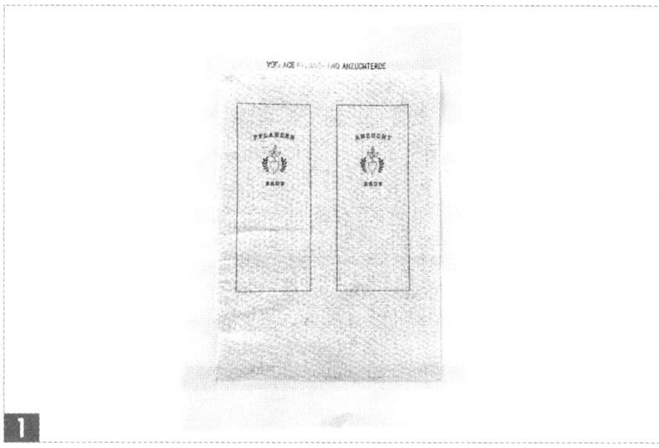

1

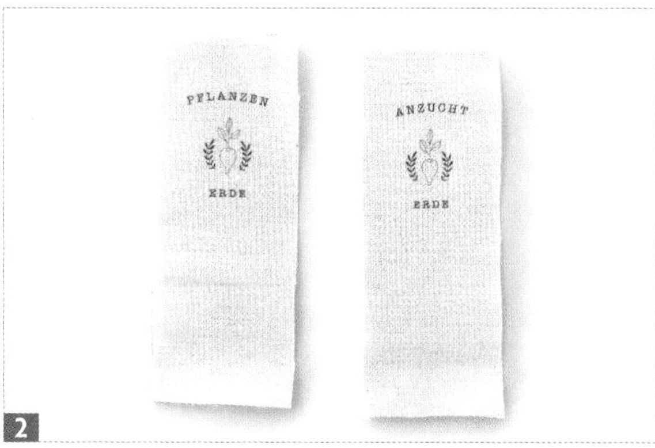

2

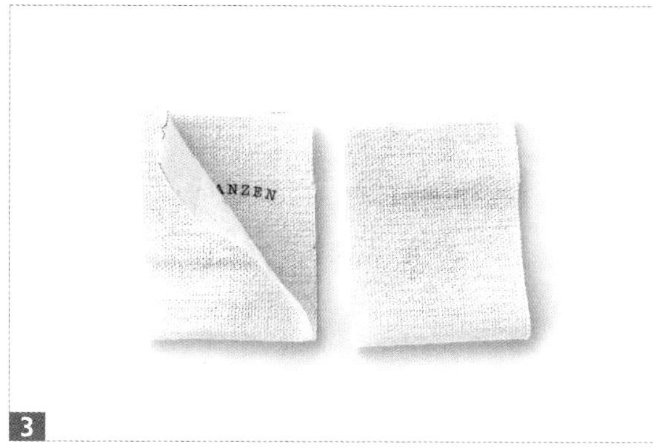

3

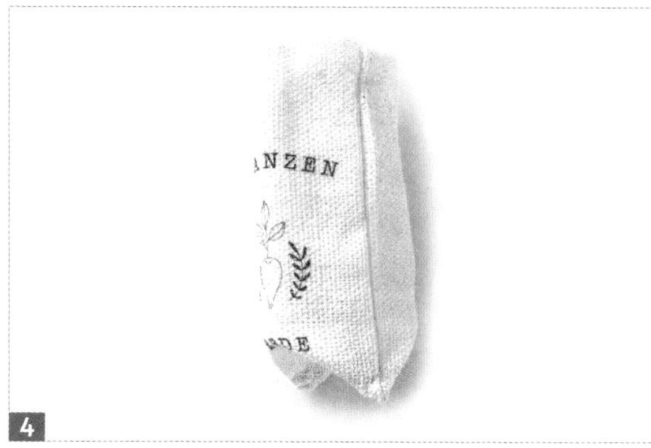

4

1 Erst die Vorlage ausdrucken und auf dem Ausdruck Stoff mit Tesafilm fixieren und über den oberen Einzug des Druckers erneut drucken. Kurz trocknen lassen.

2 Dann den Stoff lösen und zuschneiden, Fransenstopp auftragen und etwas warten, dass es trocknet.

3 Dann den Stoff rechts auf rechts (das heißt die schönen Seiten schauen sich an) legen und an den Seiten zusammennähen, dann wenden.

4 Für einen besseren Stand kann unten über die Ecken noch eine Naht gesetzt werden, dies ist aber kein Muss.

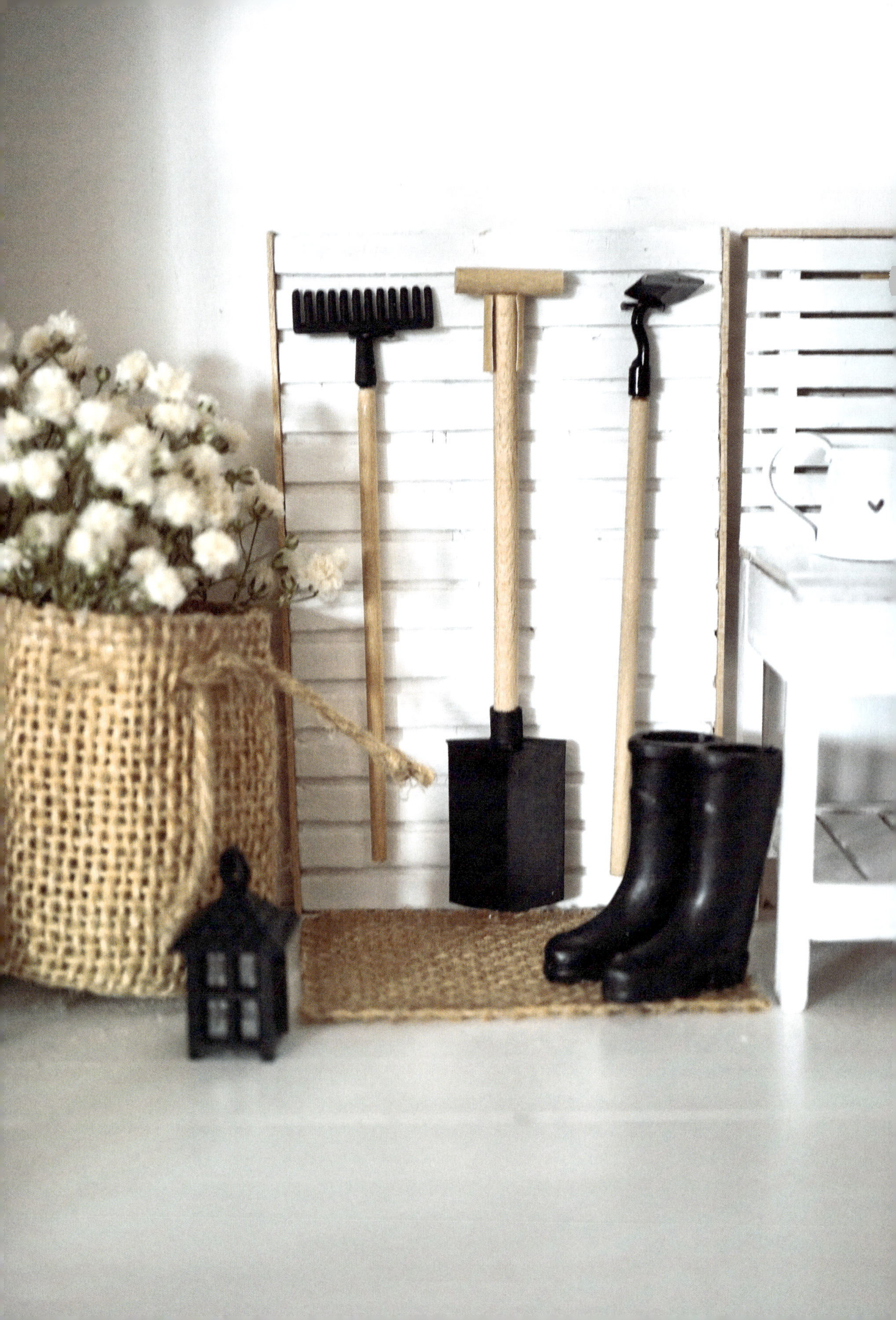

GARTENGERÄTE- UND WERKZEUGAUFBEWAHRUNG

Ein Wichtel hat oftmals ziemlich viele Gartengeräte und Werkzeuge. Damit alles gut sortiert und aufgeräumt ist, bietet sich so eine zusätzliche Wand zur Aufbewahrung bestens an. Ein kleines Wandteil macht sich gut direkt im Garten, ein größeres in einem Geräteschuppen, das in der Bauweise ähnlich gefertigt werden kann wie das Gewächshaus.

GRÖSSE

klein 7,5 cm x 11 cm
groß 17 cm x 15 cm

MATERIALIEN

Sperrholzplatte A5 bzw. A4 (je nach Größe des Projekts)

7 bzw. 19 lange Kaffeerührstäbchen 18 cm (je nach Größe des Projekts)

optional: 2 schmale Kaffeerührstäbchen für einen seitlichen Rahmen (klein)

Gartengeräte/Werkzeuge nach individuellem Bedarf:

Pappstrohhalm

Zahnstocher

Holzbohrer Gr. 2,3 mm, Gr. 1 mm und passend zu einem Magneten

1 schmales Bastelholz 11 cm x 1,1 cm (*Rayher*)

Blumendraht

kleine Magneten (*Rayher*)

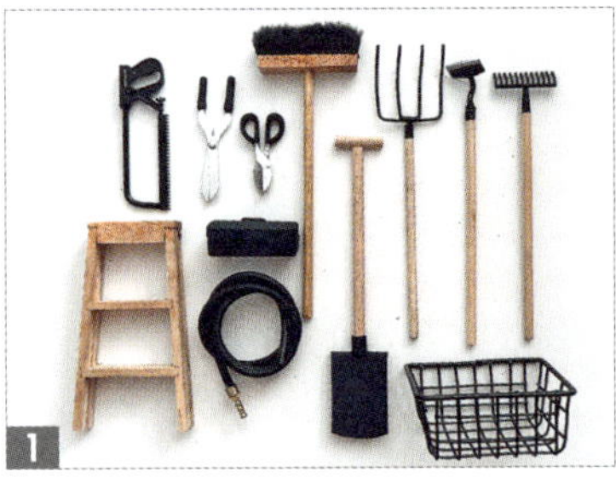

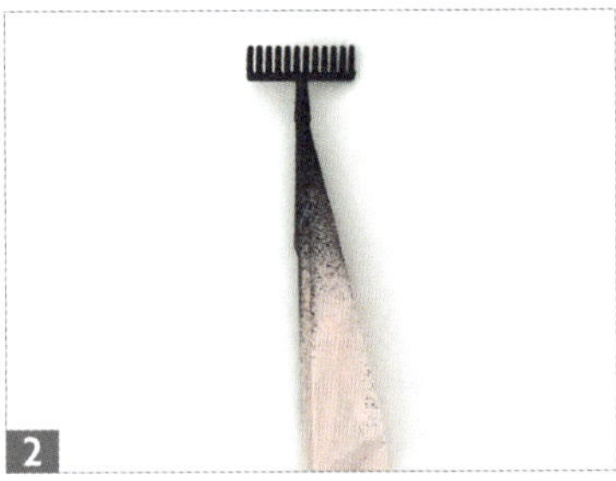

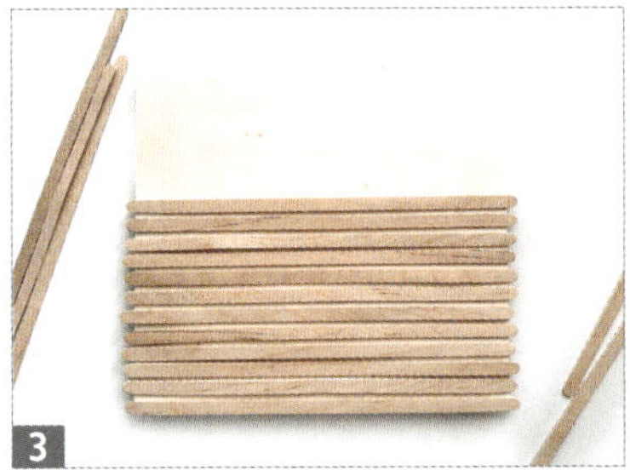

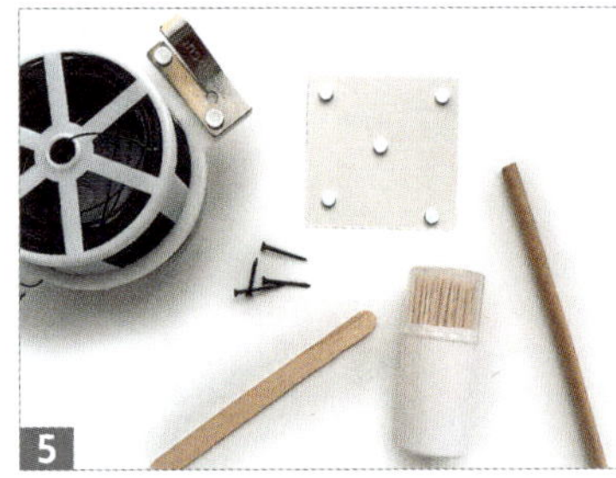

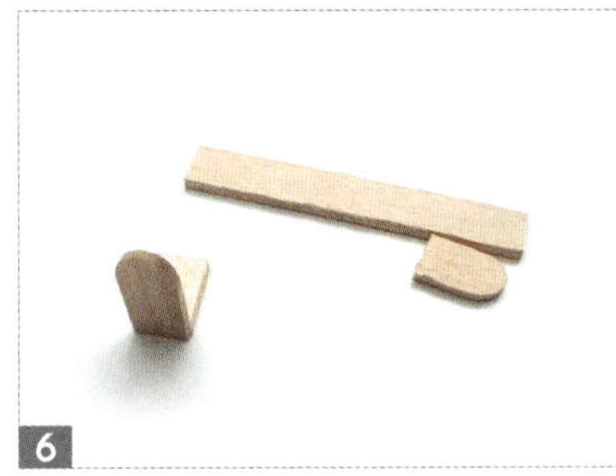

1 Zuerst werden alle gewünschten Gartengeräte und Werkzeuge parat gelegt, dann wird gemessen, wie groß die Rückwand werden soll.

2 Übrigens: So ziemlich jedes Gartengerät/Werkzeug kann farblich gleich gestaltet werden. Dazu den Bereich, der keinen neuen Anstrich bekommen soll, abkleben und dann das Ganze in der Wunschfarbe besprühen.

3 Aus der Sperrholzplatte wird dann die zuvor ermittelte Größe zugesägt. In meinem Fall konnte ich alles gut auf 17 cm x 15 cm unterbringen. Dann werden die langen Kaffeerührstäbchen gleichmäßig verteilt aufgeklebt und etwas gewartet, damit der Holzleim trocknen kann.

4 Überstehendes wird im Anschluss abgeschnitten.

5 Dann wird das Material für die nächsten Schritte zusammengesammelt:
Blumendraht ist geeignet für alle Sachen, die durch eine Öse aus Draht passen.
Pappstrohhalm für Sachen, die eher abgenommen werden müssen.
Zahnstocher/kleine Nägel für Sachen, die aufgehängt werden können.
Kleine Magneten eignen sich für alles, was leicht und gut am Magneten haftet.

6 Aus einem Bastelholz kann eine Vorrichtung für einen Gartenschlauch gebaut werden.

7 Jetzt überlegt man sich, wie alles final angeordnet werden soll, und überall dort, wo das Gartengerät/Werkzeug fixiert werden soll, werden mit einem Bleistift Markierungen gesetzt.

8 Dann werden nur Bohrungen an den dafür markierten Stellen durchgeführt, wenn die Rückwand noch Farbe bekommen soll. Für Zahnstocher eignet sich meist die Gr. 2,3 und für Blumendraht die Gr. 1. Wenn ein Magnet zum Einsatz kommt, muss dafür passend der Bohrer gewählt werden und das Loch sollte nur so tief sein, wie auch der Magnet dick ist. Wenn Pappstrohhalme noch mit aufgeklebt werden sollen, müssen die markierten Punkte ausgemessen und notiert werden, denn sie verschwinden unter der Farbe.

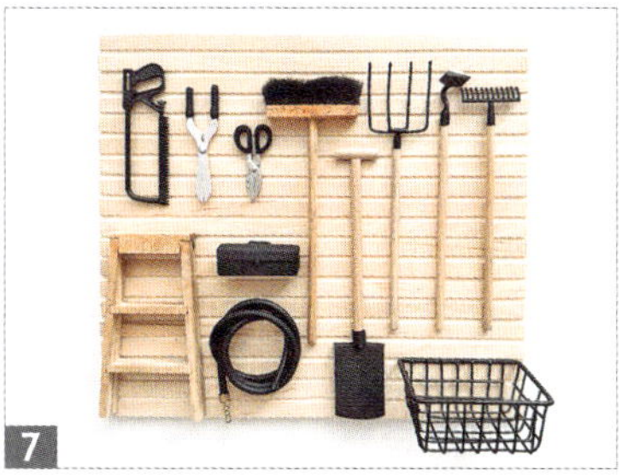

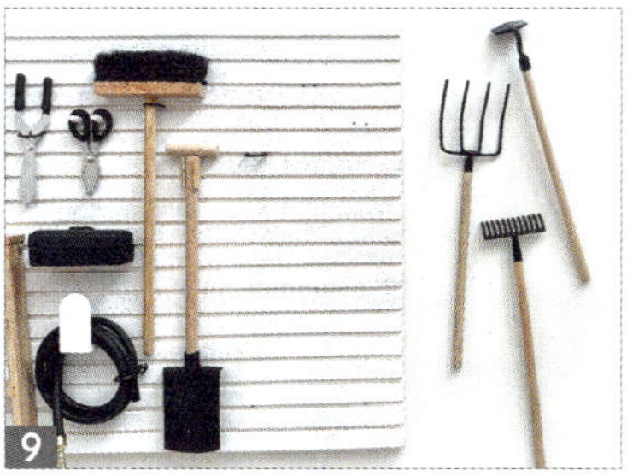

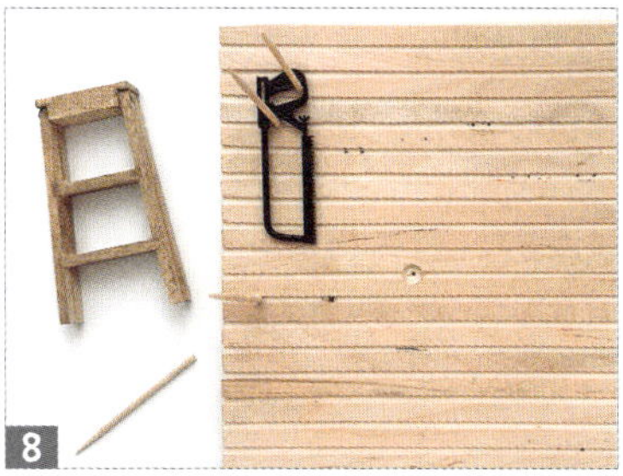

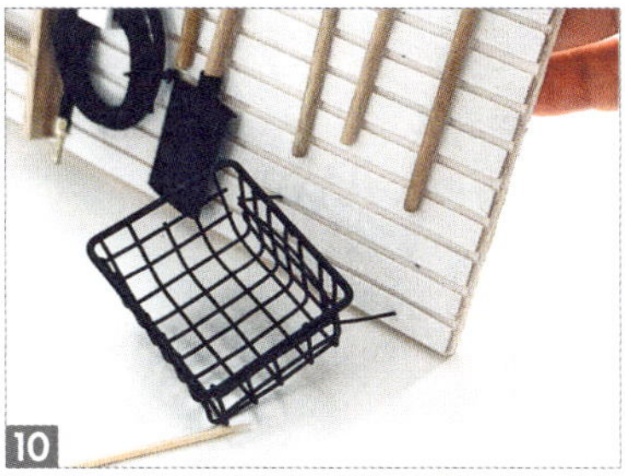

9 Wenn keine Farbe verwendet wird, muss nichts weiter beachtet werden und es können alle Befestigungsvarianten direkt angebracht werden.

10 Nun werden alle Gartengeräte und Werkzeuge befestigt.

FUSSMATTE

Eine kleine Fußmatte schützt den Bereich, wenn die Gummistiefel schmutzig sind. Etwas größer gebastelt, eignet sie sich auch gut als Abstreifer vor der Wichteltür.

GRÖSSE

4,5 cm x 7 cm

MATERIALIEN

Juteband (20-cm-Rolle, *Rayher*)
3 Streichhölzer
4 schmale Kaffeerührstäbchen

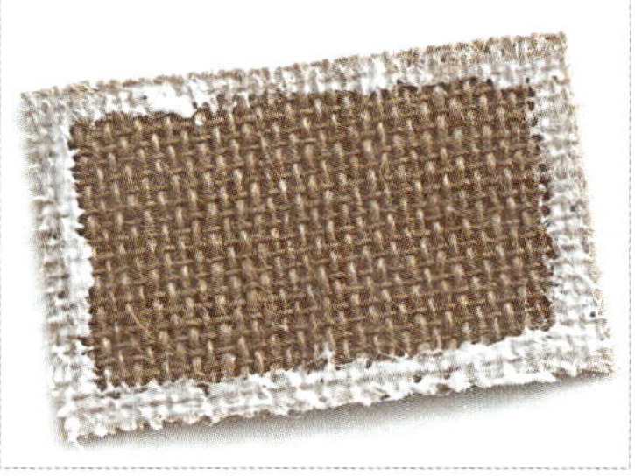

Juteband mit den Maßen 7 cm x 5 cm ausschneiden und die Ränder großzügig mit Holzleim einschmieren. Das schützt vor dem Ausfransen. Dann trocknen lassen. Das Gitter wird aus drei Streichhölzern und sieben Stücken à 7 cm gelegt, die aus den schmalen Kaffeerührstäbchen geschnitten wurden. Die Teile werden gleichmäßig verteilt aufgeklebt.

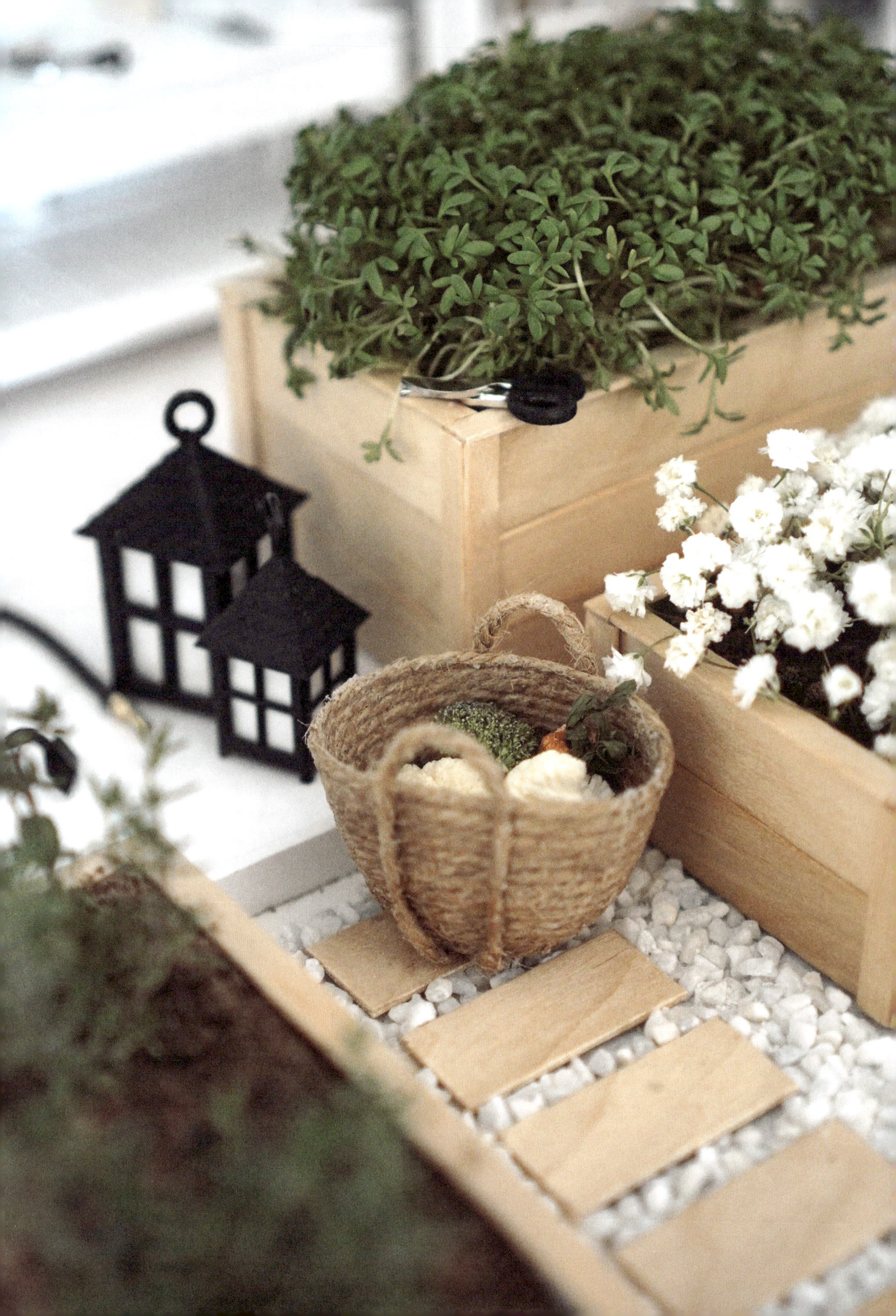

BEETE

Ganz fleißig arbeitet der Wichtel in seinen Beeten. Die Kinder können hier super mithelfen beim Aussähen und Gießen, am besten eignet sich Kresse dafür. Und sollte mal etwas schiefgehen, lässt sich auch mit den kleinen Kresseschalen aus dem Supermarkt Zauberhaftes schaffen.

GRÖSSE

11,8 cm x 7,4 cm x 2,7 cm

MATERIALIEN

Für 1 Beet

1 große Streichholzschachtel (*Rayher*)

3 sehr breite Bastelhölzer 20 cm x 2,4 cm (*Rayher*)

6 lange Kaffeerührstäbchen 18 cm

Für den Inhalt

gesammelte Erde oder Kokoserde (*OwnGrown*)

Kressesamen (*OwnGrown*)

frisches Gemüse/Kräuter

Backpapier

optional: für höhere Etagen weitere sehr breite Bastelhölzer und lange Kaffeerührstäbchen

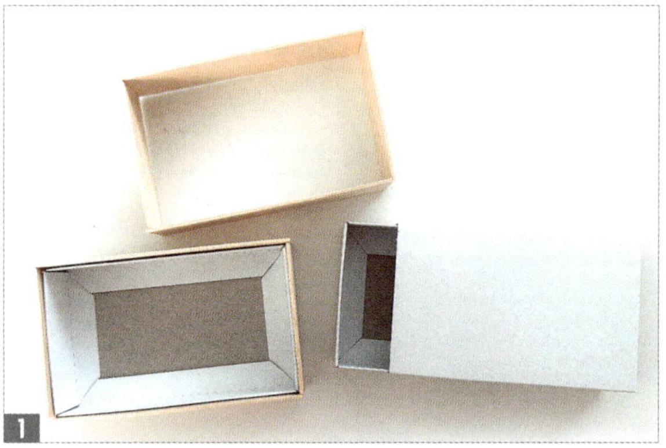

1

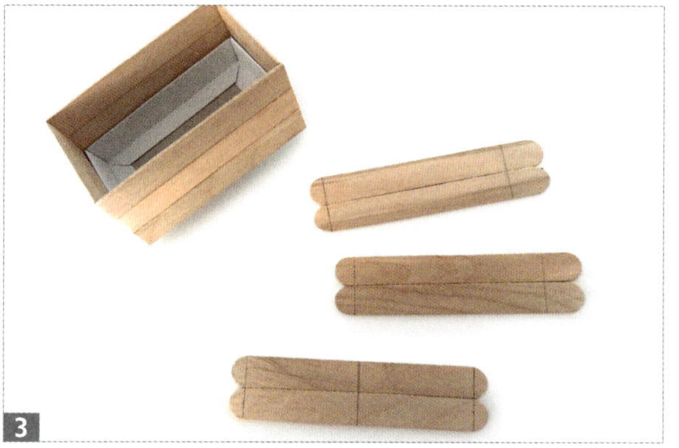

3

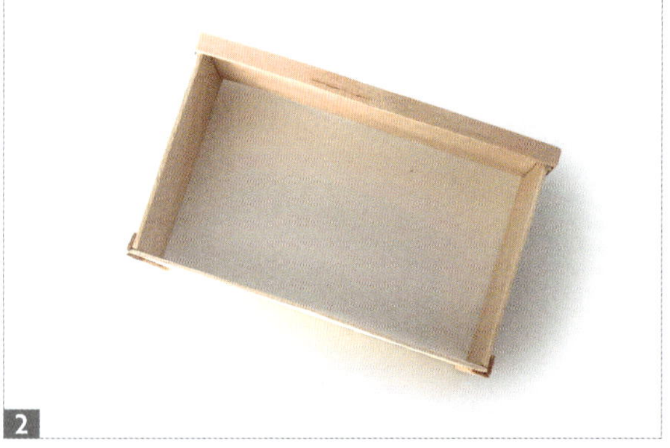

2

1 Für das Beet wird aus der großen Streichholzschachtel das Innenteil genommen und mit einem Rahmen aus drei sehr breiten Bastelhölzern versehen.

2 Für die Verkleidung werden die langen Kaffeerührstäbchen passend zugeschnitten und erst an den Ecken und dann oberhalb aufgeklebt.

3 Auch höhere Beete sind möglich: dazu einfach zwei oder drei der sehr breiten Bastelhölzer aneinanderkleben und passend zuschneiden.

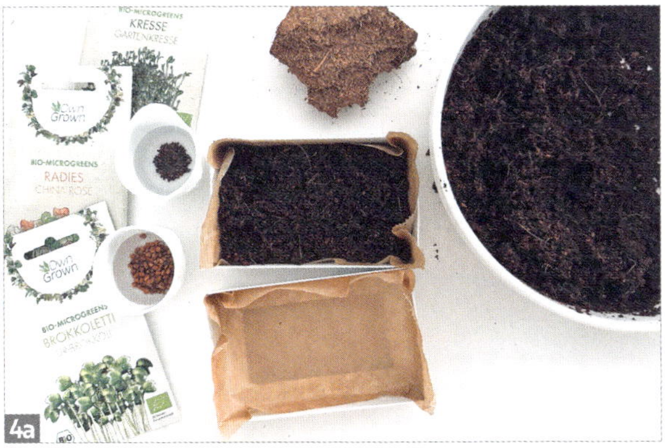

4a

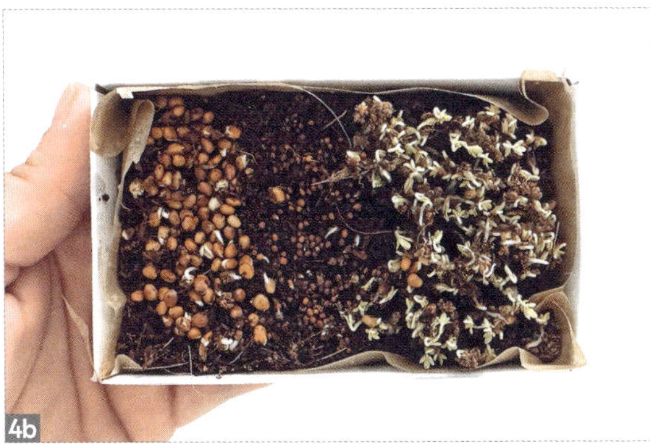
4b

4 Wie eingangs erwähnt, lassen sich besonders gut Kressesamen im kleinen Wichtelgarten nutzen, sie keimen innerhalb weniger Tage (je nach Sorte). Ich habe Kokoserde verwendet, weil man damit am besten platzsparend Vorbereitungen treffen kann (quillt erst mit Wasser auf). Zum Schutz vor Feuchtigkeit kann das Innenteil mit Backpapier ausgelegt werden.

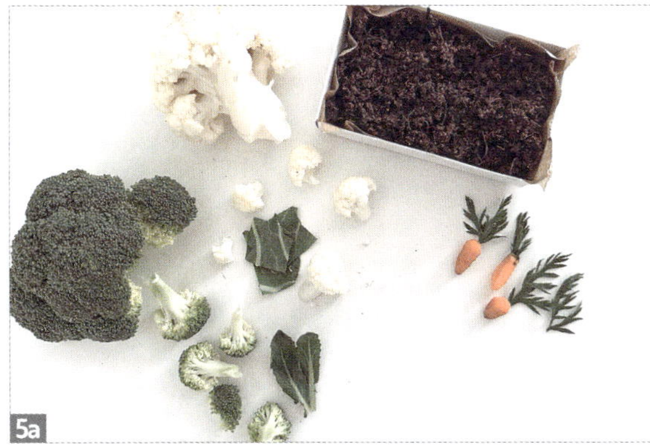
5a

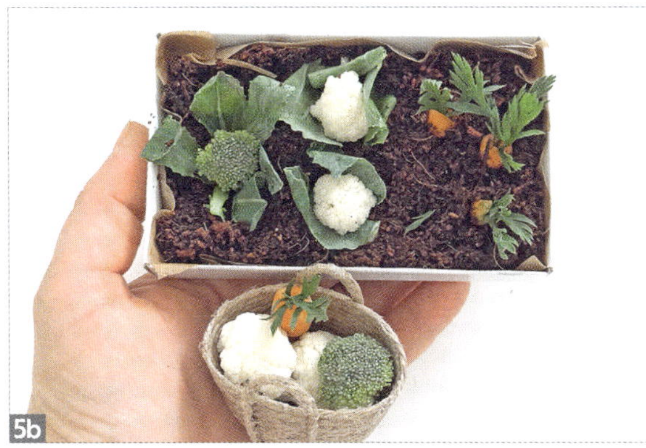
5b

5 Natürlich kann auch frische Erde verwendet werden. Dazu wird das Innenteil ebenfalls mit Backpapier ausgelegt. Damit es besonders authentisch wird, können frische Kräuter oder kleine Röschen von Blumenkohl/Brokkoli hineingesetzt werden, gern noch ein paar frische Blätter dazwischen stecken. Auch Mohrrüben können genutzt werden, aus großen mit Grünzeug werden ganz kleine geschnitzt. Oben sticht man ein paar Löcher hinein, in die kleine Zweiglein vom Grünzeug gesteckt werden.

KORB

Ein Korb ist super geeignet zum Ernten oder Einkaufen.

GRÖSSE
5 cm (Breite) x 4 cm (Höhe)

MATERIALIEN
Eierbecher ohne Fuß
etwas Frischhaltefolie
Jutegarn

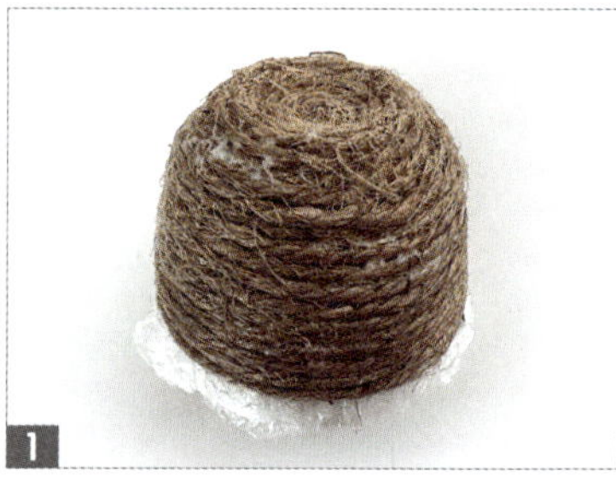

1

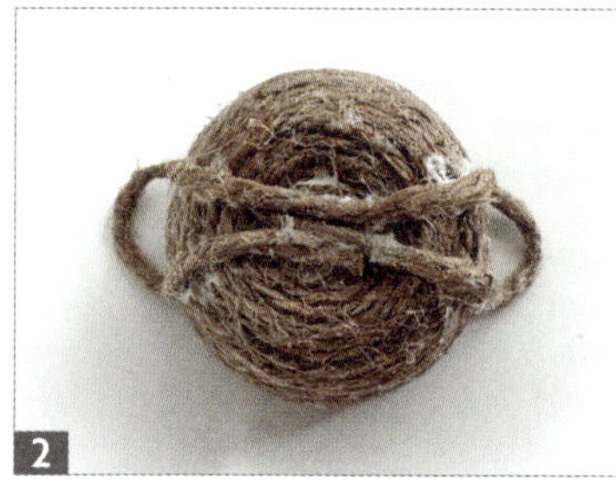

2

1 Der Eierbecher wird zum Schutz in Frischhaltefolie gewickelt. Beginnend am Boden wird mit Holzleim Jutegarn um den Eierbecher herum geklebt.

2 Ein weiteres Stück Jutegarn kann als Henkel angeklebt werden. Alles gut trocknen lassen und dann vorsichtig den Eierbecher herausziehen. Der Korb kann dann noch in eine ovale Form gedrückt werden.

BEETEINFASSUNG

Damit alles einen festen Platz hat und nicht zu sehr verrutscht, falls die Kinder aktiv mit in den Beeten arbeiten, ist eine Beeteinfassung praktisch.

GRÖSSE
40 cm x 15 cm

MATERIALIEN
2 Pappstücke A4
kleine Dekosteine
6 breite Bastelhölzer 15 cm x 1,8 cm (*Rayher*)
8 schmale Bastelhölzer 11 cm x 1,1 cm (*Rayher*)
3 Beete

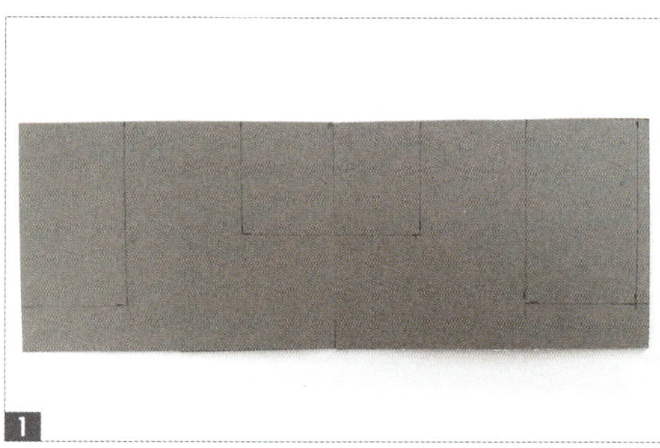

1

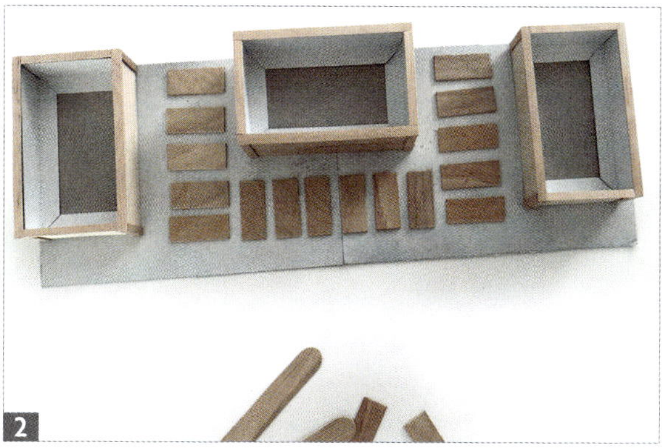

2

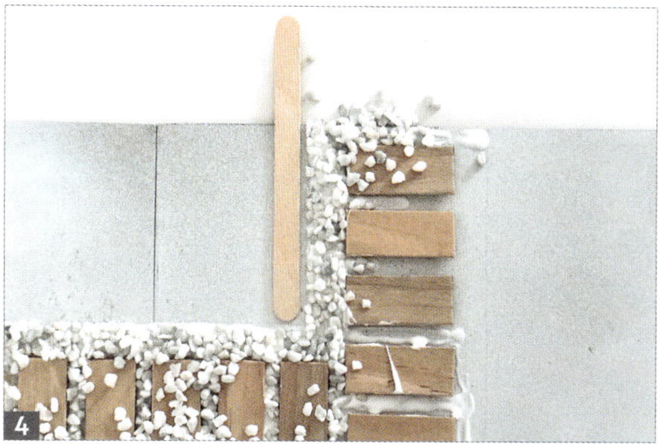

4

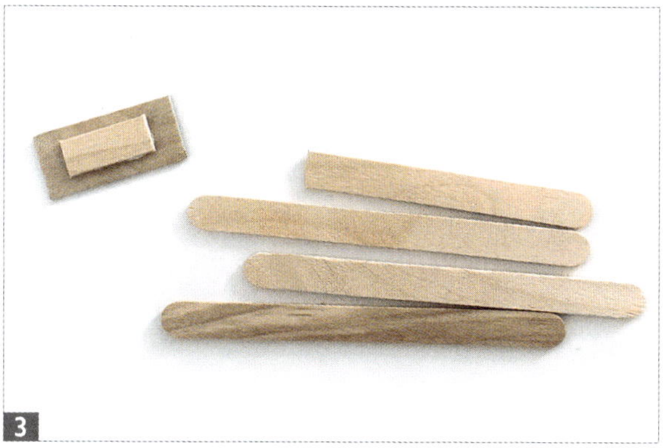

3

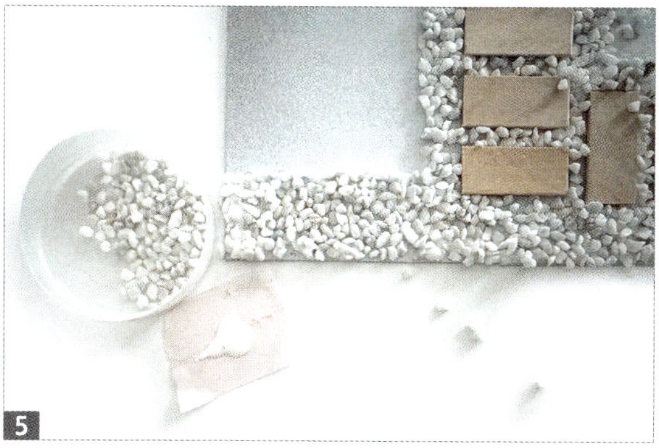

5

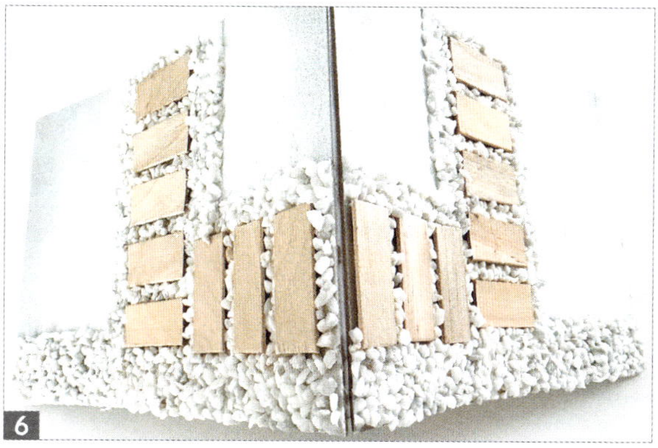

6

1 Beide Pappstücke mit Klebeband auf der Rückseite verbinden und auf 40 cm x 15 cm zuschneiden. Darauf die Beete setzen und den Umriss nachzeichnen. Ich habe die Fläche dann noch leicht in einem hellen Grauton eingesprüht, das ist aber nicht unbedingt nötig.

2 Beete lose platzieren und aus den breiten Bastelhölzern 16 Stücke à 4 cm für den Weg schneiden und gleichmäßig verteilen.

3 Bevor diese fest angeklebt werden, werden unterhalb noch aus den schmalen Bastelhölzern 2,5 cm lange Stücke geklebt.

4 Dann den Weg aufkleben und weiteren Kleber verteilen (der Bereich für die Beete wird dabei ausgespart). Dann werden die kleinen Dekosteine verteilt und leicht angedrückt. Gut trocknen lassen.

5 Nach dem Trocknen die Beeteinfassung hochnehmen und vorsichtig umdrehen. Steine, die nicht festgeklebt wurden, können so hinausfallen. Falls danach noch größere Lücken zu sehen sind, können noch weitere Steine punktuell eingeklebt werden.

6 Wird die Beeteinfassung nicht mehr benötigt, kann sie platzsparend zusammengeklappt verstaut werden.

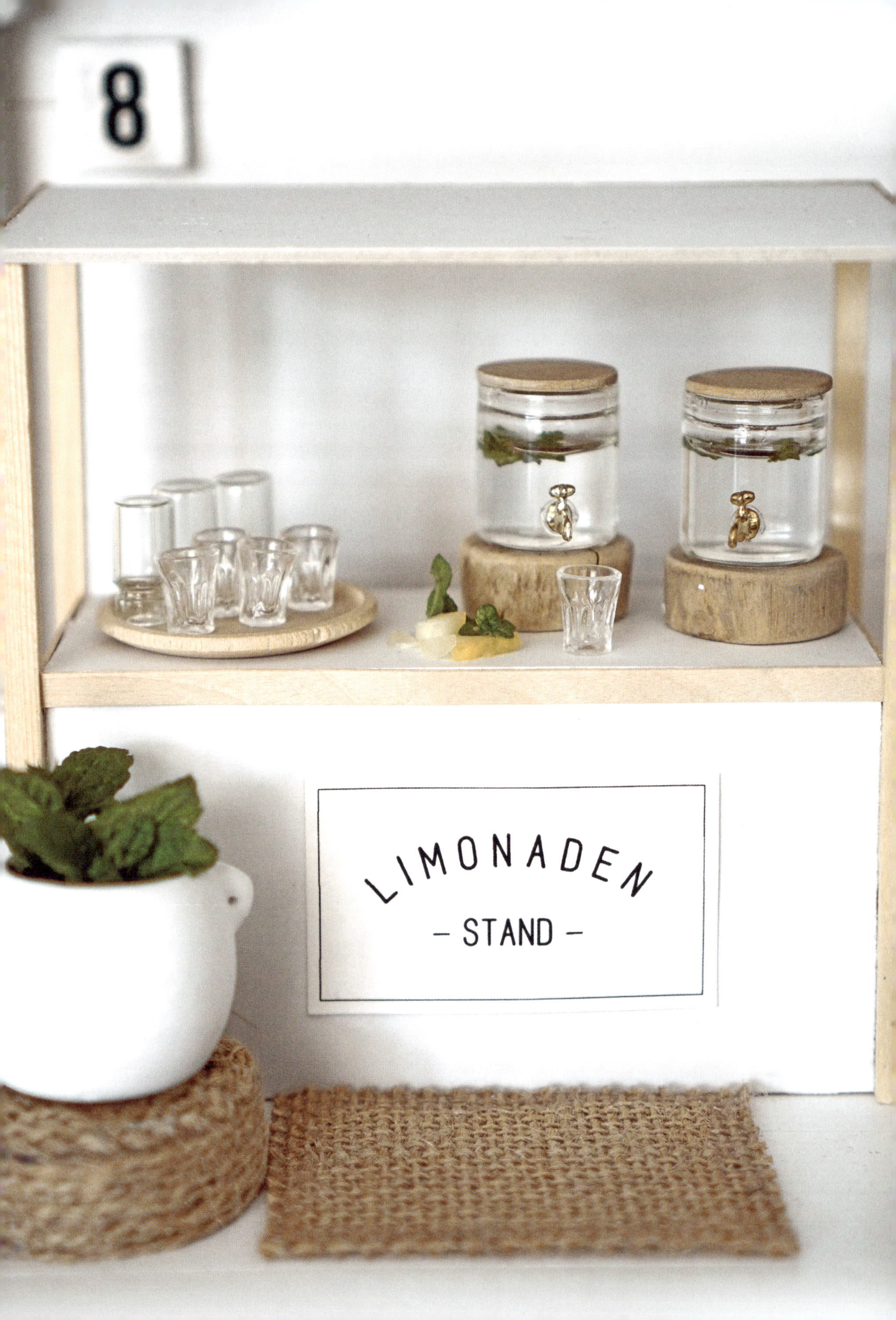
8
LIMONADEN
- STAND -

LIMONADENSTAND

Was ist erfrischender als eine kühle Limonade im Sommer?
Hier hat der Wichtel für die Kinder einen Limonadenstand vorbereitet.
Da es natürlich etwas wenig ist, kann der Wichtel die
Kinder animieren, selbst Limonade herzustellen.

GRÖSSE

13 cm x 5,7 cm x 12,7 cm

MATERIALIEN

2 2-mm-Lindenholzplatten 20 cm x 10 cm

1 5-mm-Kantholz

5 schmale Kaffeerührstäbchen

Vorlage Stände

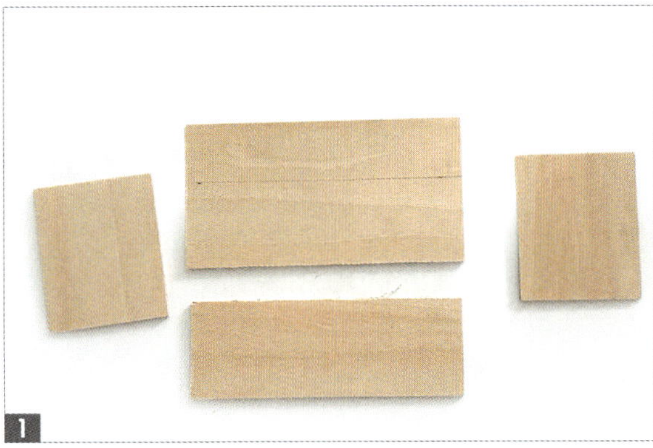

1

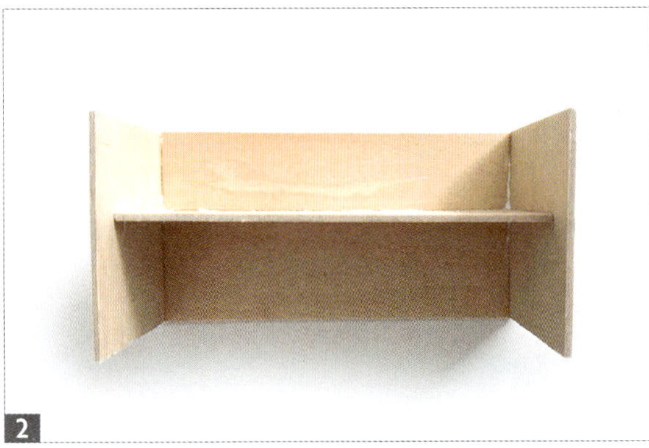

2

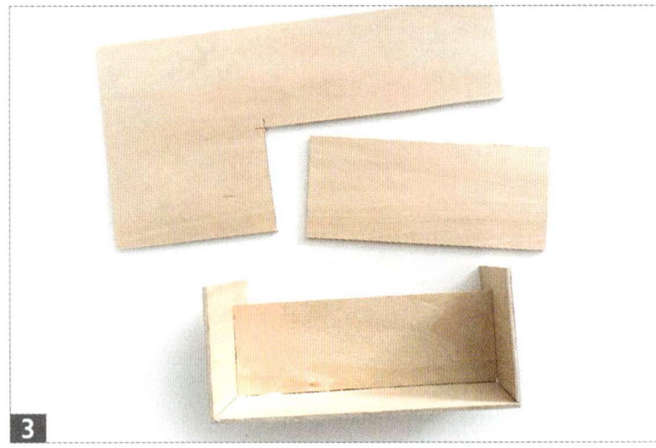

3

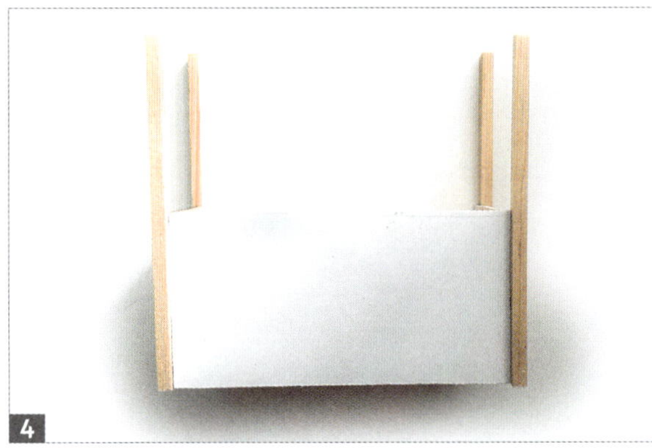

4

1 Aus der Lindenholzplatte wird Folgendes ausgeschnitten: für die Vorderseite ein 12 cm x 6 cm großes Stück, für die Seitenteile zwei Stücke à 5 cm x 6 cm und für das Zwischenfach ein 11,6 cm x 5 cm großes Stück.

2 Das Vorderteil und die beiden Seitenteile werden nun zusammengeklebt. Das Zwischenfach wird in Höhe von ca. 3,5 cm von unten dazwischen geklebt.

3 Nun wird ein weiteres Stück für die Ausstellungsfläche mit 12 cm x 5 cm ausgeschnitten. Alles Bisherige kann jetzt farblich gestaltet werden.

4 Wenn alles gut getrocknet ist, werden aus dem Kantholz zwei Stücke à 12 cm und weitere zwei Stücke à 12,5 cm gesägt. Seitlich leicht nach vorne und hinten versetzt, werden die kürzeren vorne an den Korpus geklebt, die längeren hinten.

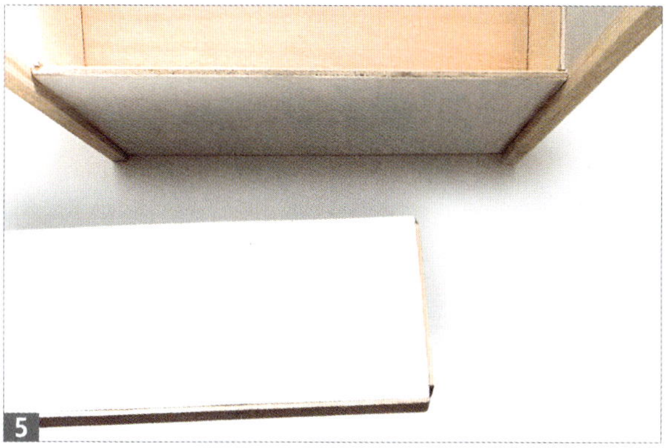

5

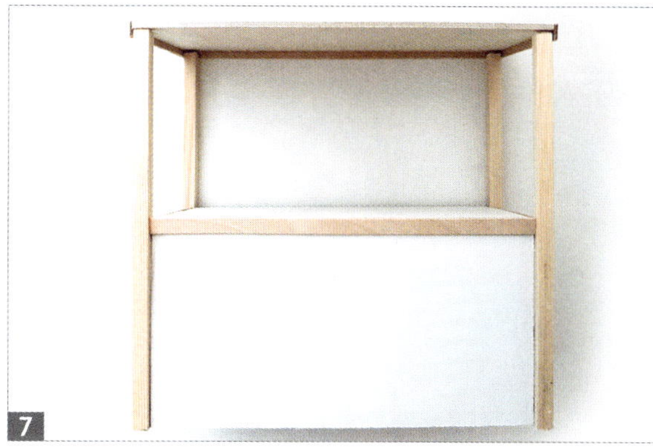

7

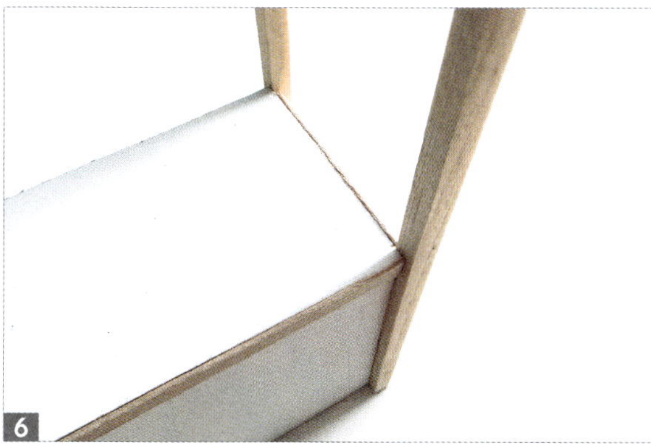

6

5 Damit die Ausstellungsfläche flexibel bleibt und getauscht werden kann, wird vorne und an den Seiten aus den schmalen Kaffeerührstäbchen ein Rahmen geklebt. Die Maße dafür werden am Korpus ausgemessen.

6 Wenn alles passt, sollte sich die Ausstellungsfläche gut auf den Korpus setzen lassen.

7 Nun wird der Bereich des Daches ausgemessen und ebenfalls aus Lindenholz zugeschnitten und nach Belieben farblich gestaltet. Da das Dach auch nur aufgelegt wird, bekommt es hinten und an den Seiten ebenfalls einen Rahmen aus schmalen Kaffeerührstäbchen. Vorne habe ich keines geklebt, damit nicht so viel von der Sicht genommen wird, wäre aber natürlich auch machbar.

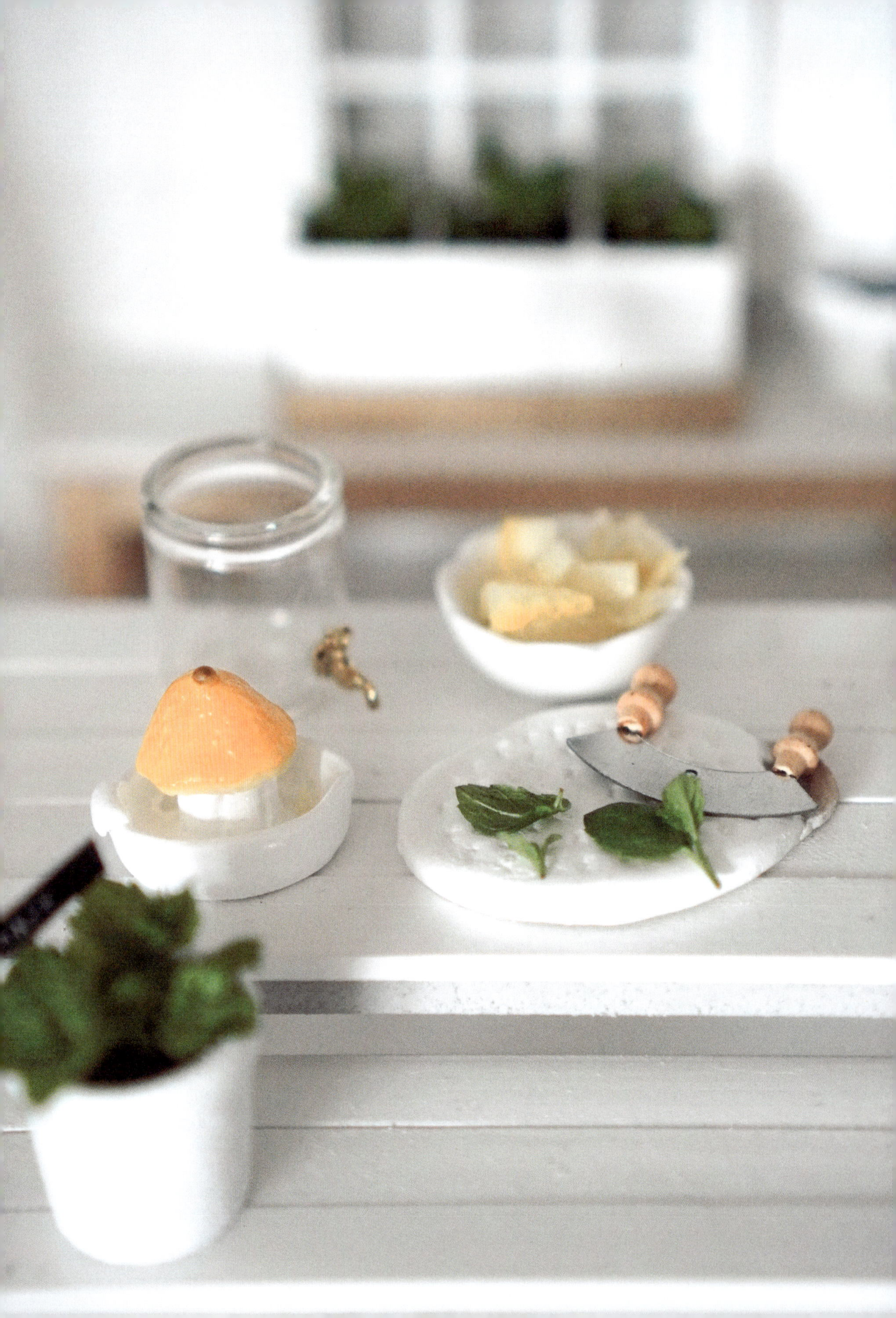

SCHNEIDEBRETT UND ZITRONENPRESSE

Einen Tag vor dem Auftauchen des Limonadenstandes sieht man, dass der Wichtel ganz eifrig etwas vorbereitet. Die Kinder rätseln, um was es sich handeln könnte.

GRÖSSE

Schneidebrett:
4,7 cm x 3,3 cm x 0,4 cm
Zitronenpresse:
3 cm x 2,5 cm x 1,3 cm

MATERIALIEN

lufttrocknende Modelliermasse (*Rayher*)

1 breites Bastelholz 15 cm x 1,8 cm (*Rayher*)

Klarlack glänzend (*COSMOS LAC*)

1 rundes 4-mm-Bastelholz (*Rayher*)

Holzgriff von einem Schneebesen oder Ähnlichem

1 schmales Kaffeerührstäbchen

Zahnstocher

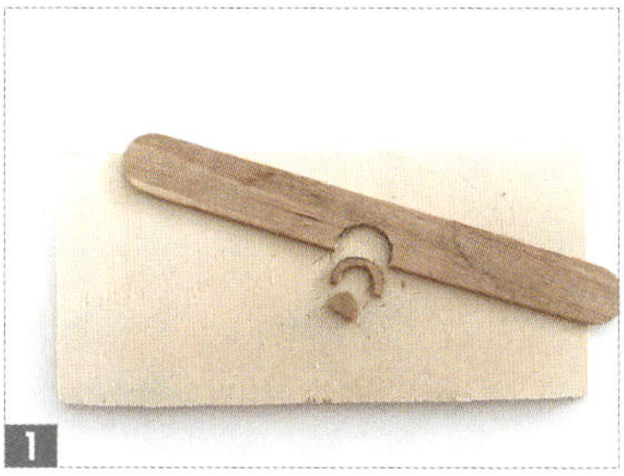

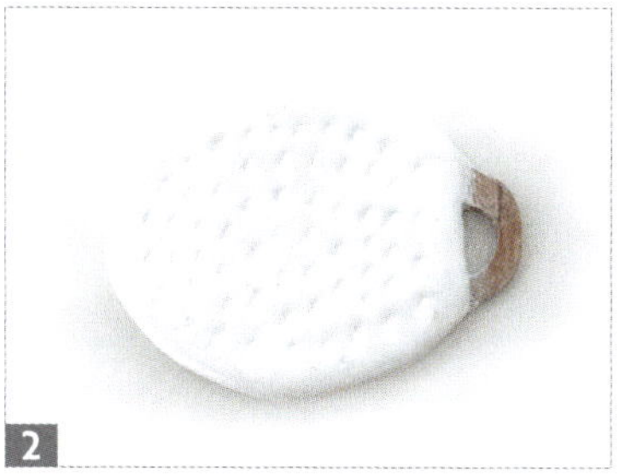

1 Für das Schneidebrettchen wird aus dem breiten Bastelholz ein kleiner Griff ausgeschnitten.

2 Aus der lufttrocknenden Modelliermasse wird das Brettchen geformt und der Griff wird eingearbeitet. Mit einem kleinen Rundholz lassen sich kleine Muster eindrücken. Gut durchtrocknen lassen, dann erst weiße Farbe und nach der Trocknung in ein bis zwei Durchgängen Klarlack aufsprühen.

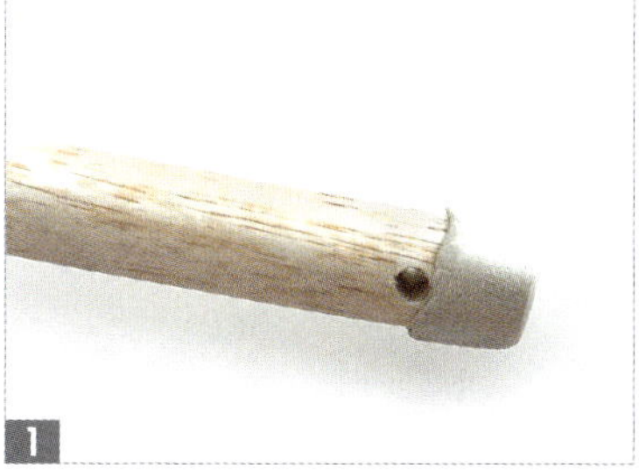

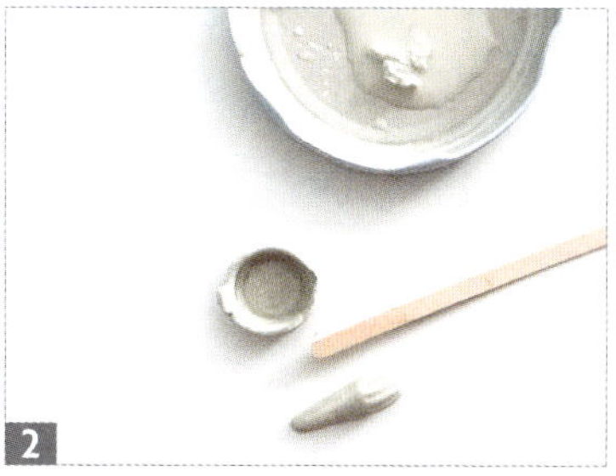

1 Nun zur Zitruspresse: Dazu wird aus der lufttrocknenden Modelliermasse eine kleine Kugel um den Holzgriff eines Schneebesens oder Ähnlichem geformt und wieder abgenommen und oval in Form gedrückt.

2 Mit einem Kaffeerührstäbchen innen eine kleine Rille formen sowie eine kleine Kerbe für den Ausschank, mit einem weiteren kleinen Stück lufttrocknender Modelliermasse kann noch ein kleiner Haltegriff angebracht werden. Mit etwas Wasser benetzt lässt es sich leichter verbinden und andrücken. Innen wird noch ein Presskegel angebracht. Er wird ebenfalls mit lufttrocknender Modelliermasse geformt, die typischen Rillen entstehen durch einen Zahnstocher, mit dem man Linien zieht.

GETRÄNKESPENDER

Für das perfekte Anrichten der Zitronenlimonade verwendet der Wichtel einen Getränkespender.

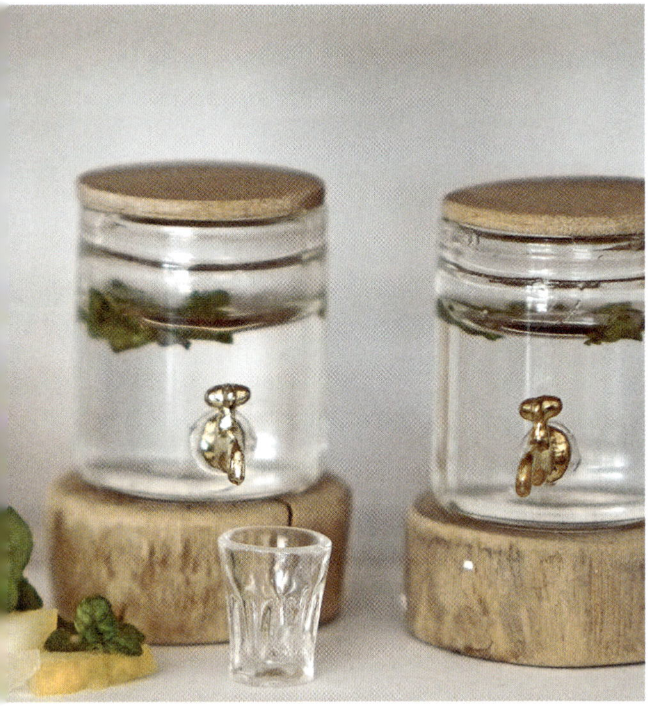

GRÖSSE

2,5 cm x 3,3 cm

MATERIALIEN

2 Miniatur-Gläser (gekauft)

2 Miniatur-Wasserhähne (gekauft)

1 sehr breites Bastelholz 20 cm x 2,4 cm (*Rayher*)

Heißkleber

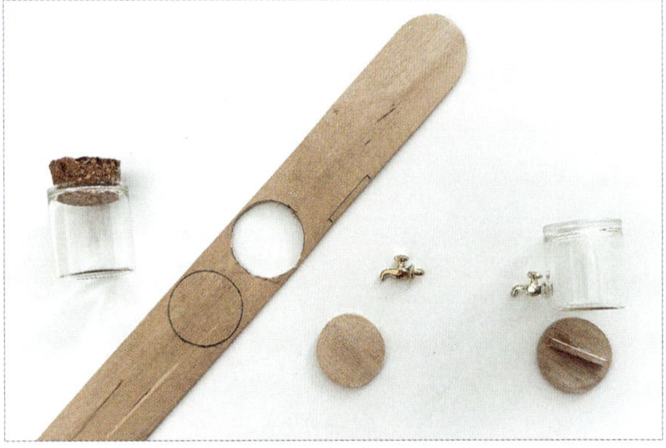

Auf dem sehr breiten Bastelholz wird der Umriss der Gläser aufgezeichnet und ausgeschnitten. Damit später nichts rutscht, werden noch zwei Teile aus dem Bastelholz so zugeschnitten und eingeklebt, dass sie genau an der Wand innen anliegen. Von den Wasserhähnen wird das spitze Teil abgeschnitten und mit Heißkleber an den Gläsern fixiert.

BLUMENKASTEN

Hier wächst und gedeiht frische Minze, die auch immer mal wieder von den Kindern mit gegossen werden kann.

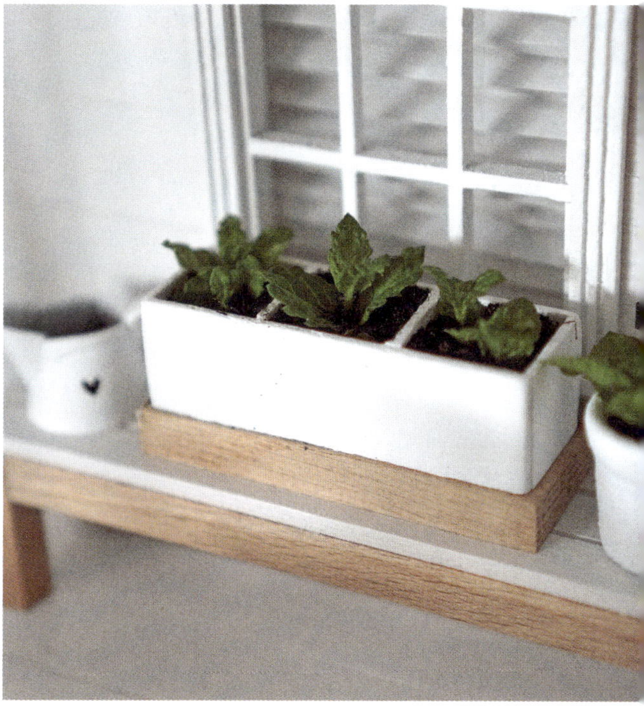

GRÖSSE

6,7 cm x 2,1 cm x 2,2 cm

MATERIALIEN

1 Klötzchen (*Basteln und Dekorieren*)

2 breite Bastelhölzer 15 cm x 1,8 cm (*Rayher*)

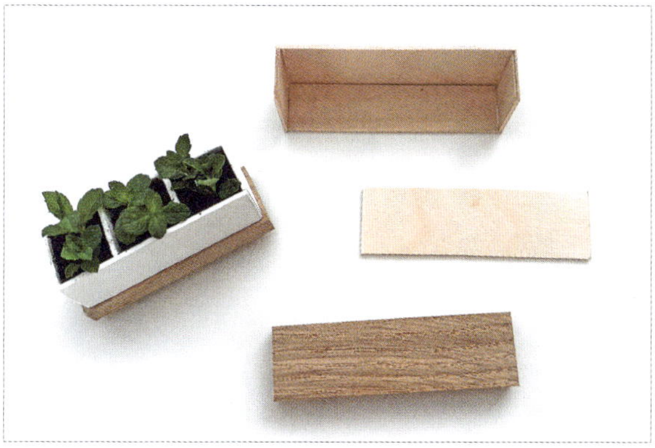

Das Klötzchen wird auf 6,7 cm zugesägt. Aus den breiten Bastelhölzern werden für den Boden ein Stück à 5,9 cm, für die Vorder- und Rückseite zwei Stücke à 6,5 cm, für die Seitenteile zwei Stücke à 1,8 cm und für die Innenaufteilung zwei Stücke à 1,7 cm zugeschnitten und zusammengeklebt. Das Ganze kann dann farblich gestaltet und auf das Klötzchen geklebt werden. Schließlich befüllt man es mit Erde, in die man frische kleine Minzblätter steckt.

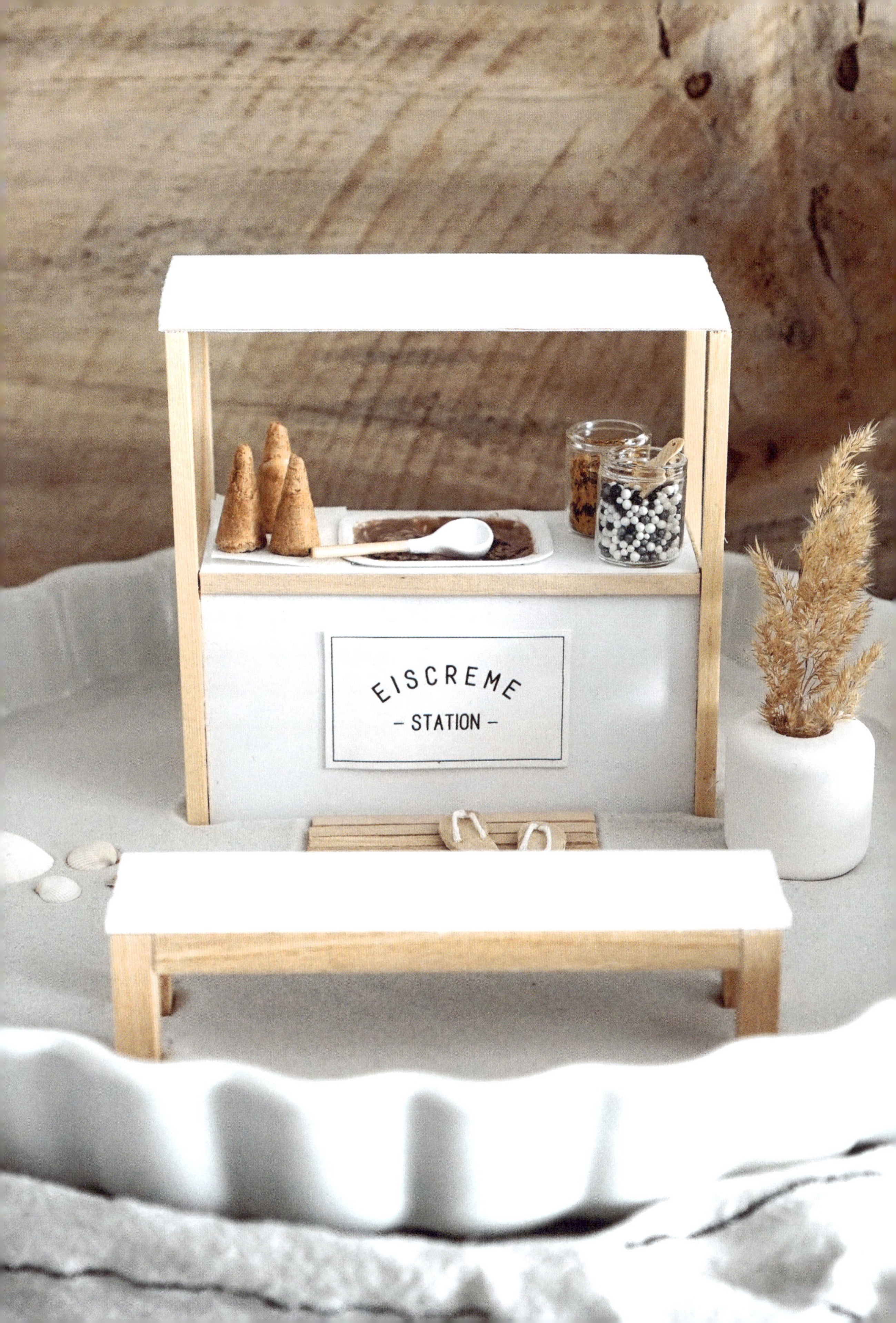
EISCREME
- STATION -

EISSTAND

Unser Wichtel lädt zum Eisessen ein, denn mit wenigen Handgriffen wird aus einem Limonadenstand ein Eisstand, gefüllt mit echtem Eis, Waffeln und Streuseln.

GRÖSSE

Erweiterung zum Limonadenstand

MATERIALIEN

etwas Pappe zum Aufzeichnen

ein sauberer Saucenbehälter

1 2-mm-Lindenholzplatte 20 cm x 10 cm

4 schmale Kaffeerührstäbchen

Holzgriff (*Eules Werkstatt*)

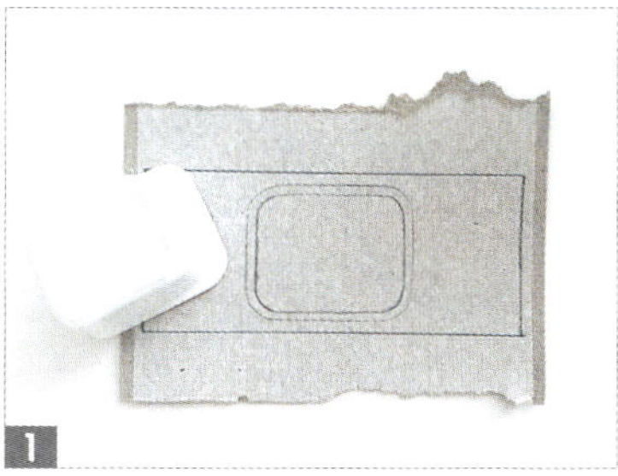

1

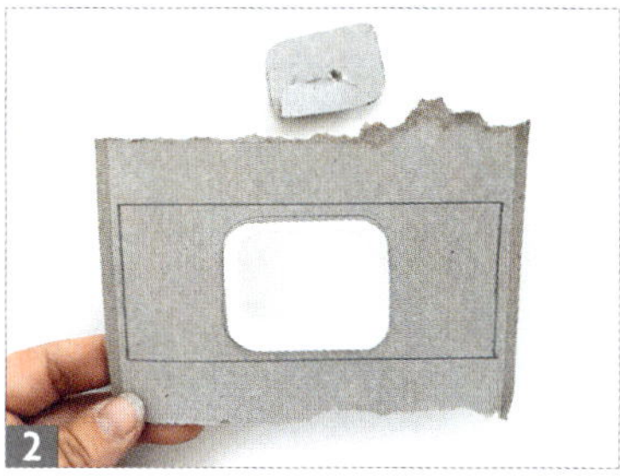

2

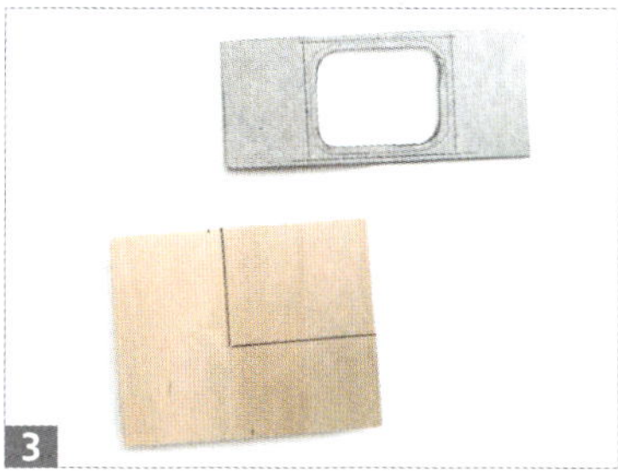

3

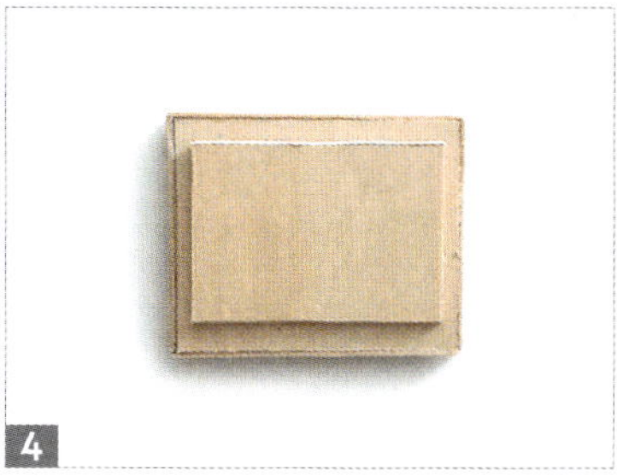

4

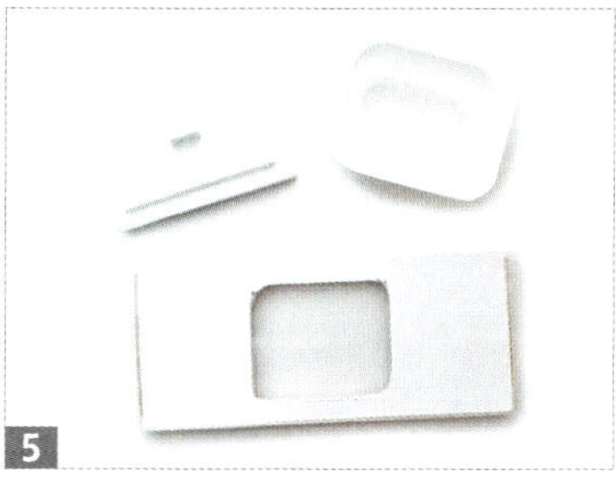

5

1 Im ersten Schritt werden die Maße der Ausstellungsfläche 12 cm x 5 cm auf ein Stück Pappe übertragen, darauf wird der Saucenbehälter mit der offenen Seite nach unten mittig aufgezeichnet.

2 Dann wird ausgeschnitten und getestet, ob der Saucenbehälter gut in die Aussparung passt. Wenn alles stimmt, wird auf der Lindenholzplatte die Ausstellungsfläche inkl. der Aussparung aufgezeichnet und zugeschnitten.

3 Um den Bereich später abzudecken, kann noch ein Deckel gebastelt werden.

4 Dazu den gewünschten Bereich ausmessen, aus dem Lindenholz zuschneiden und mit den Kaffeerührstäbchen einen Rahmen rundum fertigen. Obendrauf kann noch ein weiteres kleineres Stück Lindenholz geklebt werden und zusätzlichein Griff zum Abheben des Deckels.

5 Dann kann die Ausstellungsfläche farblich gestaltet werden. Vorne und an den Seiten wird aus den schmalen Kaffeerührstäbchen ein Rahmen geklebt. Die Maße werden am Korpus ausgemessen, siehe Limonadenstand.

EISCREME

GRÖSSE

4,5 cm x 1 cm

MATERIALIEN

1 Schaschlikspieß für den Griff

lufttrocknende Modelliermasse (*Rayher*)

Bleistift mit Radiergummiaufsatz

Klarlack glänzend (*COSMOS LAC*)

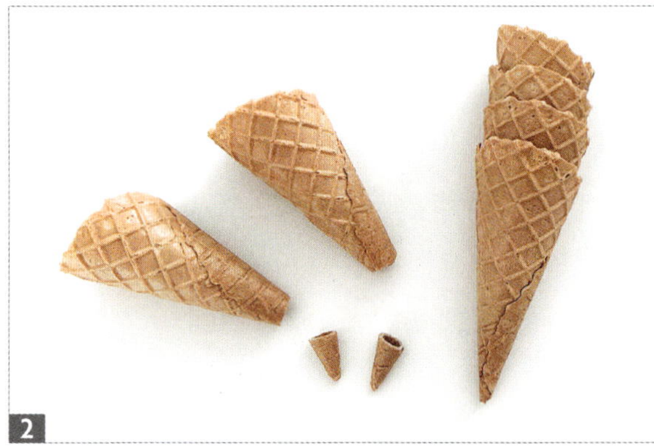

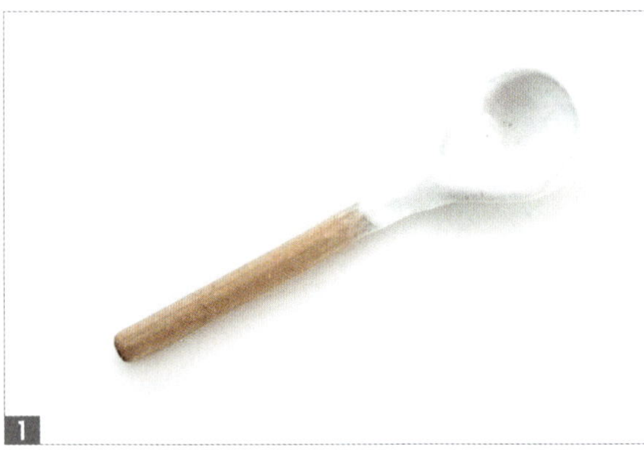

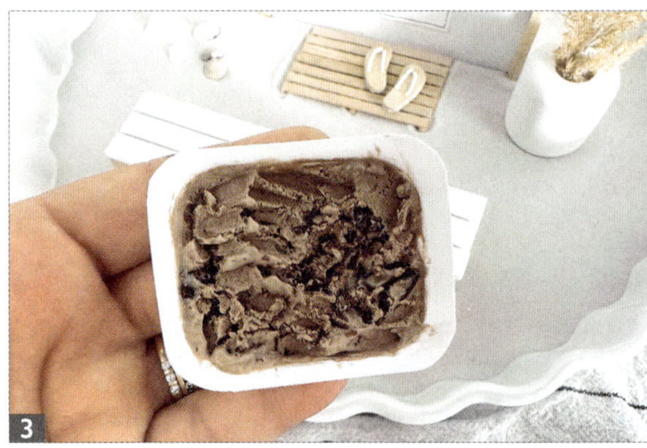

1 Den Spieß auf 4 cm kürzen, eine kleine Kugel lufttrocknende Modelliermasse formen, halbieren, auf den Spieß setzen und den Griff einarbeiten. Mithilfe eines Bleistifts mit Radiergummiaufsatz lässt sich das Inneren der Kugel formen. Gut trocknen lassen, dann erst weiße Farbe und nach der Trocknung in ein bis zwei Durchgängen Klarlack aufsprühen.

2 Für die kleinen Waffeln trennt man von fertigen Waffeln die untere Spitze mit einem feinen Messer oder einer sehr feinen sauberen Säge ab. Alternativ kann man auch Waffelspitzen aus fertig gefüllten Miniwaffeleisen nutzen.

3 Saucenbehälter mit echtem Eis nach Wahl füllen und bis zum Einsatz abgedeckt ins Gefrierfach stellen, am besten unter einer Tüte Tiefkühlgemüse, da schaut in der Regel so schnell keiner drunter.

SOMMERSCHUHE

GRÖSSE

2,7 cm x 1,2 cm

MATERIALIEN

Filzgleiter-Set (*Tedi*)

1 breites Bastelholz
15 cm x 1,8 cm (*Rayher*)

Kraftkleber (*UHU*)

Holzbohrer Gr. 1 mm

Kettgarn (*Rayher*)

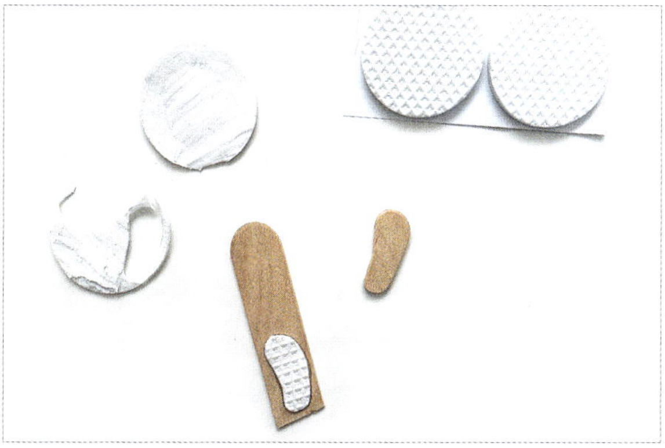

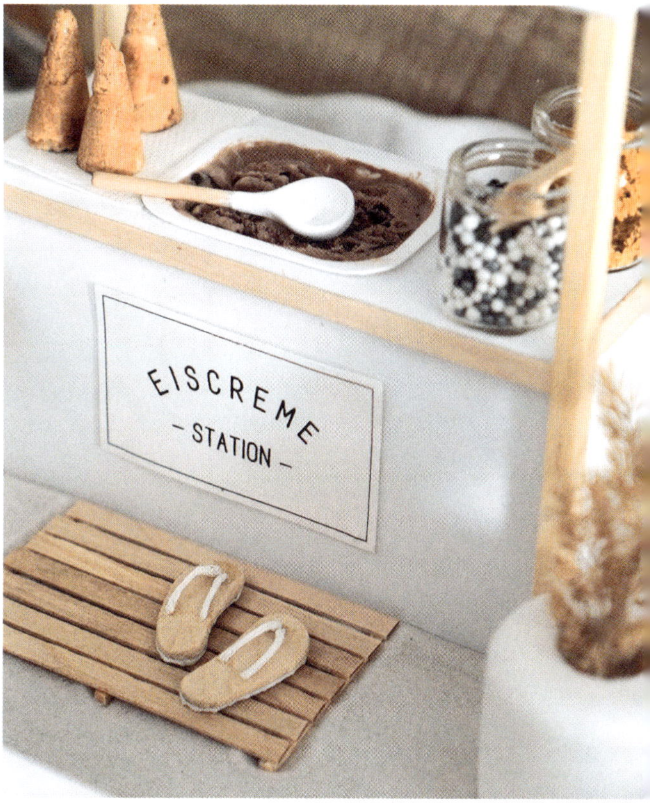

Schaumstücke aus dem Set nehmen und sie so gut es geht halbieren. Zwei kleine Sohlen darauf gegengleich aufzeichnen und ausschneiden. Diese werden mit Kraftkleber auf das Bastelholz geklebt und dann ausgeschnitten. Die Schnittkanten können noch ein wenig mit Schleifpapier geglättet werden. Zum Abschluss kleine Löcher bohren und kurze Garnstücke einkleben.

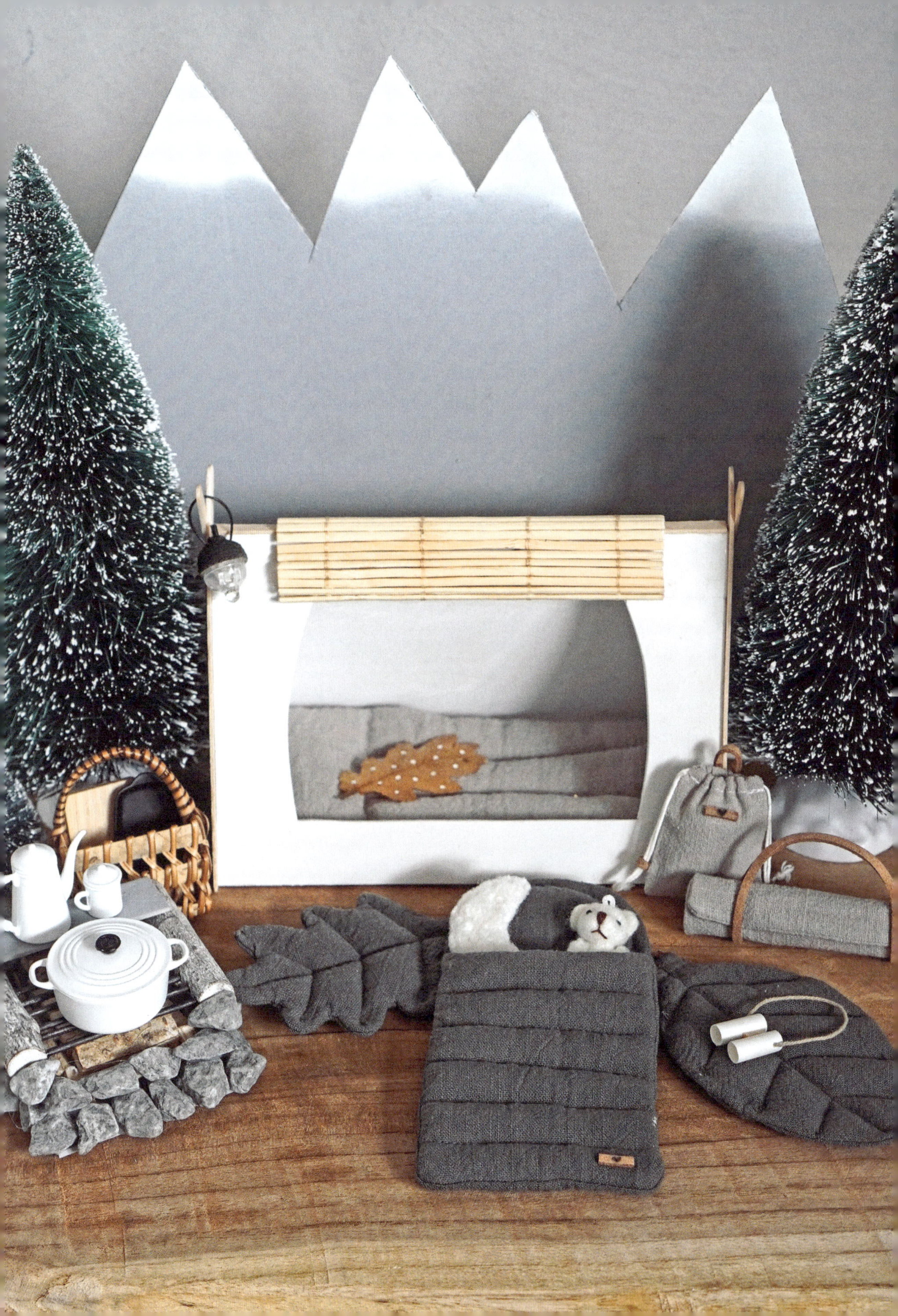

ZELTEN

Dieses Projekt ist sehr umfangreich und kann dadurch auch über mehrere Tage genutzt werden.

ZELT

GRÖSSE

16,2 cm x 9 cm x 12 cm

MATERIALIEN

2 2-mm-Lindenholzplatten A4

5 lange Kaffeerührstäbchen 18 cm

1 Bambusmatte (alternativ Stoff)

Vorlage Zelten

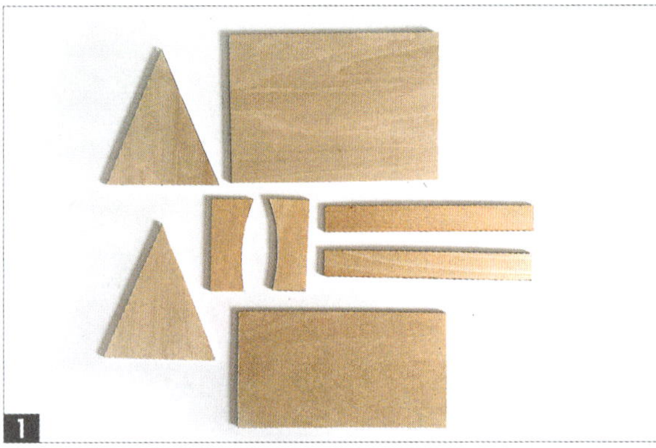

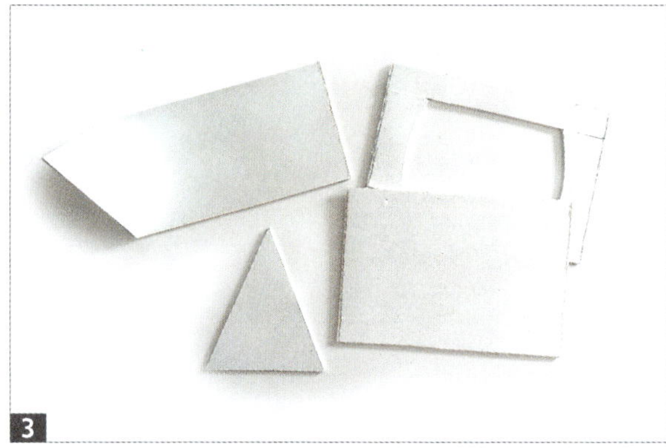

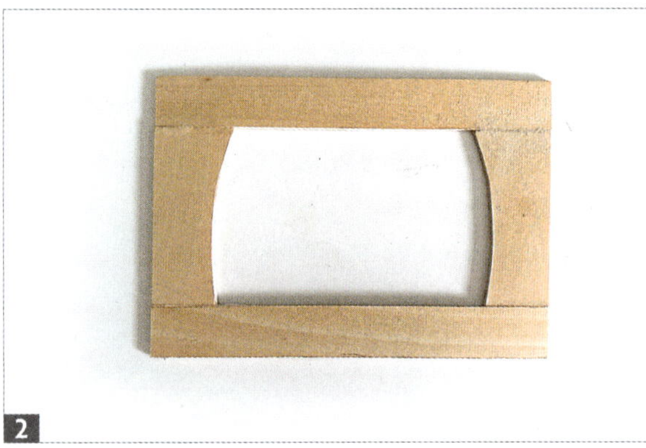

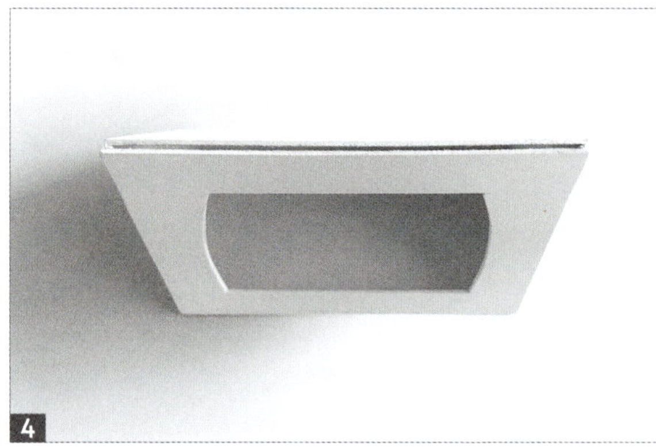

1 Aus der Druckvorlage werden alle Schnittteile für das Zelt ausgeschnitten, auf das Lindenholz übertragen und zugeschnitten.

2 Dann wird das Vorderteil zusammengesetzt.

3 Jetzt können alle Teile farblich gestaltet werden, nach dem Trocknen werden alle Schnittteile zusammengeklebt.

4 Oben auf dem Zelt ist ein kleiner Spalt geblieben, dieser wird mit einem gekürzten langen Kaffeerührstäbchen verschlossen.

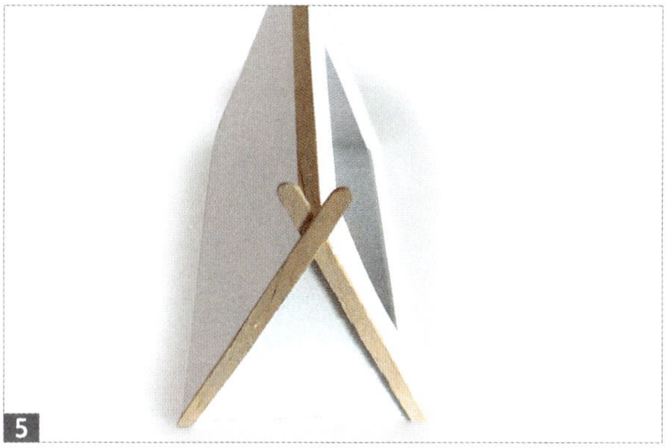

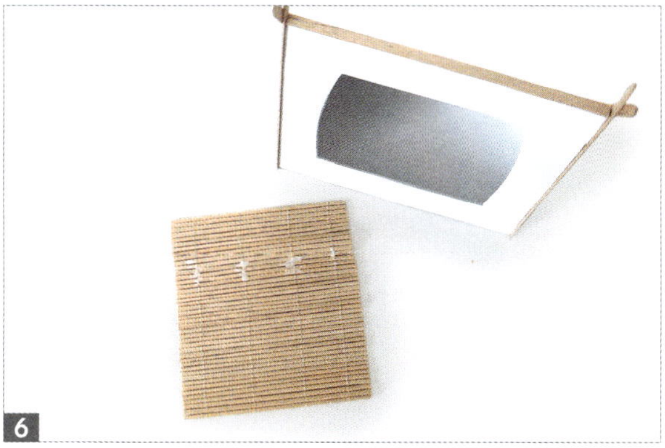

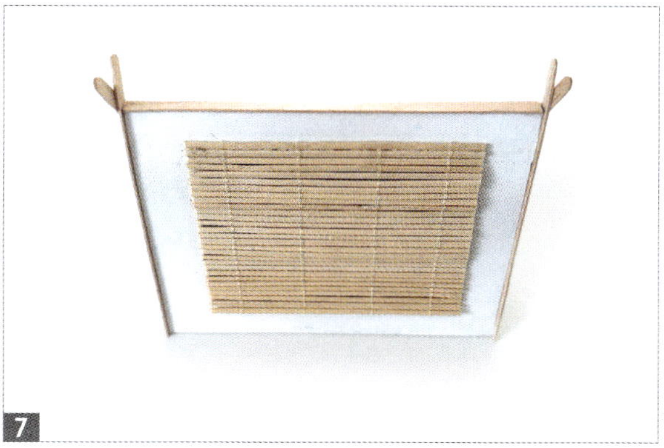

5 Für die Seiten werden jeweils zwei Kaffeerührstäbchen gekürzt (13 cm) und angeklebt.

6 Die Bambusmatte wird, wenn man möchte, farblich gestaltet. Wenn die Farbe getrocknet ist, wird eine Fläche von 12 cm x 8 cm aufgezeichnet. Dann werden alle Verbindungen, die einen Faden haben, mit Holzleim eingeschmiert, den man trocknen lässt. Im Anschluss wird dieser Bereich dann ausgeschnitten.

7 Das Stück wird mittig platziert, bei ca. 1,3 cm vom oberen Rand gemessen. Nur das obere Teil der Bambusmatte wird an das Zelt geklebt.

FEUERSTELLE

Damit auch beim Zelten der leere Magen gefüllt werden kann, gibt es zum Kochen eine Feuerstelle, die auch leuchten kann.

GRÖSSE

7,5 cm x 8,5 cm x 2,8 cm

MATERIALIEN

1 breites Bastelholz 15 cm x 1,8 cm (*Rayher*)

1 kleines LED-Licht

6 Zahnstocher

etwas Feuerholz

ein paar kleinere Dekosteine

eine kleine Holzplatte 6 cm x 7,5 cm

2 etwas dickere Äste im ø 1,2 cm–1,5 cm

Holzbohrer Gr. 2,3 mm und Gr. 10 mm

Heißkleber

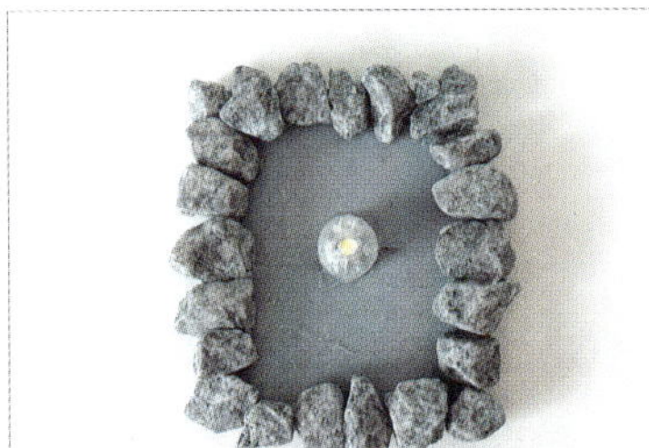

1

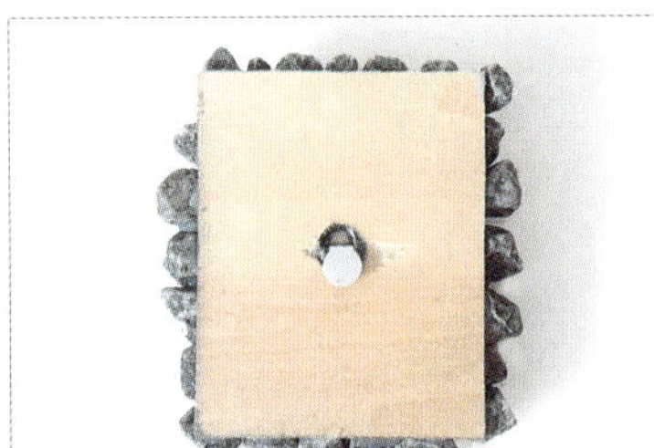

2

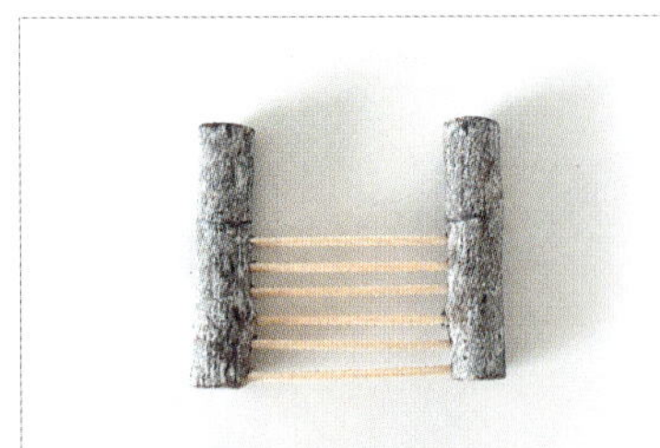

4

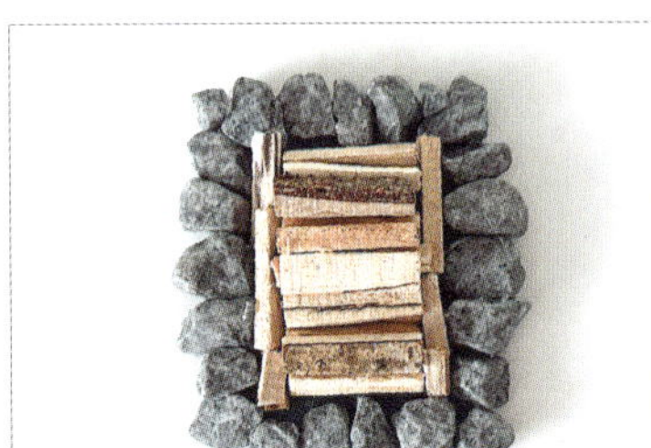

3

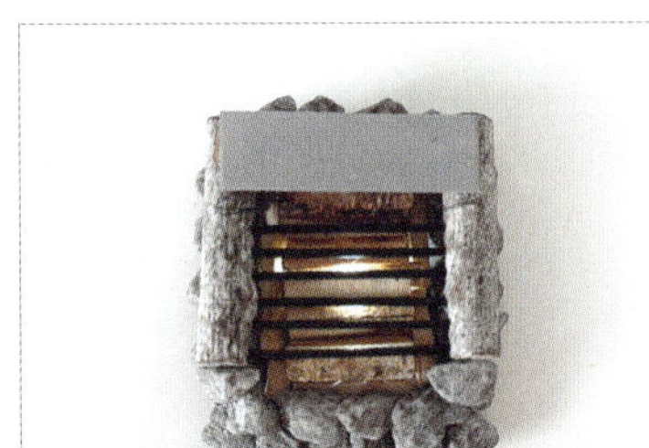

5

1 Im ersten Schritt in die kleine Holzplatte mittig mit dem Holzbohrer Gr. 10 mm ein Loch bohren. Das Holz nach Belieben farblich anpassen, das LED-Licht mit Heißkleber einkleben und den Rand des Holzstückes mit kleineren Steinen verdecken.

2 So sieht es auf der Rückseite aus: Der kleine Stecker wurde umgeknickt, damit er nicht so stört.

3 Mit Feuerholz wird das LED-Licht versteckt. Es sollte allerdings nicht höher gestapelt werden, als die etwas dickeren Äste hoch sind.

4 Für den Gitterrost wird an den etwas dickeren Ästen eine Markierung bei 2 cm gesetzt. Bis dahin werden nun in regelmäßigen Abständen an jedem Ast sechs kleine Löcher mit einem Holzbohrer Gr. 2,3 mm gebohrt, in die man die Zahnstocher klebt. Sie wurden zuvor, je nach Tiefe der Löcher, auf die richtige Länge gekürzt. Der sichtbare Teil sollte dabei nicht mehr als 4,5 cm betragen, ideal wären 4,2–4,4 cm je nach Beschaffenheit der Äste. Sie können vor dem Einsetzen noch farblich gestaltet werden.

5 Dieser Gitterrost wird nun mit Heißkleber auf die Steine geklebt. Darauf kommt ein passend gekürztes breites Bastelholz. In den vorderen und hinteren Bereich können noch weitere Steine geklebt werden.

MATRATZE

Die Matratze kann man in zwei Varianten nähen, einmal dekorativ aufgerollt, zum anderen im typischen Luftmatratzenlook. Beide Varianten können gut in die Szene eingebaut werden.

GRÖSSE

15 cm x 8 cm

MATERIALIEN

Baumwolle im Leinenlook (*Alles für Selbermacher*)

Fransenstopp (*Prym*)

Stifte zum Anzeichnen

Nadel und Faden (alternativ Nähmaschine)

Vorlage Matratze (Zelten)

Füllwatte, bsp.aus einem Kissen

19 cm Velourslederband 3 mm

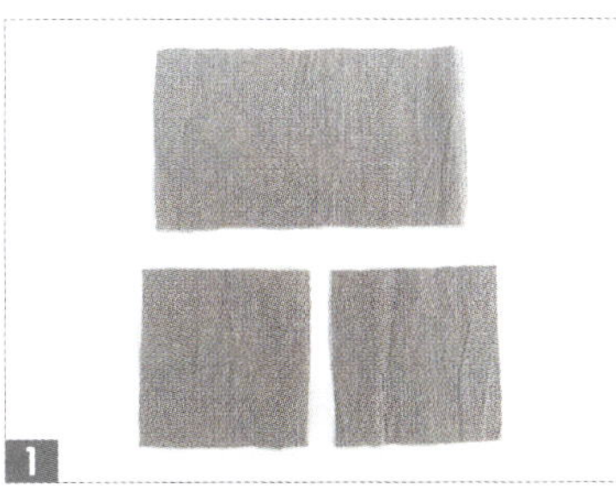

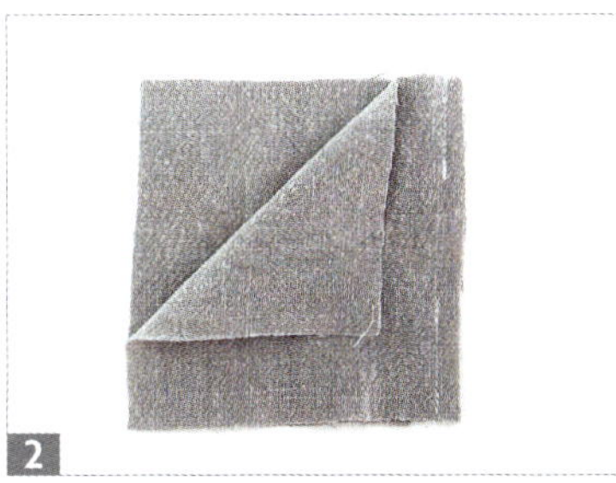

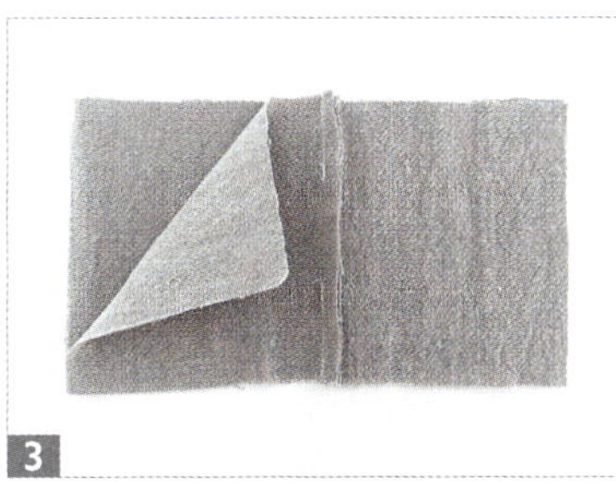

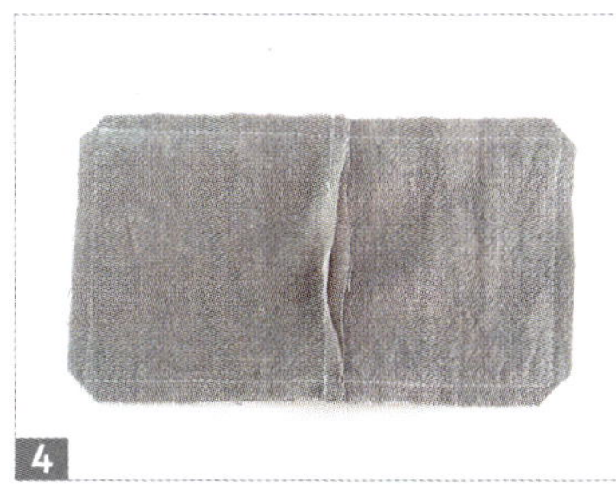

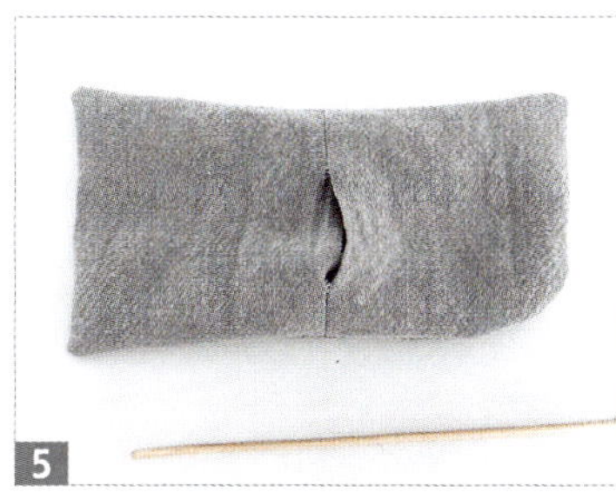

1 Schnittmuster aus der Druckvorlage ausschneiden, auf den Stoff übertragen und zuschneiden. Dabei entstehen ein Vorderteil und zwei Teile für die Rückseite. Auf die Ränder Fransenstopp auftragen und trocknen lassen.

2 Die beiden Teile der Rückseite werden rechts auf rechts gelegt (die schönen Seiten schauen sich an) und mit einer kleinen Wendeöffnung zusammengenäht.

3 Dann wird das vordere Teil ebenfalls rechts auf rechts auf das Rückteil gelegt.

4 Dann näht man einmal komplett außen herum. Im Anschluss werden die Ecken noch etwas weggeschnitten.

5 Durch die Wendeöffnung wenden und die Ecken mithilfe eines Holzspießes gut ausformen.

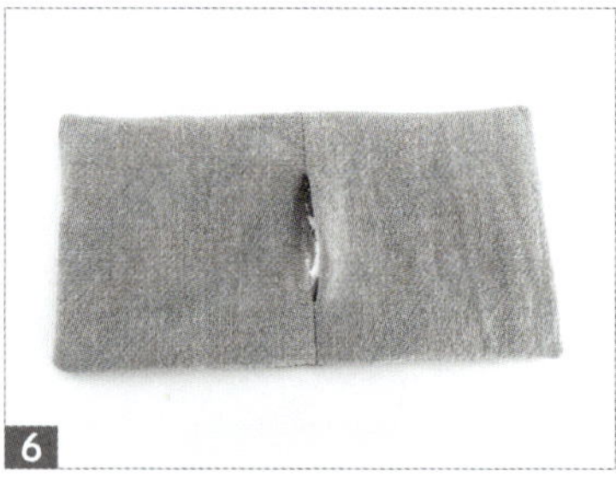

6

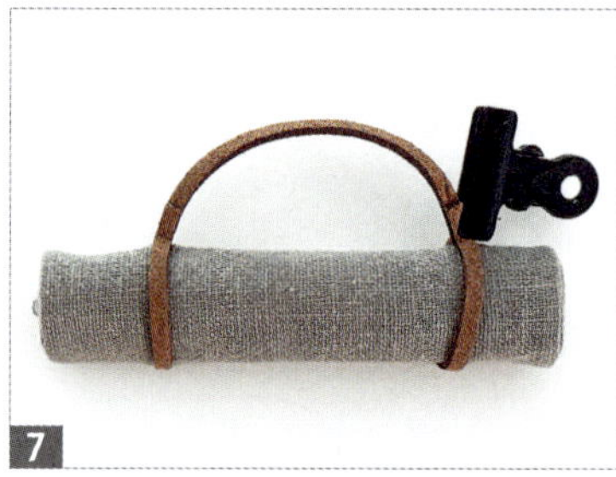

7

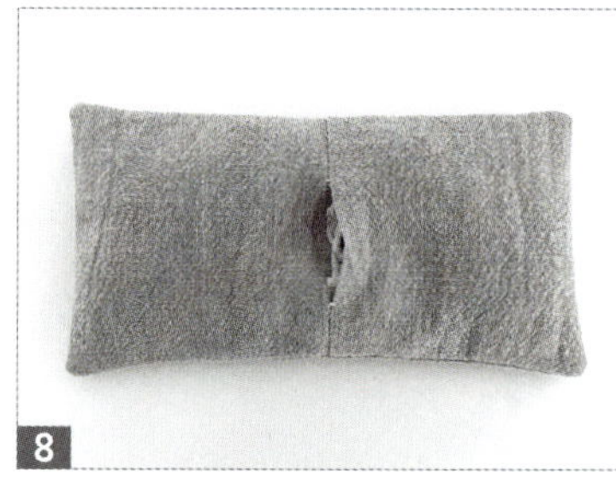

8

6 Bei der Variante ohne Füllung wird jetzt die Wendeöffnung zugeklebt.

7 Aufgerollt kann sie mit einem Veloursléderband fixiert werden.

8 Bei der Variante mit Füllung wird nun Füllwatte eingesetzt. Und dann ebenfalls die Wendeöffnung zugeklebt.

9 Dann können noch zusätzliche Nähte gesetzt werden, ähnlich wie beim großen Vorbild. Zuletzt findet die Miniatur-Luftmatratze im Zelt ihren Platz.

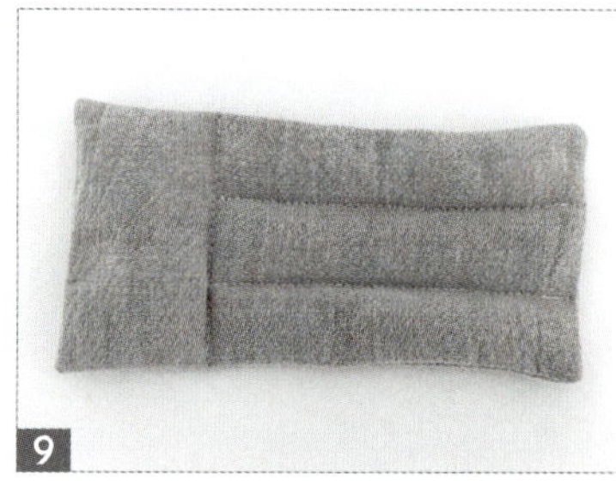

9

TURNBEUTEL

Darin können super Sachen transportiert werden und er kann als Briefkasten am Zelt dienen.

GRÖSSE

3,5 cm x 4 cm

MATERIALIEN

Baumwolle im Leinenlook (*Alles für Selbermacher*)

Fransenstopp (*Prym*)

Stifte zum Anzeichnen

Nadel und Faden (alternativ Nähmaschine)

Kettgarn

7–8 cm Veloursléderband 3 mm

Vorlage Turnbeutel (Zelten)

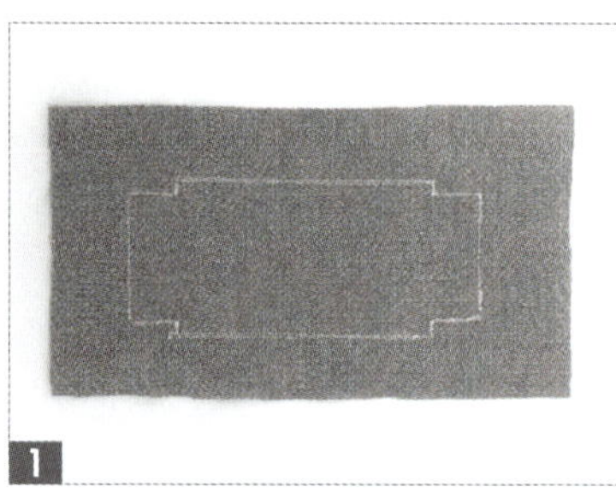

1

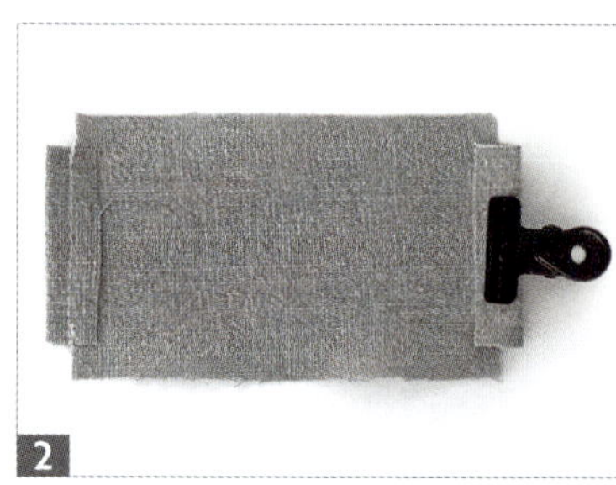

2

1 Schnittmuster aus der Druckvorlage ausschneiden, auf den Stoff übertragen und zuschneiden. Auf die Ränder Fransenstopp auftragen und trocknen lassen.

2 Für den Tunnel die Laschen ca. 1 cm umschlagen und festnähen. Überschüssiger Stoff kann etwas zurückgeschnitten werden.

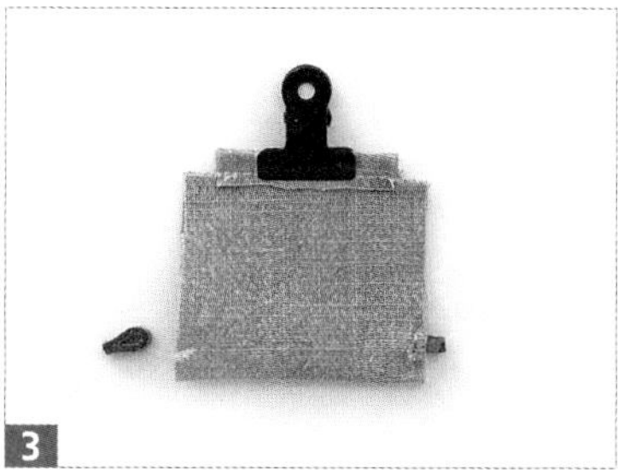

3

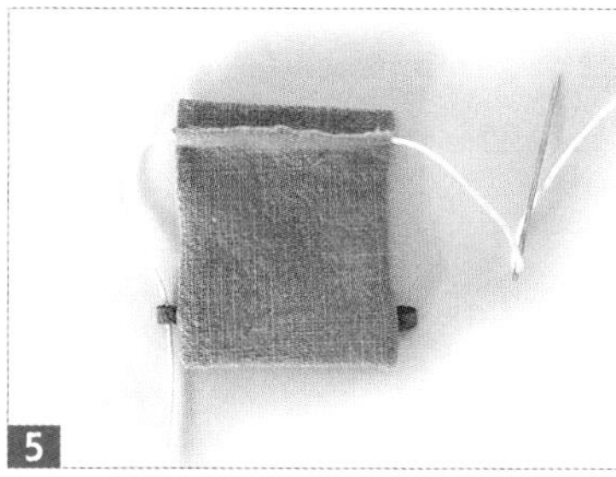

5

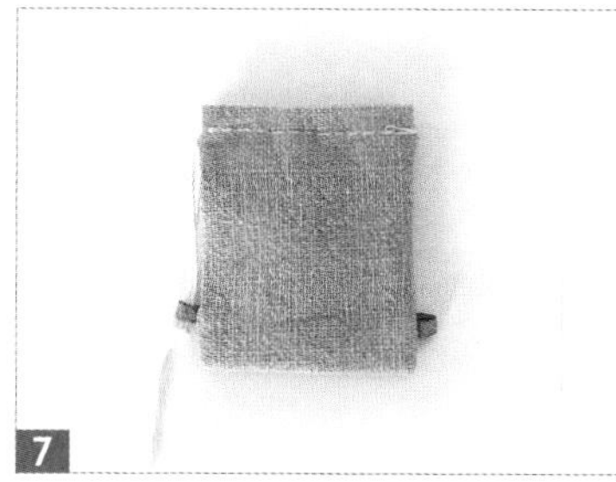

7

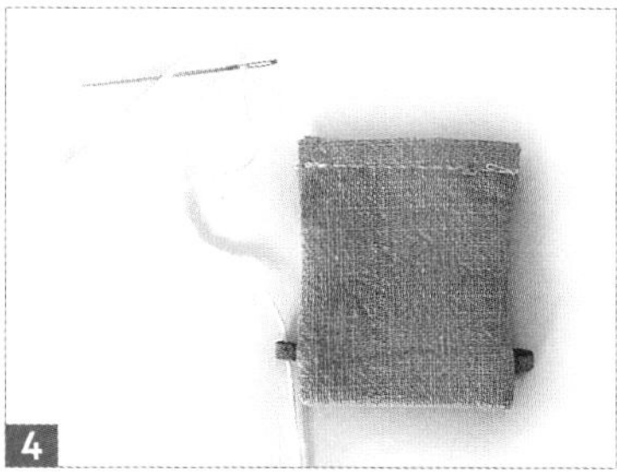

4

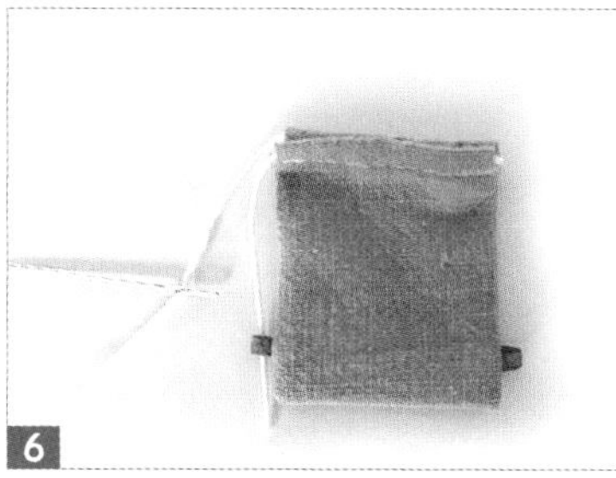

6

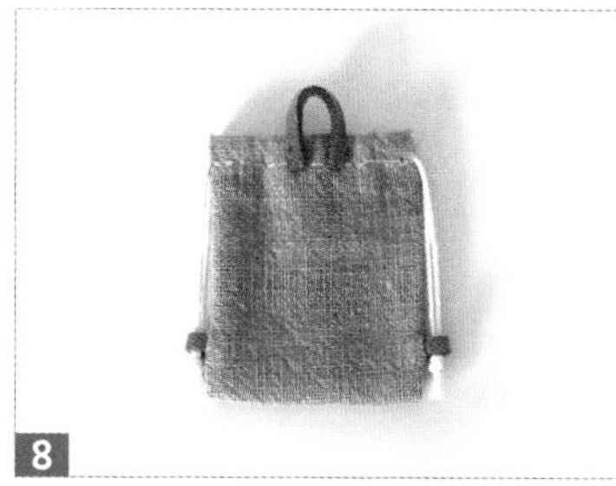

8

3 Den Stoff rechts auf rechts legen (die schönen Seiten schauen sich an), in dem unteren Bereich 2 cm große Laschen aus Velourslederband einlegen, ungefähr 0,5 cm vom unteren Rand, dann die Seitennähte schließen. Im Anschluss wenden.

4 Zwei 25 cm lange Fäden aus Kettgarn werden geschnitten. Dann wird der erste Faden eingefädelt. Praktischerweise benutzt man dafür eine Nadel, die allerdings nicht mit der Spitze, sondern mit dem Nadelkopf geführt wird. Man beginnt bei der linken Lasche …

5 … und arbeitet sich durch den vorderen Tunnel.

6 Dann fädelt man sich durch den hinteren Tunnel wieder bis zur linken Lasche, bei der gestartet wurde.

7 Nun wird ein Knoten gemacht und der überstehende Faden abgeschnitten.

8 Dieselben Schritte werden nun auch auf der anderen Seite durchgeführt: rechte Lasche, vorderer Tunnel, hintere Tunnel und zurück durch die rechte Lasche, Knoten machen und den Faden kürzen. Für die Rückseite kann mit einem 3 cm langen Velourslederband eine Handschlaufe geformt und angeklebt werden.

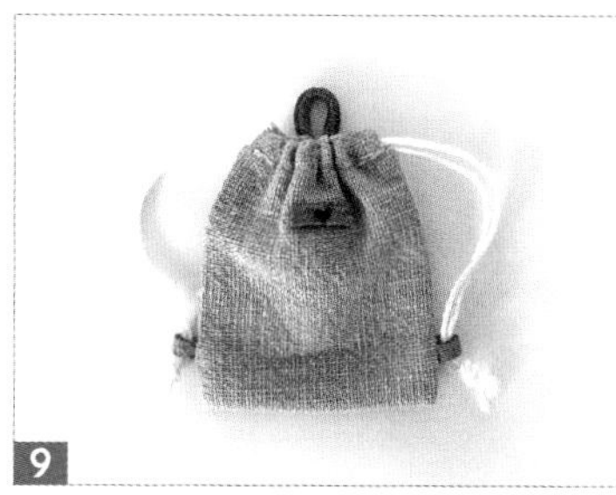

9

9 Auch vorne findet sich noch etwas Platz für z. B. ein kleines Label aus Velourslederband.

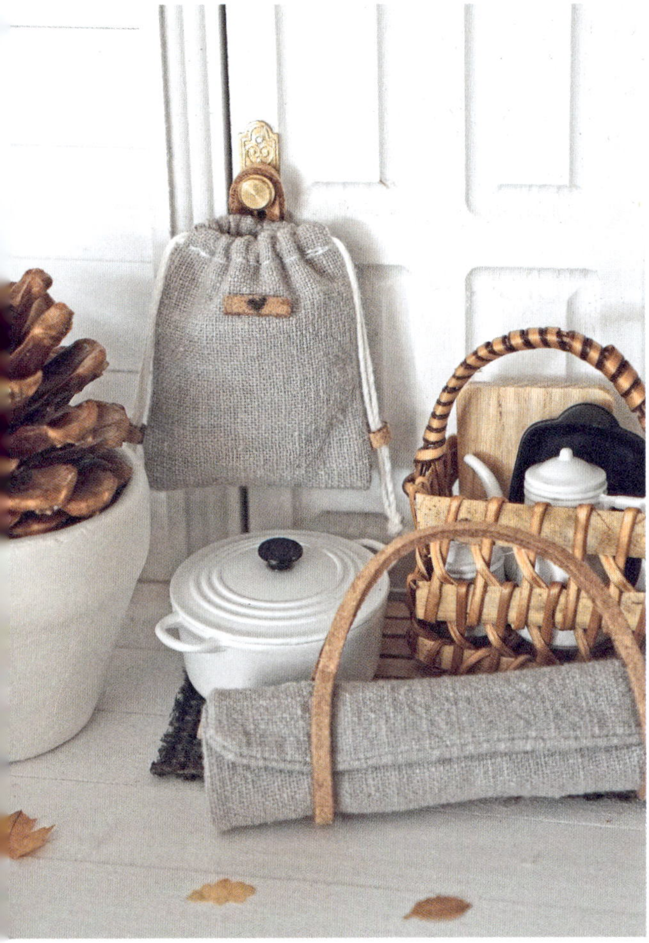

So finden die Kinder die Wichteltür vor: In seinem Brief steht, dass er ein paar Tage zelten möchte, aber nicht gleich alles mitbekommen hat. Er bittet die Kinder, die Sachen, die noch vor der Tür stehen, zu seinem Zelt zu bringen. Natürlich müssen sie es erst einmal suchen, denn er hat ganz vergessen, ihnen zu verraten, wo er es aufgestellt hat.

RÜCKWAND

GRÖSSE
32 cm x 24 cm

MATERIALIEN
Pappe aus einem Versandkarton

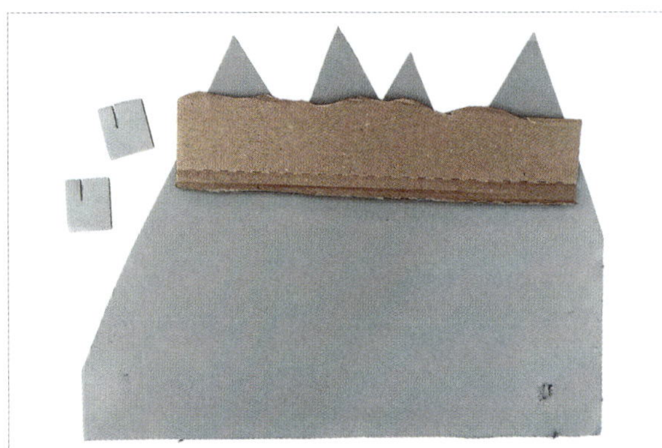

Für die Rückwand werden auf einem 32 cm x 24 cm großen Pappstück ein paar Berge aufgemalt, die man ausschneidet. Der komplette Bereich wird grau besprüht. Schließlich das Ganze trocknen lassen, den größten Bereich abdecken, sodass nur noch die Spitzen der Berge zu sehen sind, und die mit weißer Farbe besprühen. Für einen besseren Stand können noch 2 Füße ausgeschnitten und farblich angepasst werden.

UNTERLAGEN IN BLATTFORM

GRÖSSE

6 cm x 9–10 cm

MATERIALIEN

Für 1 Blatt

Baumwolle in Leinenlook
(*Alles für Selbermacher*)

Fransenstopp (*Prym*)

Stifte zum Anzeichnen

Nadel und Faden (alternativ
Nähmaschine)

Füllwatte aus einem Kissen

3 cm Velourslederband 3 mm

Vorlage Blattunterlage (Zelten)

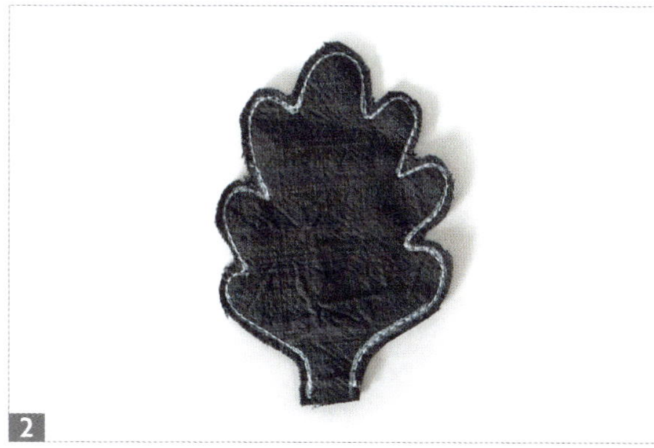

2

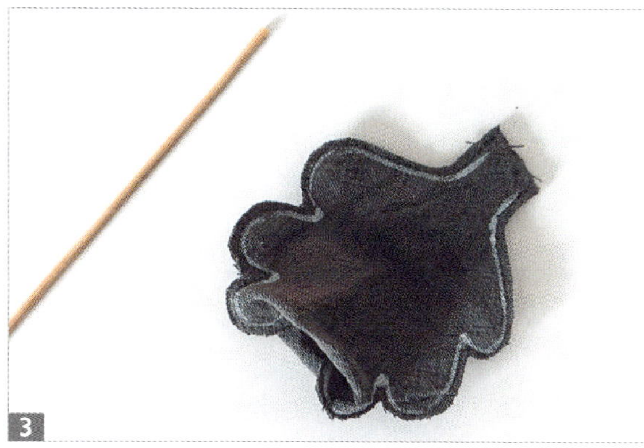

3

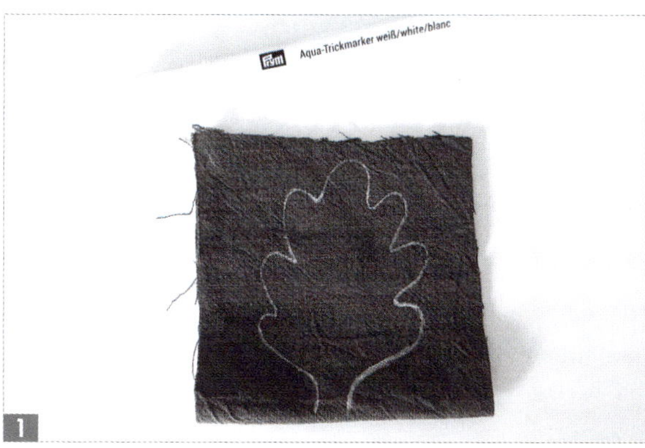

1

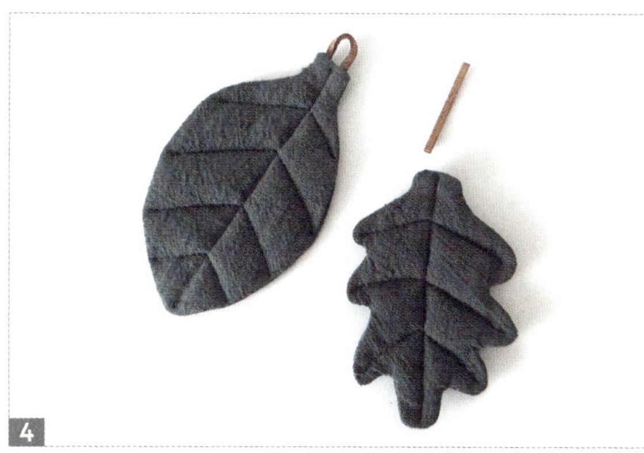

4

1 Schnittmuster aus der Druckvorlage ausschneiden, entsprechend der Größe zwei gleich große Stoffstücke zuschneiden und rechts auf rechts (die schönen Seiten sehen sich an) legen. Auf den oben liegenden Stoff wird die Vorlage mit einem Stift übertragen.

2 Entlang der gezeichneten Linie nähen, der Stiel des Blattes bleibt dabei unberührt und dient später als Wendeöffnung. Dann den Stoff bis auf ein paar Millimeter zurückschneiden. Entlang der Ränder Fransenstopp auftragen und trocknen lassen.

3 Dann wird gewendet und alles mithilfe eines Holzspießes ausgeformt und mit Füllwatte gefüllt.

4 Die Wendeöffnung wird etwas eingeschlagen und das Velourslederband mit eingeklebt. Im Anschluss werden die Blattadern aufgenäht.

SCHLAFSACK

GRÖSSE

6 cm x 13 cm

MATERIALIEN

Baumwolle in Leinenlook (*Alles für Selbermacher*)

Fransenstopp (*Prym*)

Stifte zum Anzeichen

Nadel und Faden (alternativ Nähmaschine)

Füllwatte aus einem Kissen

Vorlage Schlafsack (Zelten)

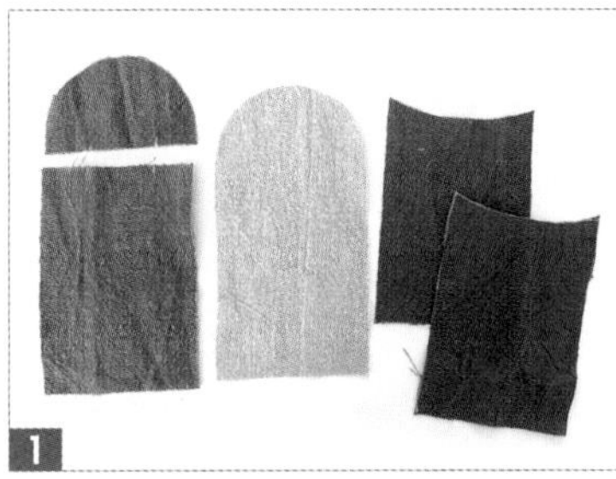

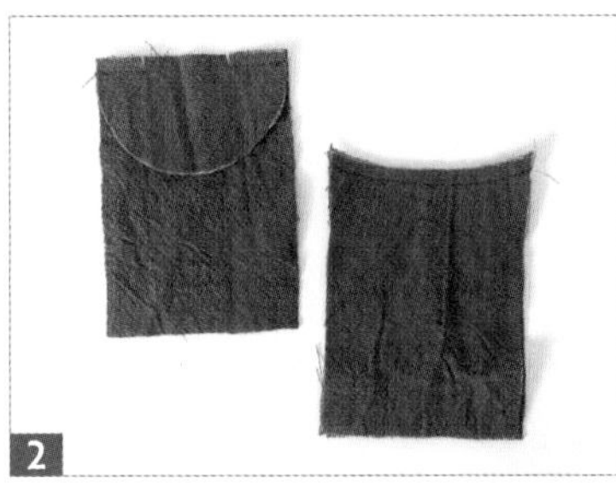

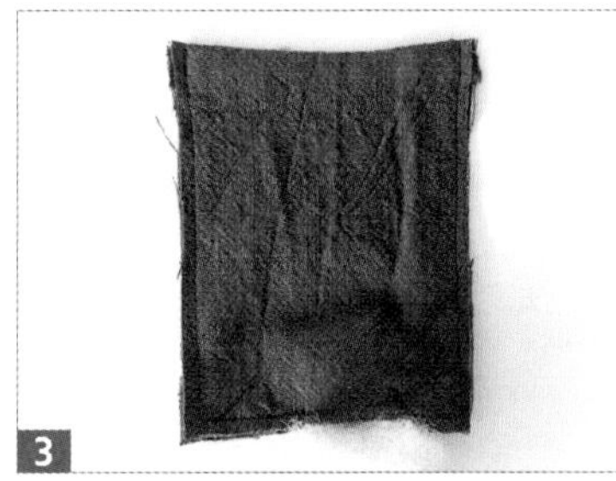

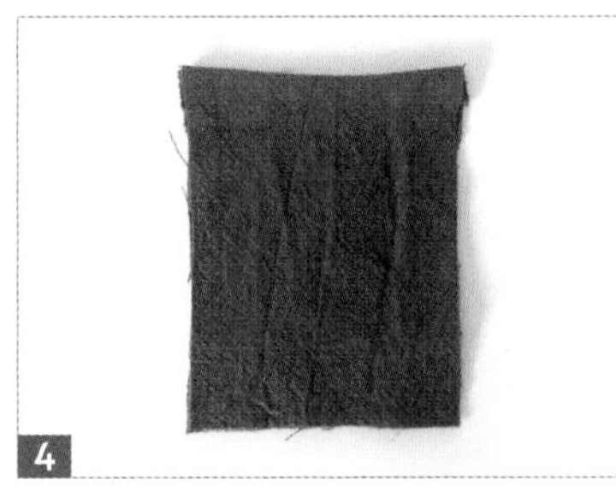

1 Schnittmuster aus der Druckvorlage ausschneiden, auf den Stoff übertragen und zuschneiden. Dabei entstehen zwei Teile für das hintere Rückteil, ein Teil für das vordere Rückteil und zwei Teile für das Vorderteil. Auf die Ränder Fransenstopp auftragen und trocknen lassen.

2 Die beiden Teile des hinteren Rückteils werden rechts auf rechts gelegt (die schönen Seiten schauen sich an) und mit einer kleinen Wendeöffnung zusammengenäht. Auch das Vorderteil wird rechts auf rechts gelegt und oben an der Rundung zusammengenäht.

3 Das Vorderteil wird gewendet.

4 An den Seiten entlang zunähen, dabei im unteren Bereich eine kleine Wendeöffnung lassen, um die Füllwatte hineinzugeben.

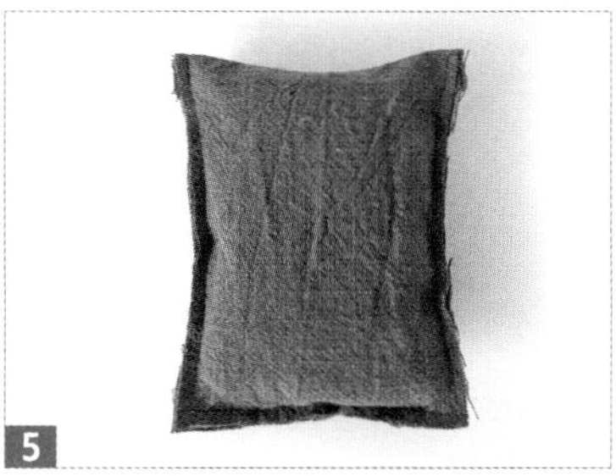

5

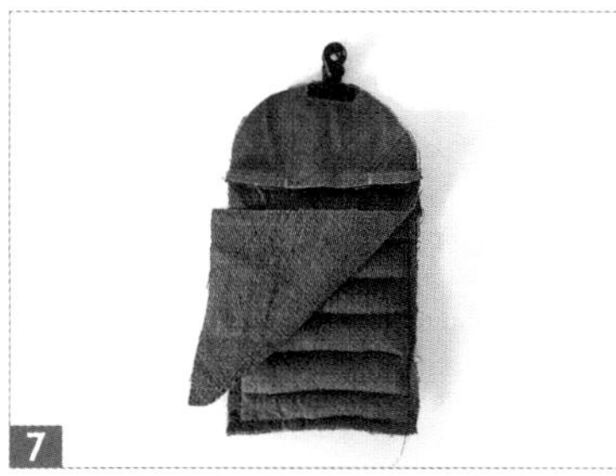

7

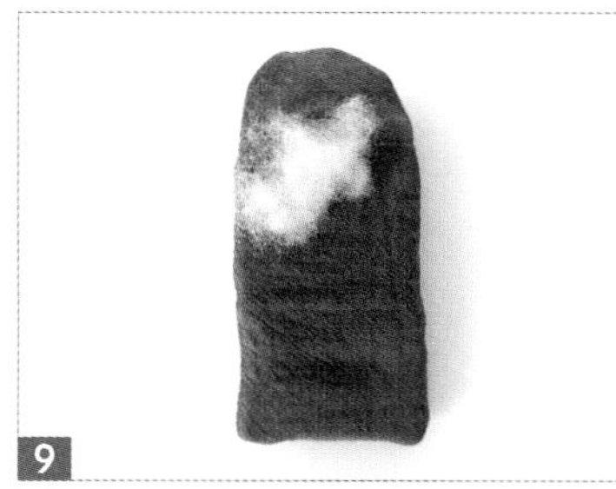

9

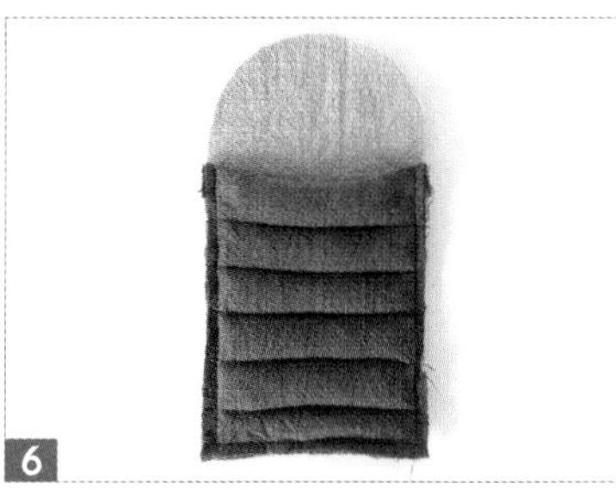

6

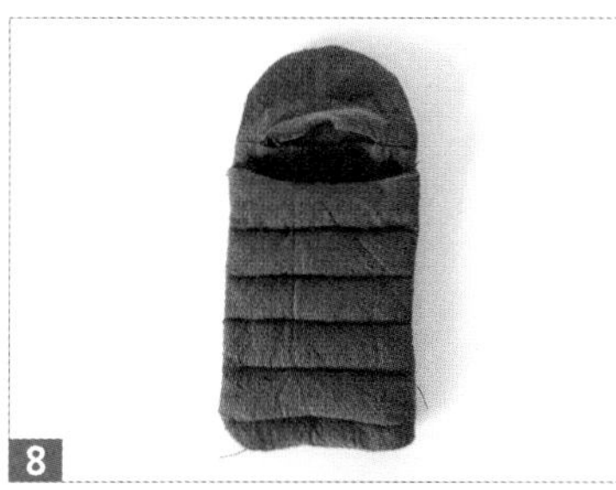

8

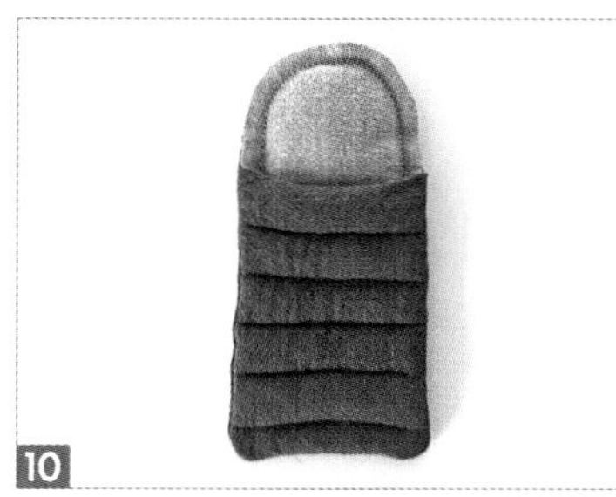

10

5 Die Wendeöffnung wird geschlossen.

6 Auf diesem Vorderteil werden noch weitere Nähte gesteppt. Dann wird sie auf die rechte Stoffseite des vorderen Rückteils gelegt und an der vorherigen Naht des Vorderteils entlang genäht.

7 Darauf wird dann, wieder rechts auf rechts, das hintere Rückteil gelegt, komplett rundum festgenäht und über die Wendeöffnung des Rückteils gewendet.

8 Es kann passieren, dass das hintere Vorderteil nicht gleich zu entdecken ist, dann einfach das abgesteppte Vorderteil noch einmal umschlagen.

9 Dann noch etwas Füllwatte einfüllen und die Wendeöffnung zukleben.

10 Im Kopfbereich kann noch die Rundung abgesteppt werden.

FERNGLAS

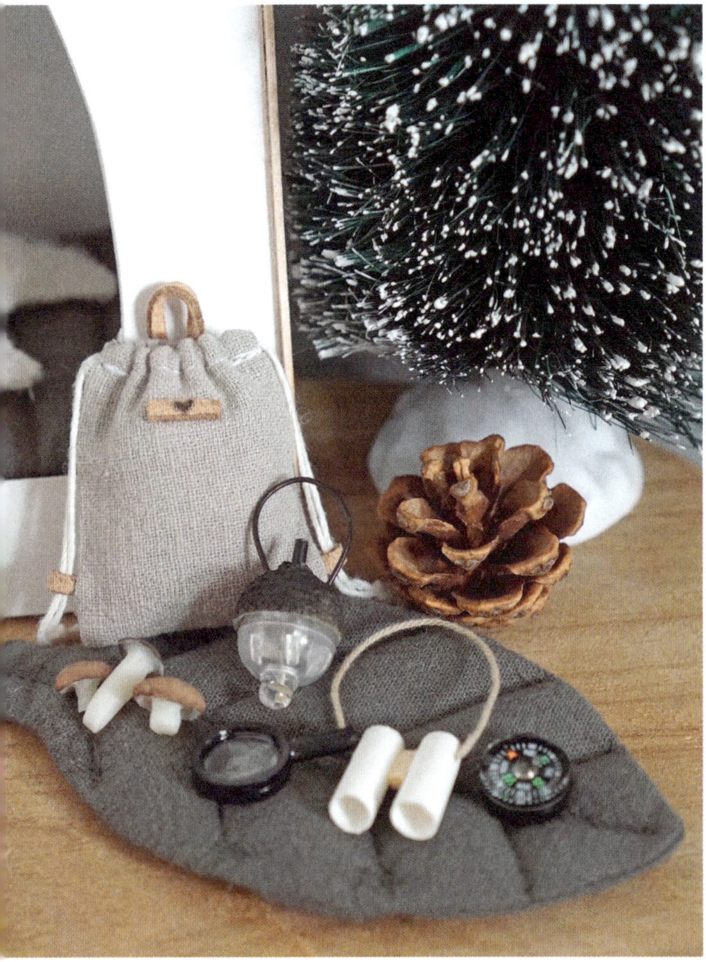

GRÖSSE

1,5 cm x 1,5 cm

MATERIALIEN

Pappstrohhalm

Nadel

etwas Kettgarn

kleines Stück eines Streichholzes

Pilze sammeln findet unser Wichtel besonders spannend. Damit er nicht die falschen nimmt, wird er ein paar künstliche zu Anschauungszwecken mitnehmen. Außerdem möchte er noch ein paar Tiere im Wald beobachten. Da er ein paar Tage unterwegs sein wird, hat er sich etwas Proviant eingepackt und Fernglas sowie Laterne zurechtgelegt.

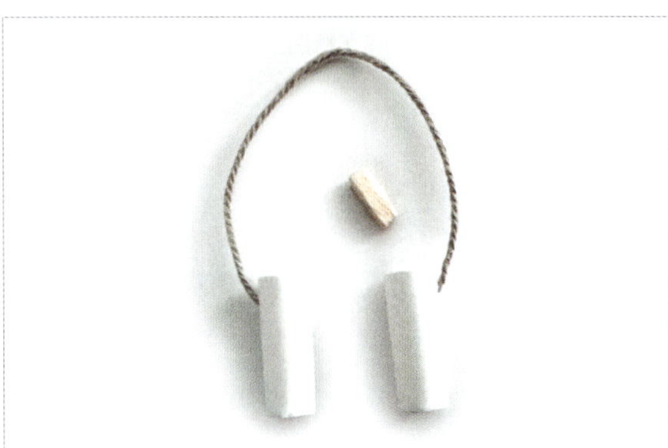

Aus dem Pappstrohhalm werden zwei Stücke à 1,5 cm geschnitten, an den Seiten Löcher für das Band gebohrt und nach beliebiger Länge eingefädelt. Zwischen die beiden Strohhalmstücke wird ein kleines Stück von einem Streichholz geklebt.

KLEINE LATERNE

GRÖSSE

1,5 cm x 3 cm

MATERIALIEN

1 kleines LED-Licht

1 passendes Eichelhütchen

1 Zahnstocher

Ahle

Blumendraht

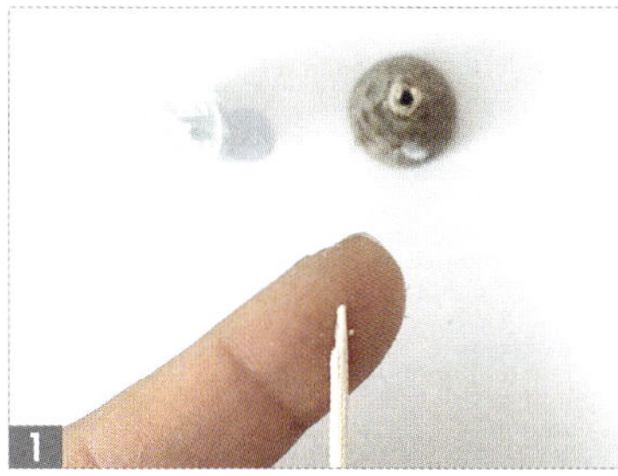

1

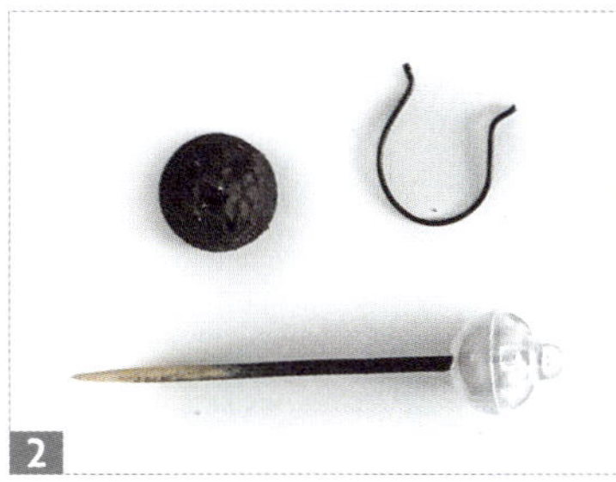

2

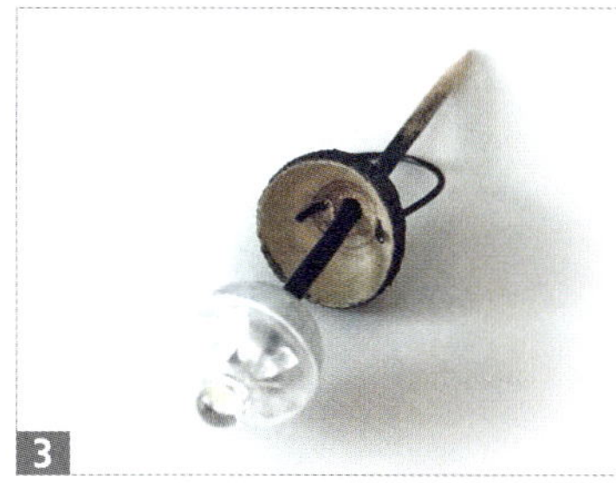

3

1 Der Zahnstocher wird sehr flach gespitzt. In das Eichelhütchen wird ein Loch mit einer Ahle gebohrt.

2 Eichelhütchen und Zahnstocher nach Belieben farblich gestalten. Aus dem Blumendraht eine Aufhängung nach Belieben formen und zwei weitere kleine Löcher vorsichtig neben dem bestehenden stechen.

3 Die Aufhängung in die zwei Löcher einsetzen und die Enden innen zur Seite drücken. Der flach angespitzte Zahnstocher wird nun durch das Hütchen in das LED-Licht geführt. Dazwischen wird Heißkleber aufgebracht, aber nicht zu nah am Zahnstocher. Dieser wird im Anschluss gekürzt. Durch langsames Herausziehen wird das LED-Licht an- und durch Zurückdrücken ausgeschaltet.

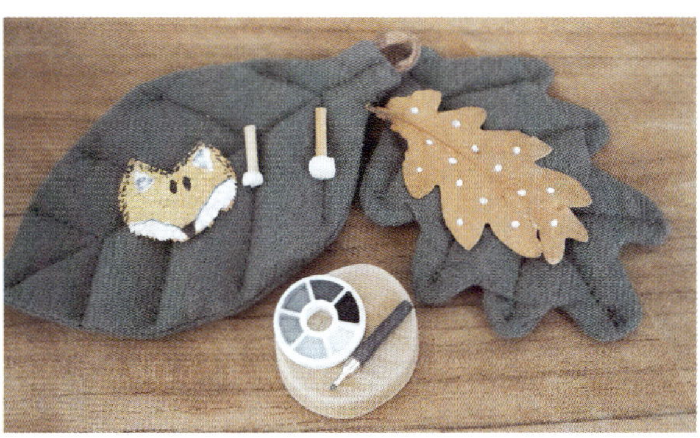

Von seinem Ausflug hat er ein paar Blätter mitgebracht und sie bemalt. Er fragt die Kinder, ob sie noch weitere Ideen dafür haben.

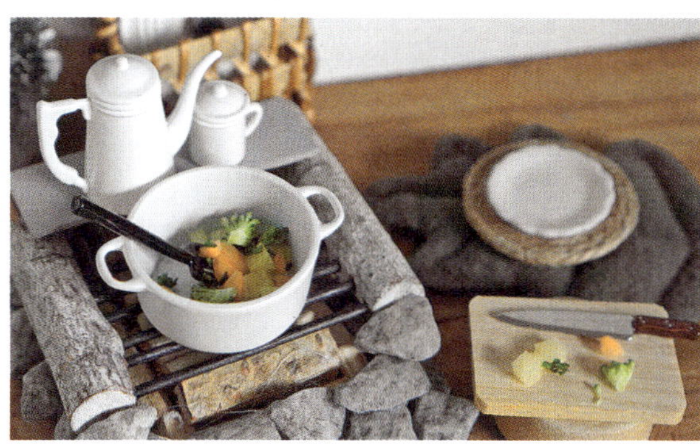

Unser Thomes lädt zum Essen ein, hat aber ganz vergessen, dass er auch Wasser braucht. Er bittet die Kinder, ihm welches zu holen. Für das Essen habe ich frische Kartoffeln, Brokkoli und Möhren geschnitten.

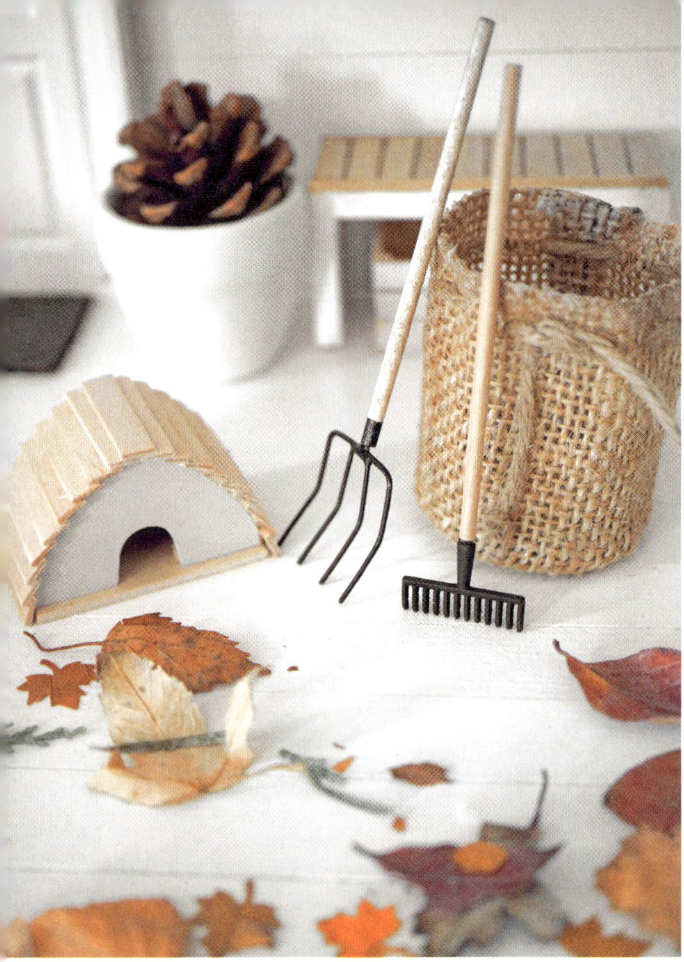
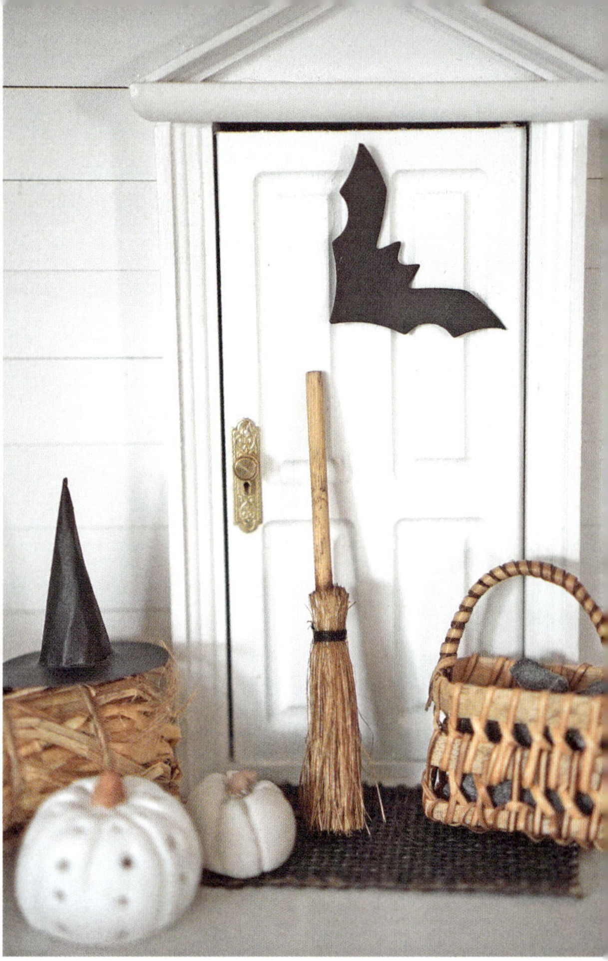
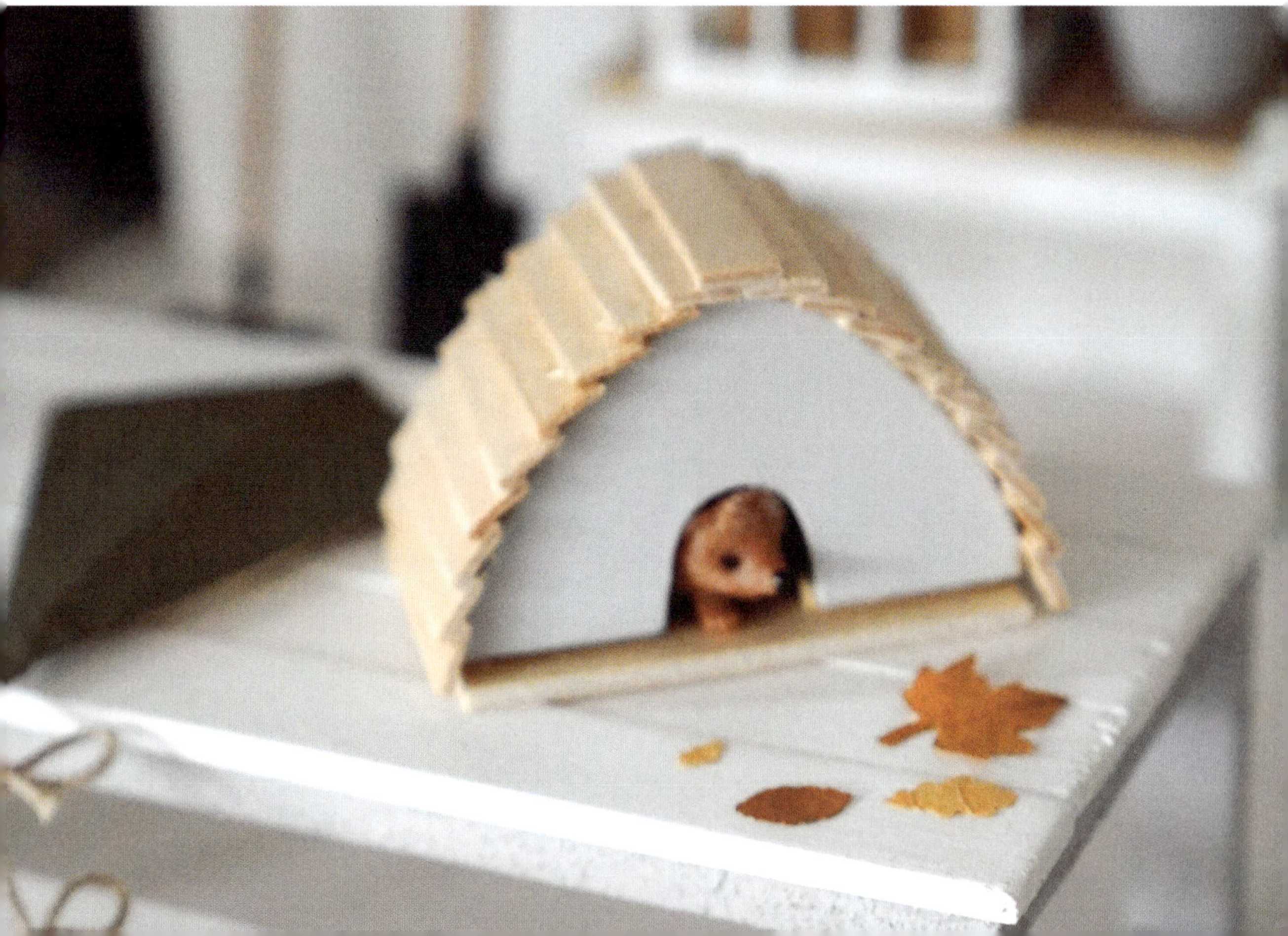

Herbst

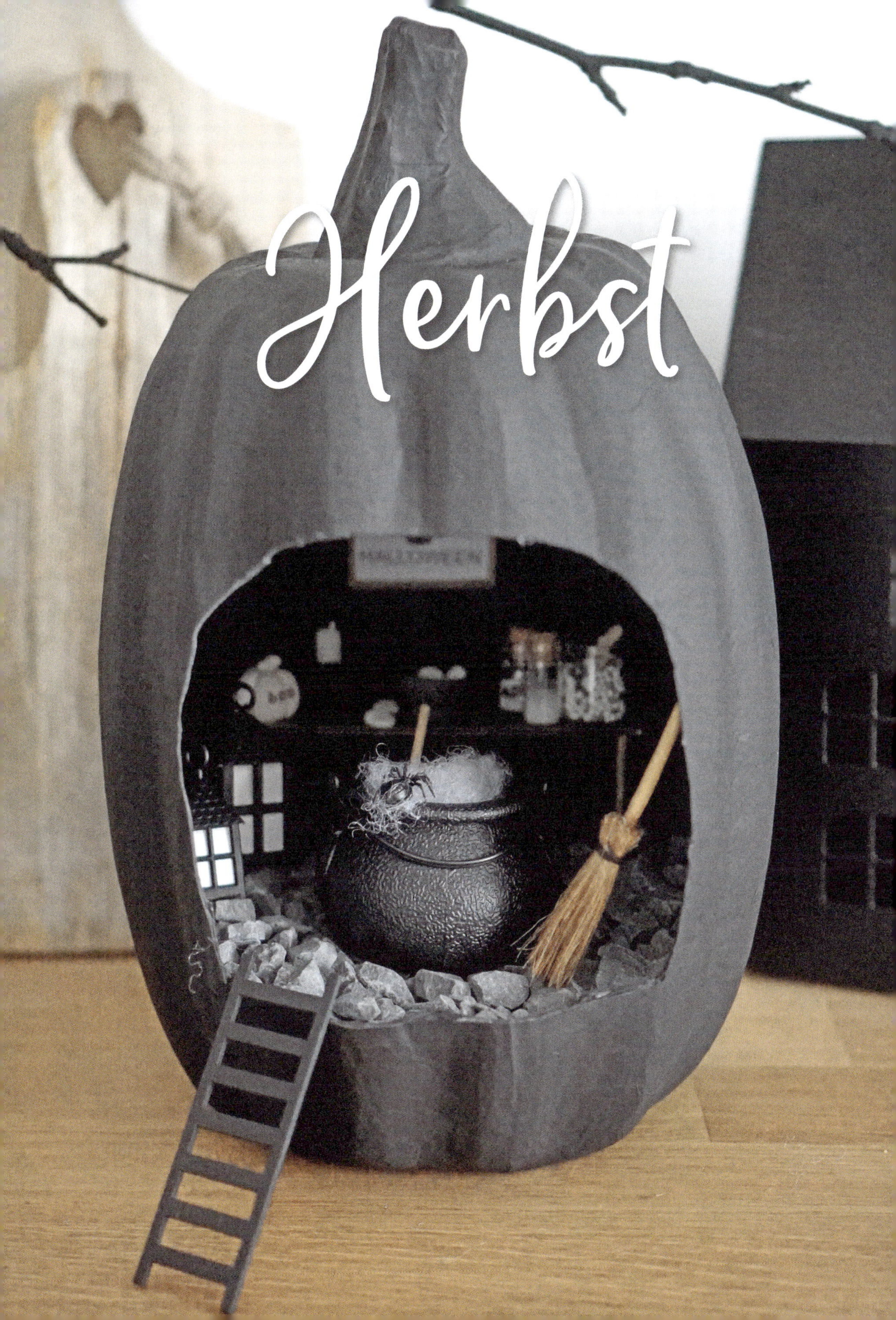

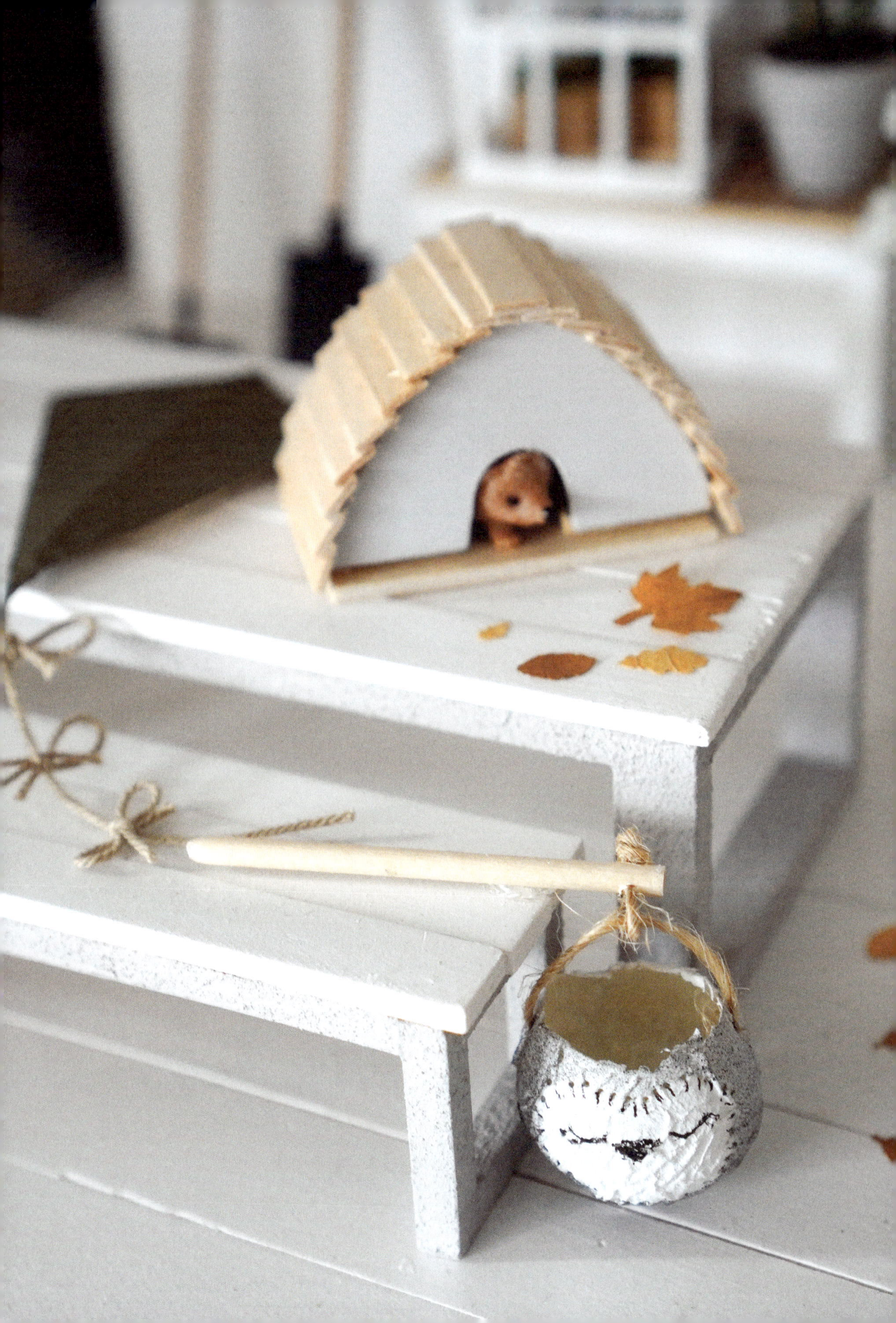

DRACHEN UND LATERNE

Im Herbst probiert unser Wichtel die Dinge aus, die unsere Kinder auch so gerne machen, wie Drachen steigen lassen und Laterne laufen. Außerdem schaut er in seinem Garten nach dem Rechten und trifft ein paar Vorbereitungen für die kleinen Gartenbewohner.

GRÖSSE

Drachen 4 cm x 6 cm
Laterne ø 2,5 cm

MATERIALIEN

Drachen

Vorlage Drachen (Herbst)

Laterne

kleiner Wasserballon

1-2 Kosmetiktücher

1 kleines LED-Licht

1 rundes 4-mm-Bastelholz (*Rayher*)

Jutegarn

Holzbohrer Gr. 2 mm

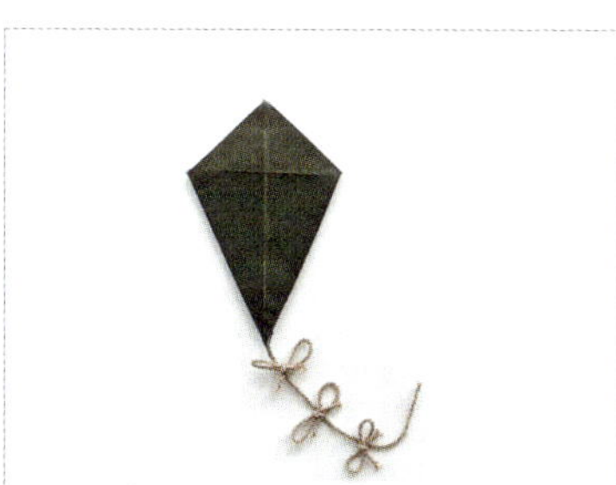

Aus der Vorlage den **Drachen** ausschneiden, an den typischen Stellen knicken und nach Belieben farbig anmalen. Mit Kettgarn den Drachenschwanz gestalten, darauf ein paar Schleifen ebenfalls aus Kettgarn kleben.

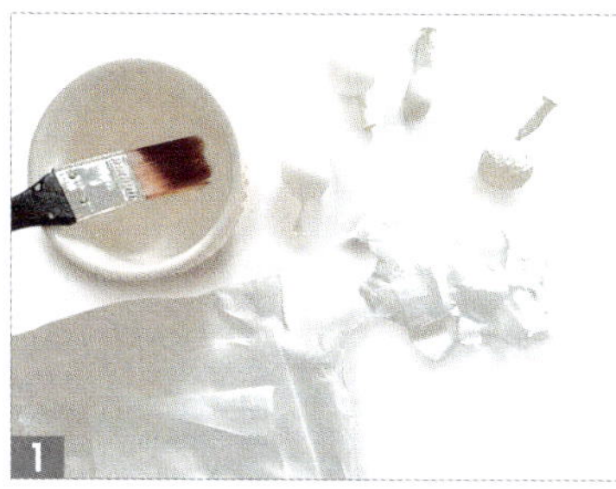

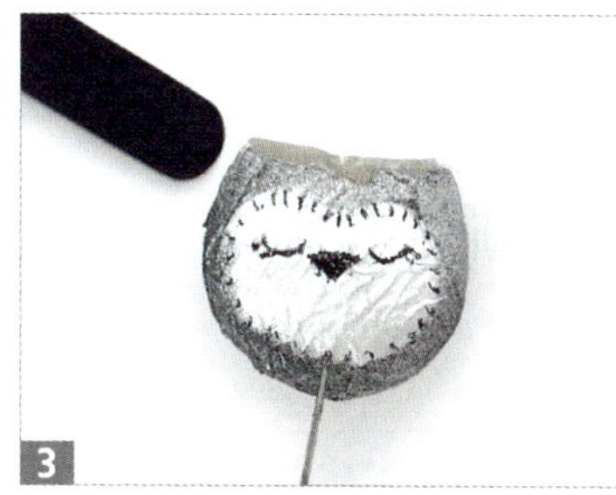

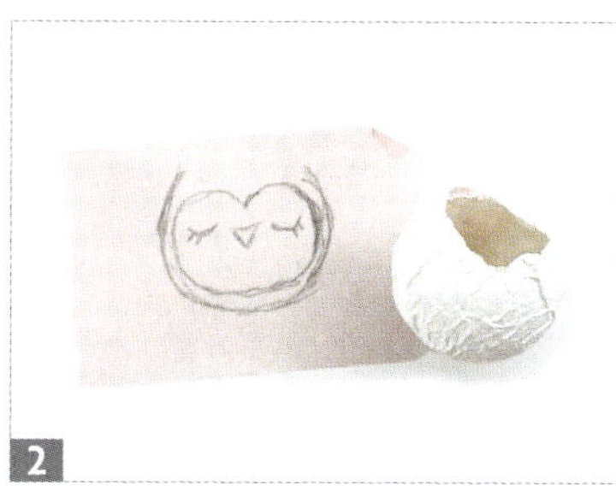

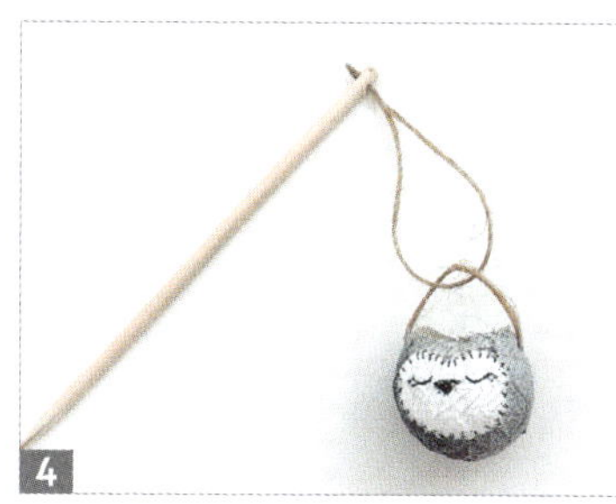

1 **Laterne:** Kleinen Wasserballon auf die gewünschte Größe aufpusten. Dann den Holzleim mit Wasser verdünnen und auf den Ballon auftragen, darauf kleine Stücke eines Kosmetiktuches kleben, sodass ungefähr zwei Schichten entstehen. Wenn alles getrocknet ist, den Ballon entfernen und die Laterne weiß ansprühen und wieder trocknen lassen.

2 Auf ein Klebeband ein Eulengesicht aufmalen, ausschneiden, auf den Ballon kleben und mit weiterer Farbe besprühen.

3 Jetzt wird das Gesicht weiter verfeinert. Dazu mit einer Nadel kleine Löcher hineinstechen, das ergibt im Dunkeln ein schönes Lichtbild.

4 In einem runden Bastelholz ein Loch bohren und mit Jutegarn einen Laternenstab basteln.

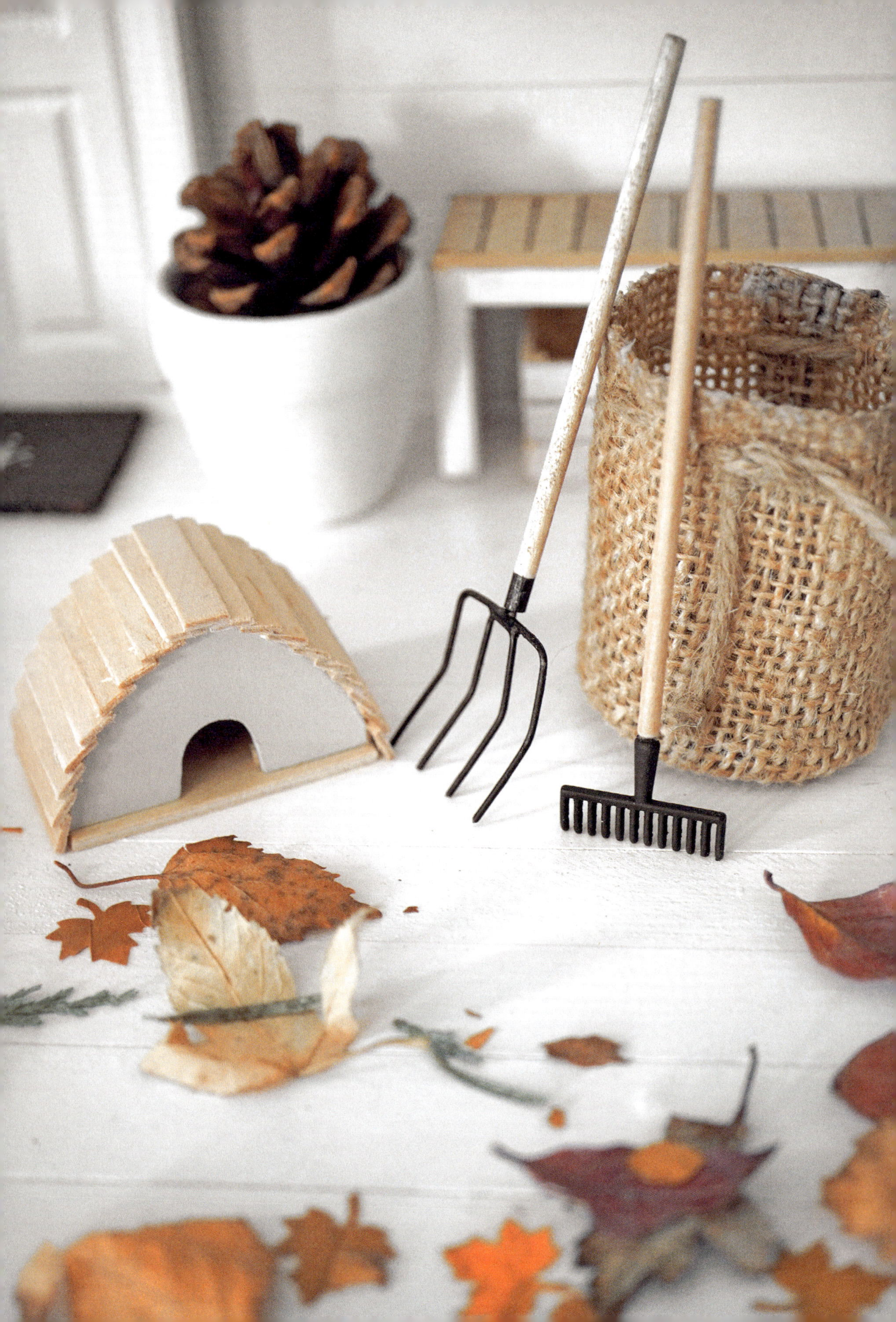

IGELHÄUSCHEN

Unser Thomes hat im Garten ein paar Igel entdeckt und für sie ein Igelhaus gebaut. Die Kinder können mit entscheiden, wo es später stehen soll. Vielleicht legen sie sich ja auf die Lauer, um zu beobachten, ob dort auch ein Igel einziehen wird.

GRÖSSE

4,8 cm x 3 cm x 3 cm

MATERIALIEN

1 2-mm-Lindenholzplatte 20 cm x 10 cm

4 Streichhölzer

4 lange Kaffeerührstäbchen 18 cm

Heißkleber

Vorlage Igelhäuschen (Herbst)

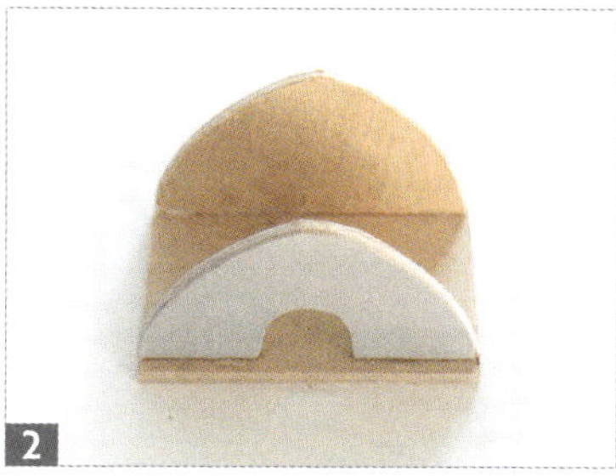

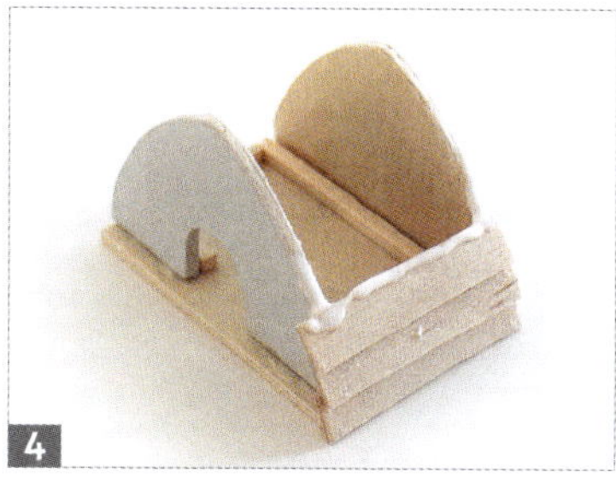

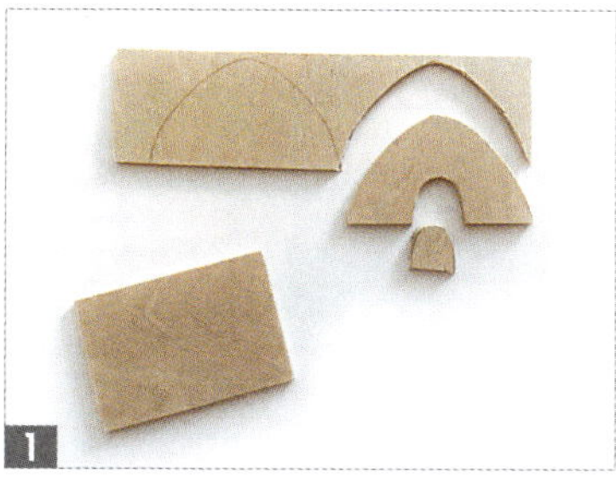

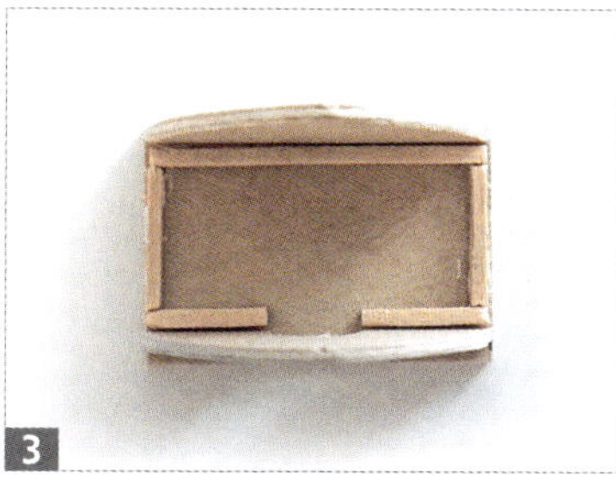

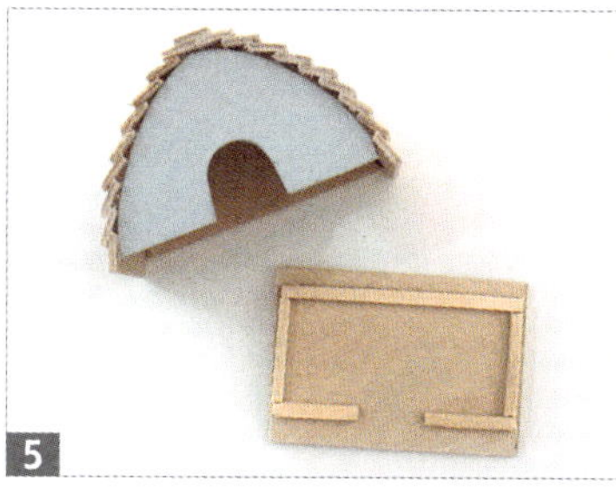

1 Vorlage ausdrucken und das Vorder- und Rückteil auf das Lindenholz übertragen und ausschneiden.

2 Für den Boden ein 4,5 cm x 3 cm großes Stück ebenfalls aus Lindenholz schneiden. Vorder- und Rückteil farblich nach Wunsch gestalten und dann auf dem Bodenteil kurzfristig mit ganz wenig Heißkleber fixieren. Das Vorderteil wird so platziert, dass eine Auflagefläche von 3 cm zum Rückteil entsteht.

3 Damit das Oberteil des Häuschens später nicht verrutscht, wird innen noch ein kleiner Rahmen aus Streichhölzern eingeklebt.

4 Kaffeerührstäbchen auf Stücke à 3 cm kürzen und 19 davon auf das Vorder- und Rückteil kleben, darauf achten, dass nicht der Boden mit festgeklebt wird.

5 Wenn alles geklappt hat, lässt sich der Boden wieder gut lösen und die Spuren vom Heißkleber lassen sich gut entfernen.

LAUBSACK

GRÖSSE

5,5 cm x 4,5 cm

MATERIALIEN

Juteband (20 cm Rolle, *Rayher*)

Vorlage Laubsack (Herbst)

optional: dicke Nadel und Jutegarn

Thomes hat das Gefühl, dass das Häuschen allein als Schutz für die Igel vielleicht nicht reichen könnte. Deshalb bittet er die Kinder, ihm beim Laubfegen zu helfen. Die gesammelten Herbstblätter verteilt der Wichtel dann später um das Igelhaus herum.

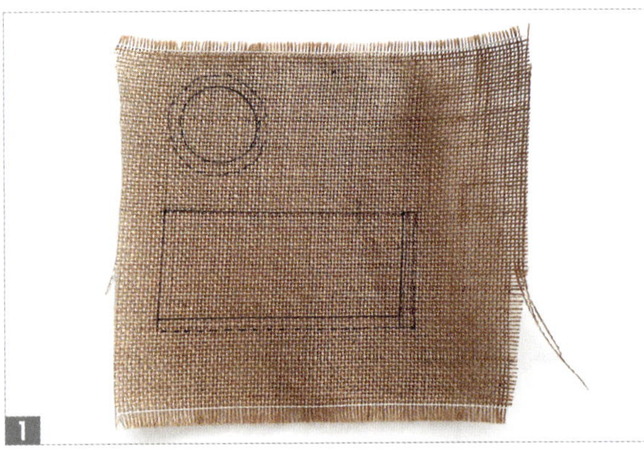

1

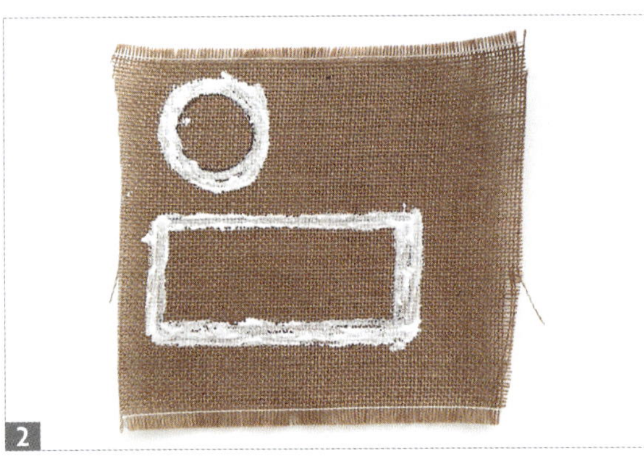

2

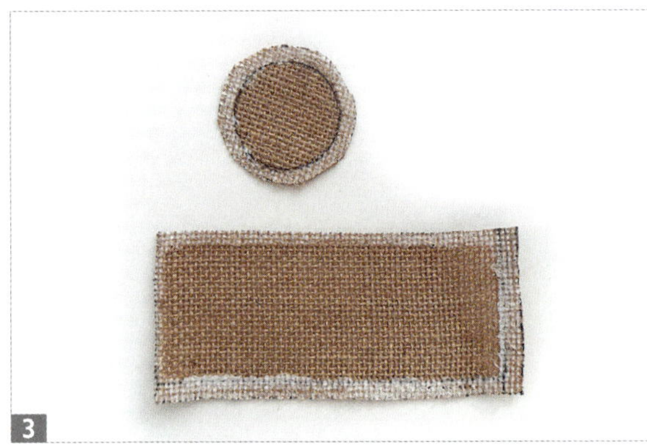

3

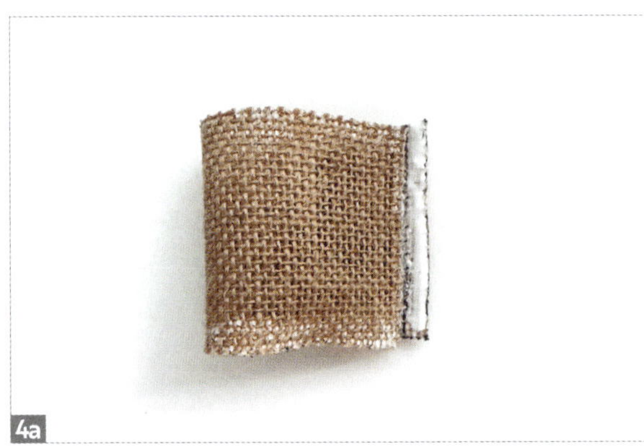

4a

1 Vorlage ausdrucken und auf das Juteband übertragen. Ich habe noch eine Nahtzugabe hinzugefügt, die bei eurem Schnittmuster aber schon enthalten ist.

2 Den späteren Schnittbereich mit Holzleim bestreichen und etwas antrocknen lassen.

3 Nun erfolgt der Zuschnitt.

4 Die Enden des Hauptteils werden nun mit ca. 0,5 cm überlappend aneinandergeklebt, dann wieder etwas warten.

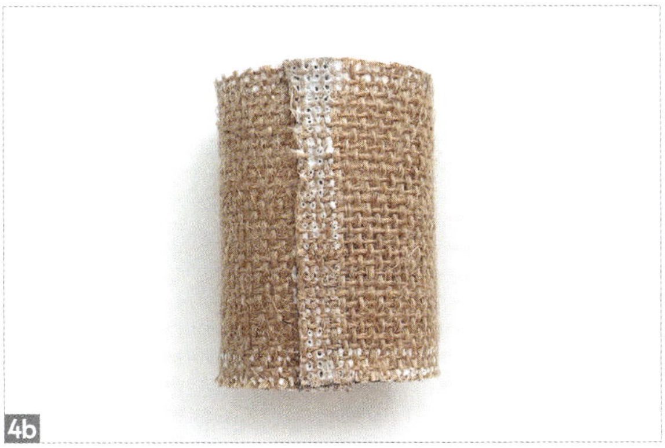

4b

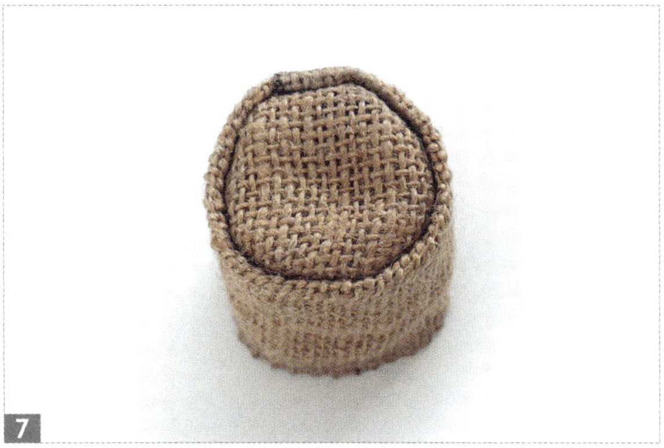

7

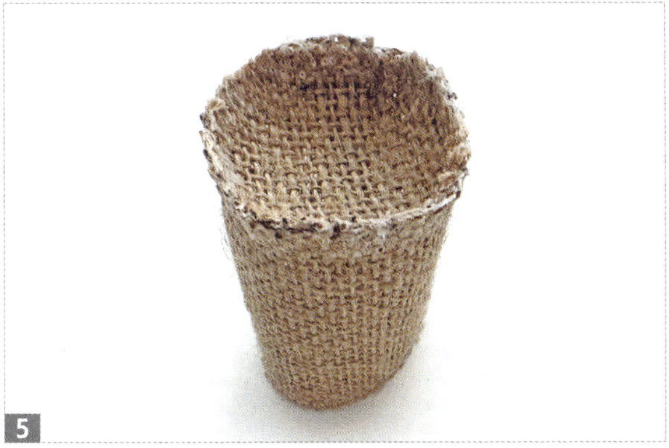

5

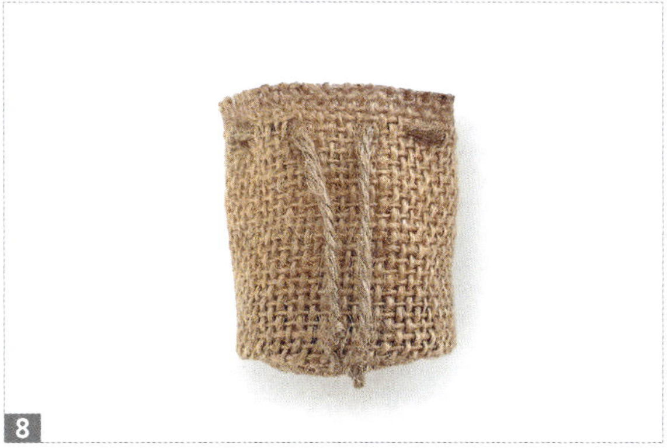

8

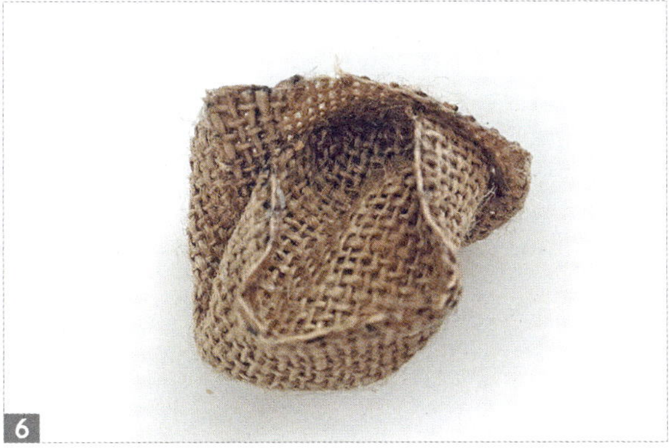

6

5 Dann wird auf dieselbe Weise auch das Bodenteil angeklebt. Jetzt sollte man den Laubsack komplett durchtrocknen lassen.

6 Wenn es so weit ist, wird das ganze Teil vorsichtig gewendet.

7 So sieht es von unten dann fertig aus.

8 Mit einer dicken Nadel kann nun noch Jutegarn eingefädelt werden. Dieser Sack kann auch zu Weihnachten als kleiner Geschenkesack zum Einsatz kommen.

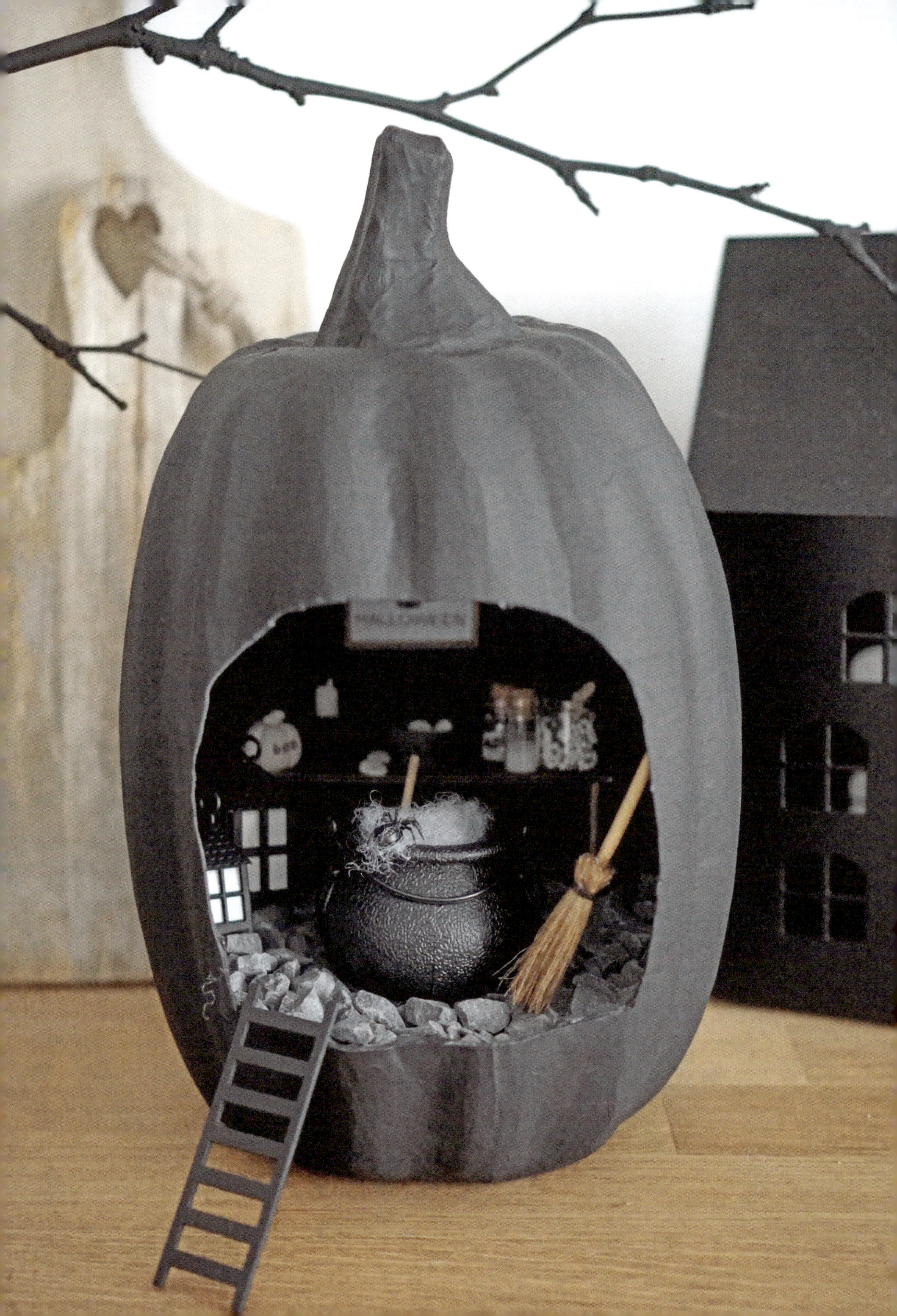

HALLOWEEN

Für die gruselige Jahreszeit dekoriert Thomes fleißig sein Häuschen.

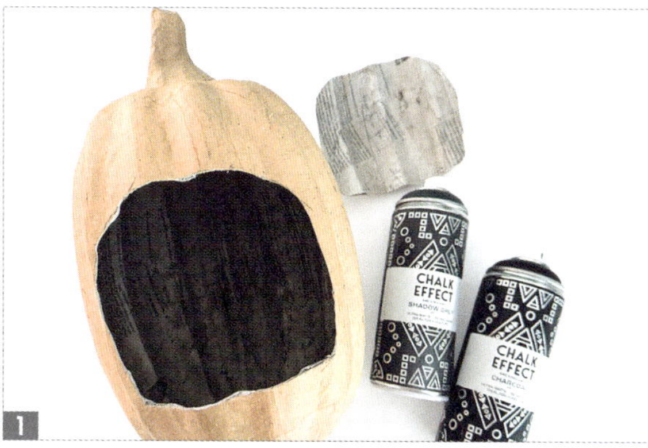

1

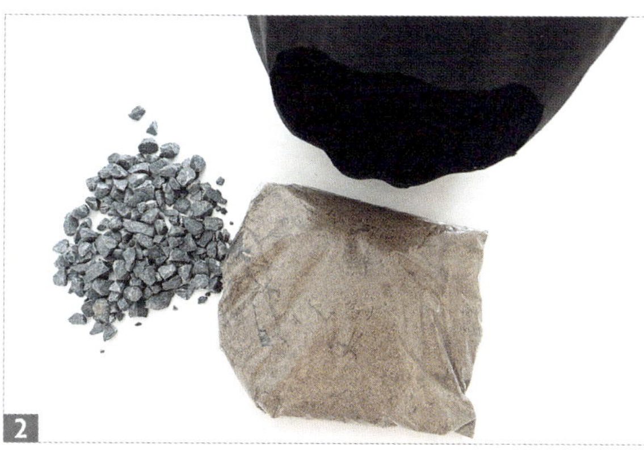

2

1 Auf den Kürbis wird mit einem Bleistift eine ausreichend große Öffnung gezeichnet und dann ausgeschnitten. Je nach Wunsch kann er nun innen und außen farblich gestaltet werden.

2 Um die Tiefe des Bodens etwas auszugleichen, kann eine Tüte mit Sand hineingelegt werden, darüber kleinere Dekosteine verteilen.

GRÖSSE

19 cm x 33 cm

MATERIALIEN

Für den Kürbis

Kürbis aus Pappmache (*Basteln und Dekorieren*)

Tüte mit Sand

kleinere Dekosteine

Für den Tisch

2-mm-Lindenholzplatte 20 cm x 10 cm

Holzspieß 3 mm (*Rayher*)

Holzbohrer Gr. 3 mm

Für die Laternen

Miniatur-Laternen (gekauft, *Miroflor*)

kleine LED-Lichter

Füllwatte

1 sehr breites Bastelholz 20 cm x 2,4 cm (*Rayher*)

Heißkleber

Für die Dekoration

kleiner Kessel, Besen, Korb, Kürbisse aus Fimo, kleine Flaschen, Streusel in Gläsern, Schüssel, LED-Licht mit Fernbedienung für den besonderen Überraschungsmoment, kleine Spinnen

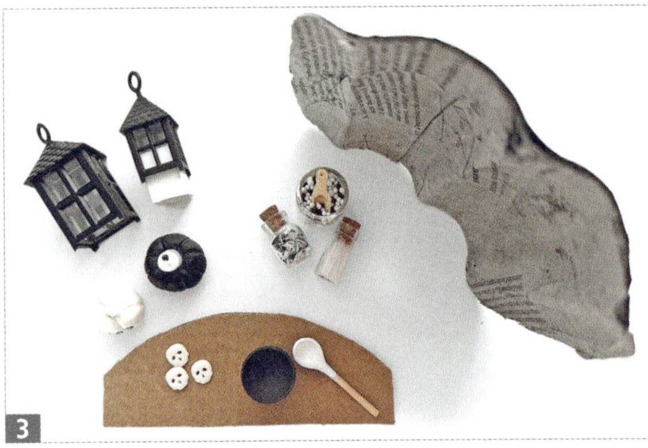

3

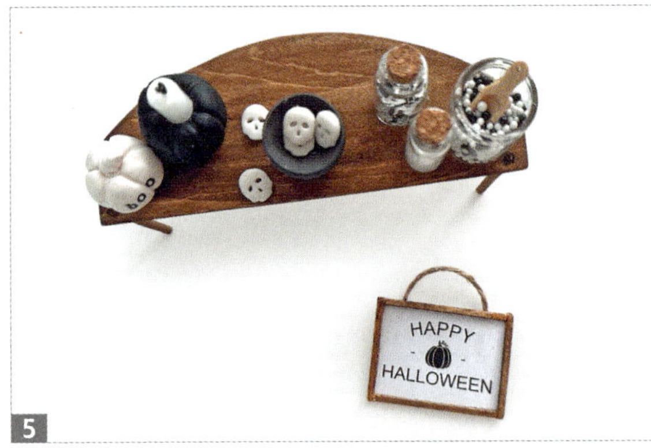

5

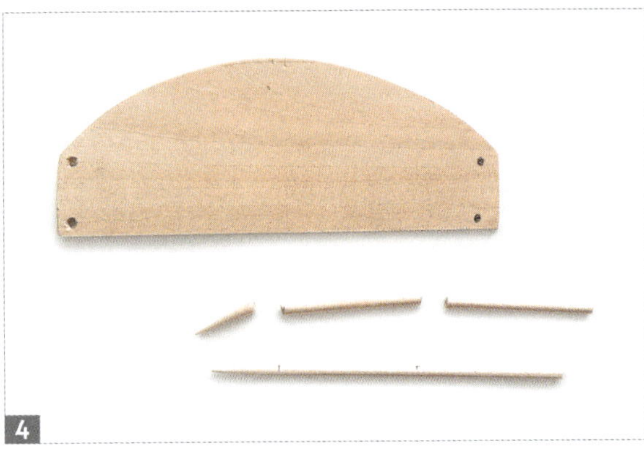

4

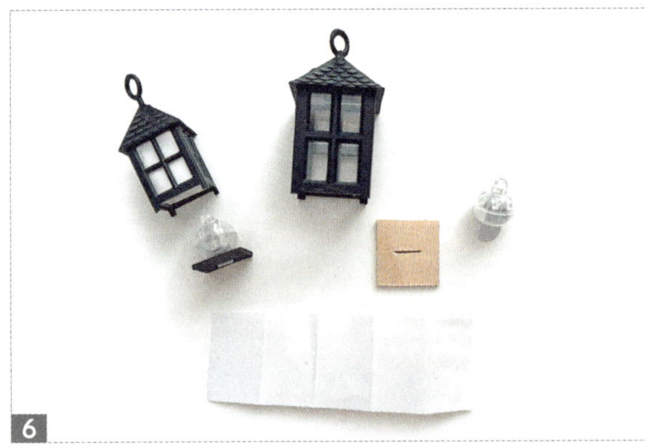

6

3 Um die benötigte Größe des Tisches abzuschätzen, wird alles, was verwendet werden soll, hingelegt. Der zuvor ausgeschnittene Teil des Kürbisses kann dabei helfen, ungefähr die Rundung zu bestimmen. Am besten schneidet man sich die Tischplatte erst aus Pappe zu und testet, ob sie gut hineinpasst, währenddessen lässt sich auch schon die Höhe der Tischbeine ermitteln.

4 Dann werden Tisch und Tischbeine aus dem Holzspieß gefertigt und können nach Belieben gebeizt oder anders farbig gestaltet werden.

5 Dann erfolgt die finale Anordnung auf dem Tisch, damit nichts verrutscht oder runterfällt, können alle Teile leicht mit Heißkleber fixiert werden.

6 Gekaufte Laternen lassen sich auch gut mit kleinen LED-Lichtern nutzen. Damit man diese nicht direkt sieht, wird einfaches weißes Papier gefaltet und hineingeschoben. Damit die Lichter nicht herausfallen, wird der unterer Bereich ausgemessen und ein Bodenteil aus einem passenden Bastelholz zugeschnitten. Ein kleiner Schlitz hilft, die Lichter immer an- und ausschalten zu können. Sollte der Boden etwas zu locker geraten sein, kann er auch ganz leicht mit Heißkleber fixiert werden.

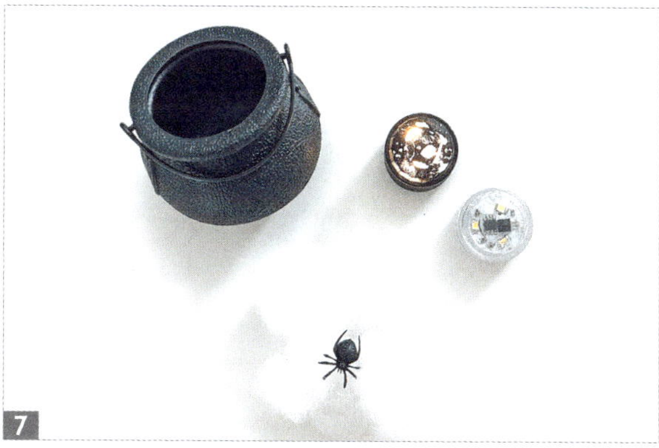

7

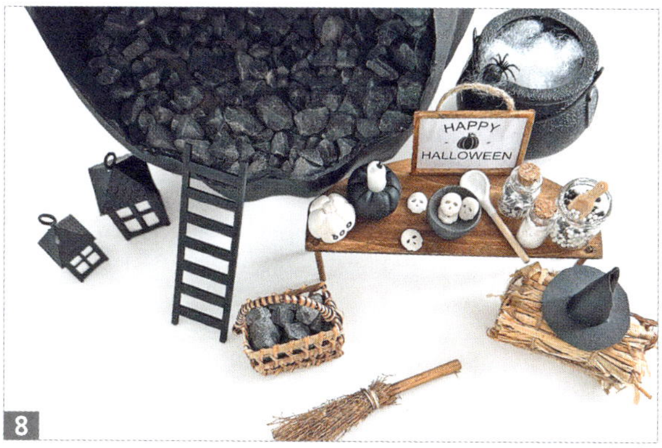

8

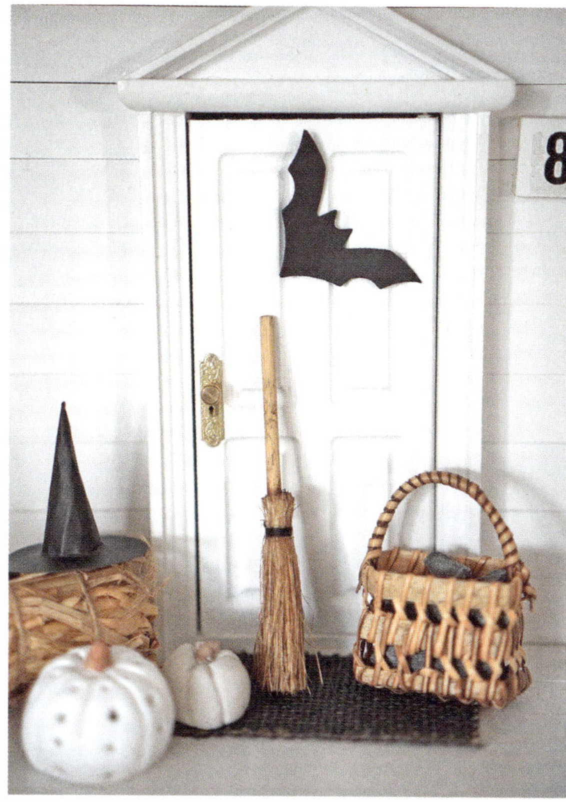

7 LED-Lichter mit Fernbedienung sind super für besondere Überraschungsmomente, oder auch, wenn sie an schwer erreichbaren Stellen platziert werden. Ich habe ein Licht leicht mit schwarzer Farbe besprüht und oben in den Kürbis mit Heißkleber geklebt, ein weiteres kommt unter die Füllwatte in den Kessel.

8 Nun noch alles in dem Kürbis platzieren und an den gewünschten Ort stellen. Am späten Abend wurde in dem Kessel ein Brief von Thomes gefunden, verpackt in Frischhaltefolie und viel Gelee, in dem Brief waren Hinweise für eine kleine Halloween-Überraschungstüte.

So sah es am Halloween-Morgen vor Thomes' Tür aus. Nach und nach sind immer mehr Sachen vor seiner Tür magisch verschwunden und tauchten dann am Abend im Kürbis wieder auf. Der Kürbis stand bei uns in der Küche mit der geschlossenen Seite zum Raum und wurde erst am Abend heimlich gedreht. Die Kinder waren mächtig beeindruckt.

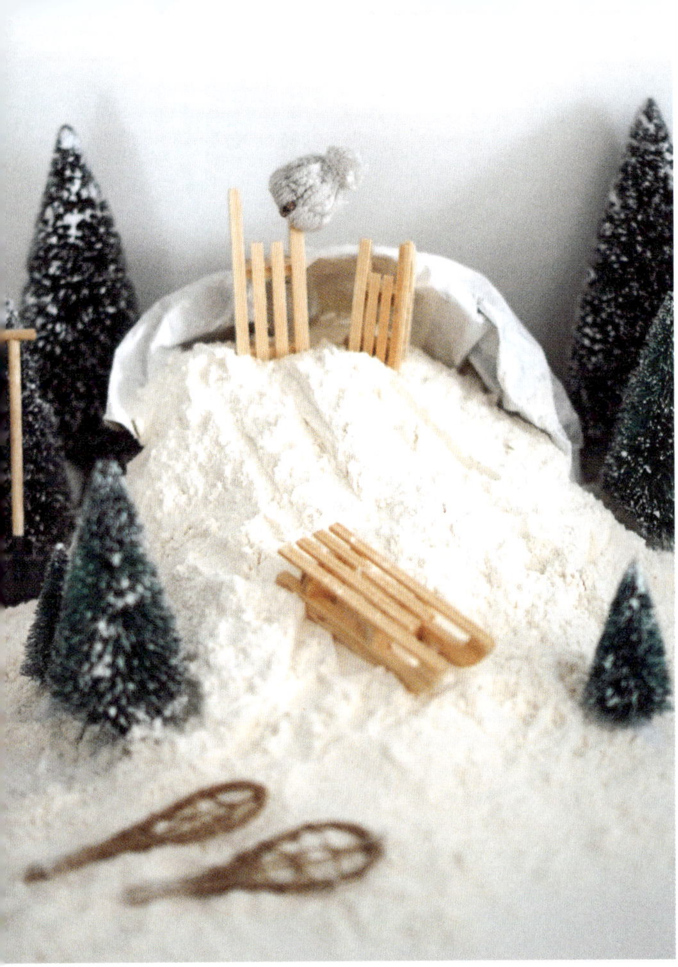

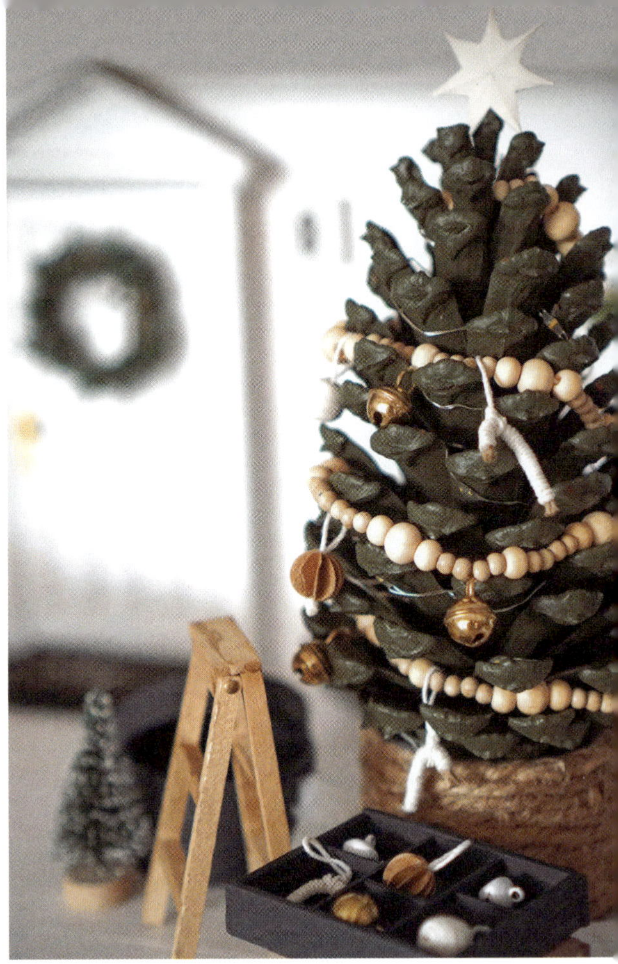

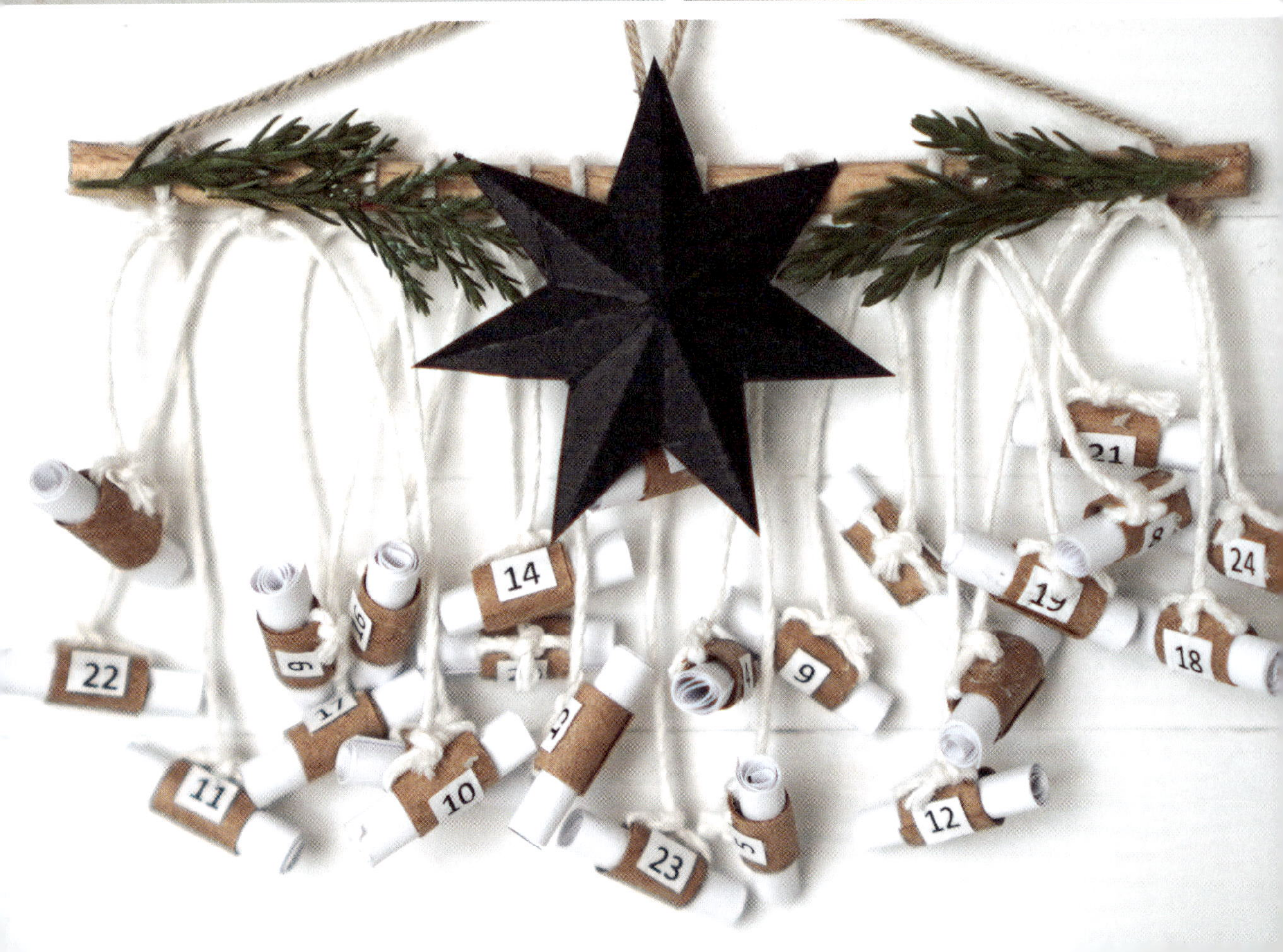
21
14
24
19
22
9
18
17
11
10
12
23

Winter

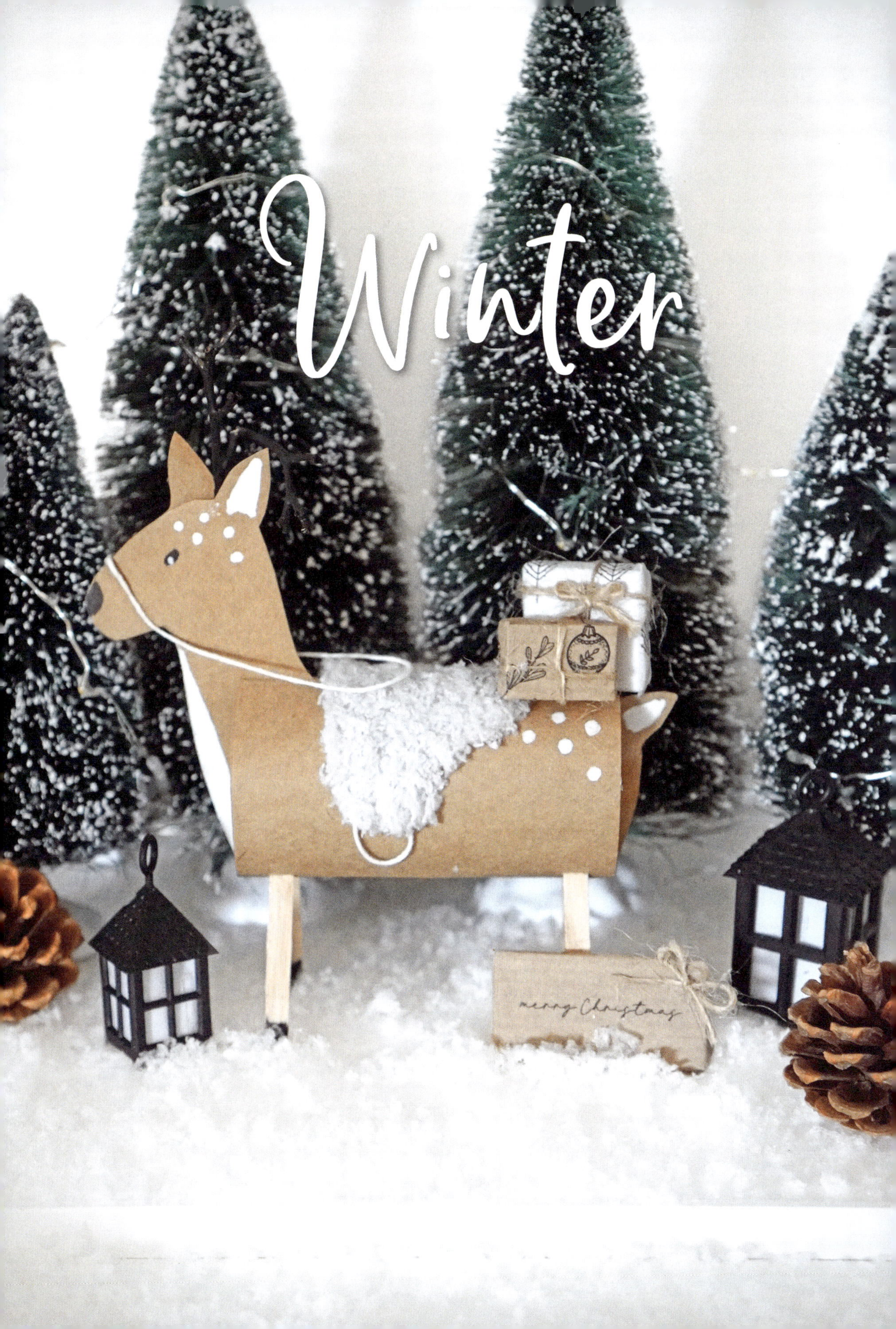

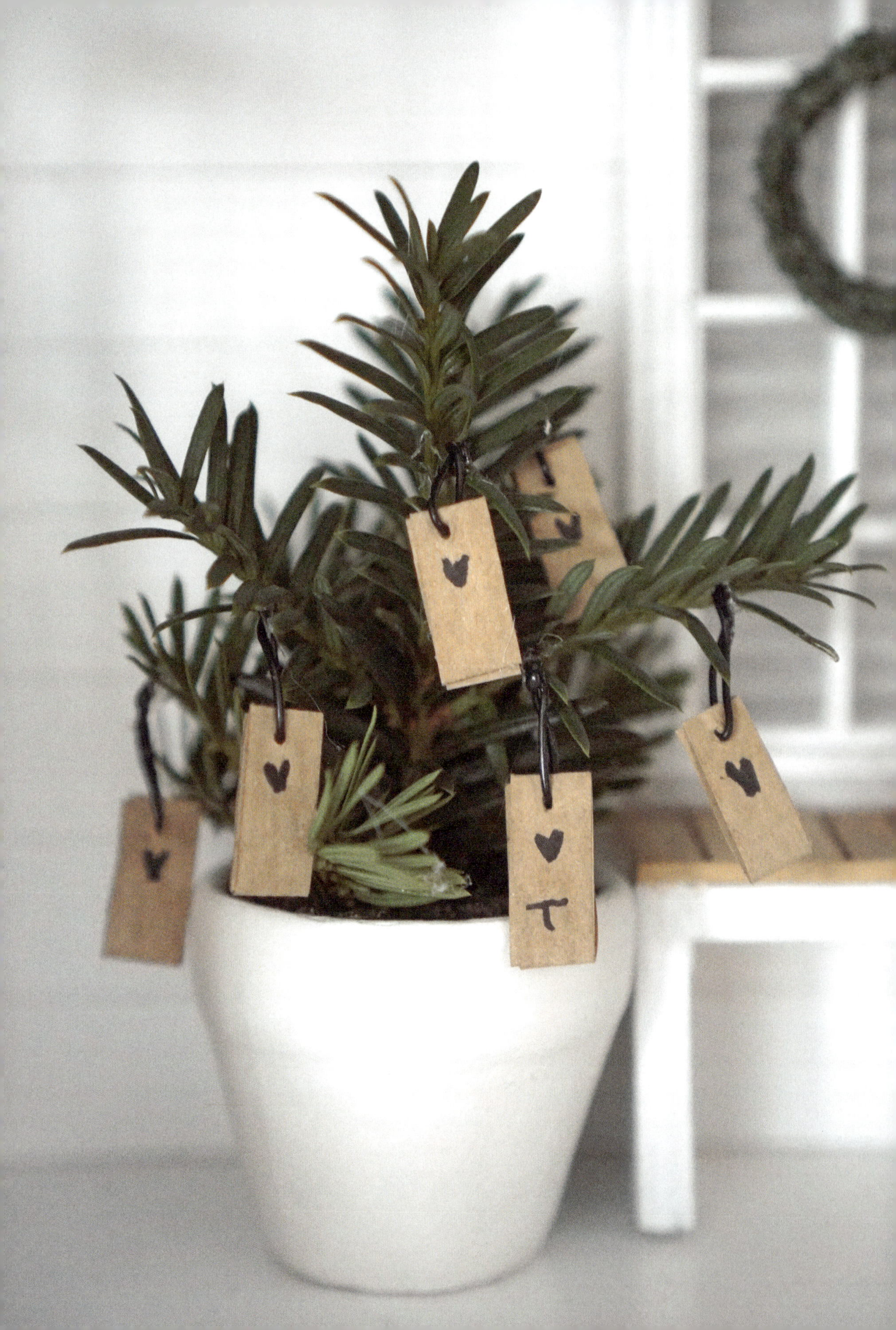

WUNSCHBAUM

Unser Thomes kommt zur Weihnachtszeit meist so um den 28. November herum, so hat er ein paar Tage Zeit, um in Ruhe anzukommen. Dieses Jahr wird Thomes kurz nach seiner Ankunft einen Wunschbaum aufstellen: Jedes Familienmitglied darf einen Wunsch auf einen der Zettel an den Ästen schreiben und diesen dann wieder zurück hängen. Bei kleineren Kindern übernehmen wir Eltern das. Dieser Baum bleibt ein paar Tage stehen, damit genügend Zeit bleibt, um sich einen Wunsch auszudenken.

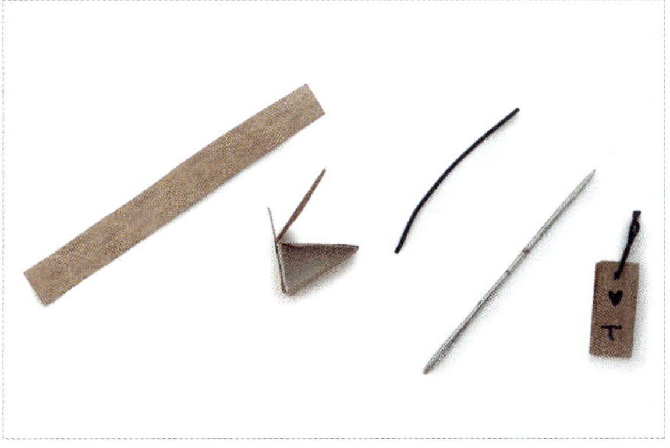

Einen (bearbeiteten) Tontopf mit Backpapier auskleiden und frische Erde hineinfüllen, gut andrücken. In die Erde ein paar kleine frische grüne Tannenzweige stecken. Regelmäßig gegossen halten sie sich mehrere Tage. Aus Packpapier werden 0,8 cm x 8 cm Streifen zugeschnitten. Die Menge ist abhängig von der Anzahl der Familienmitglieder. Jeder Streifen wird zweimal gefaltet und mithilfe einer Nadel mit einem Loch versehen, in das Blumendraht gezogen wird. Ihn formt man so, dass er Halt an den Zweigen hat. Alternativ können die Zettel auch mit Heißkleber leicht fixiert werden.

GRÖSSE

7 cm x 11 cm

MATERIALIEN

frisches Tannengrün

etwas Erde

Back- und Packpapier

Blumendraht oder Heißkleber

1 Miniatur-Tontopf

1 Nadel

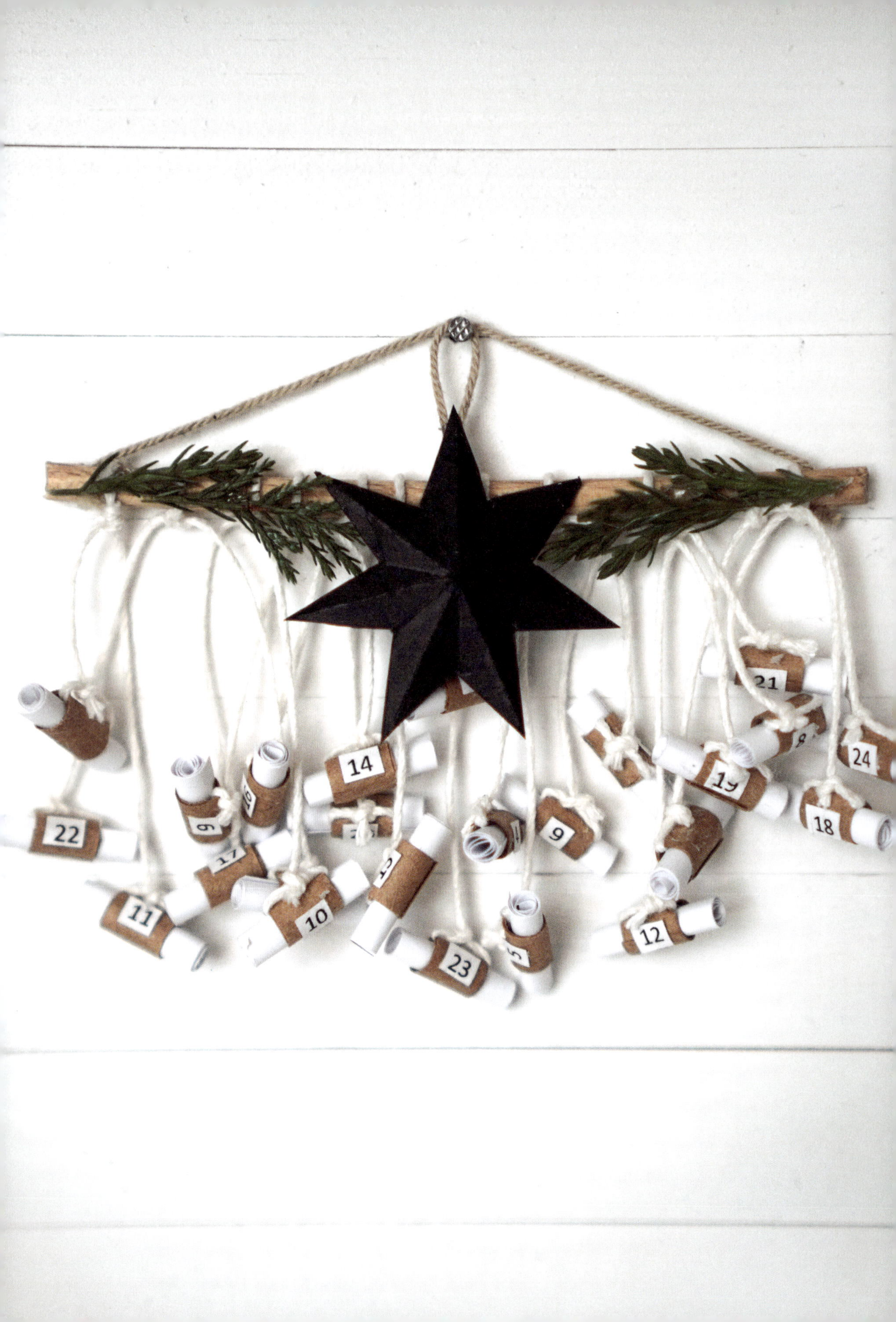
21
14
24
22
19
18
17
11
10
23
12

ADVENTSKALENDER

Ein richtiges Highlight ist der kleine Adventskalender, den unser Wichtel immer recht pünktlich am 1.12. aufhängt. Über die 24 Tage bis Heiligabend verbirgt sich hinter jeder Zahl ein Wort, das am Ende eine Botschaft ergibt. Besonders beliebt bei uns ist, wenn dann eine Schnitzeljagd beginnt, die dank Zauberpulver an verschiedenen Stationen auch mehrere Tage dauern kann.

GRÖSSE

9 cm x 5 cm ohne Aufhängung

MATERIALIEN

1 kleiner Ast
Packpapier
Kettgarn (*Rayher*)
1 rundes 4-mm-Bastelholz (*Rayher*)
Vorlage Adventskalender
etwas Grünzeug

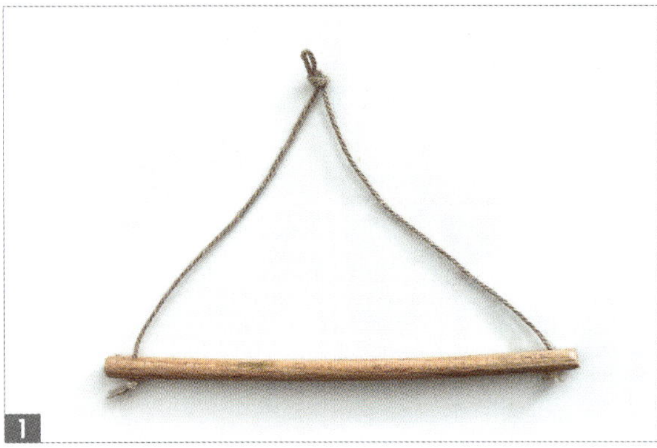

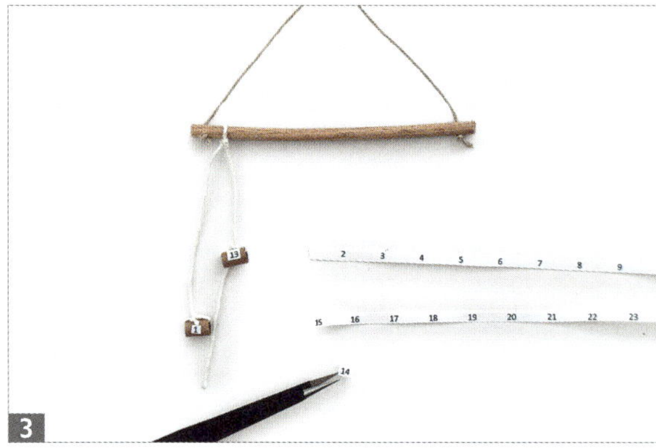

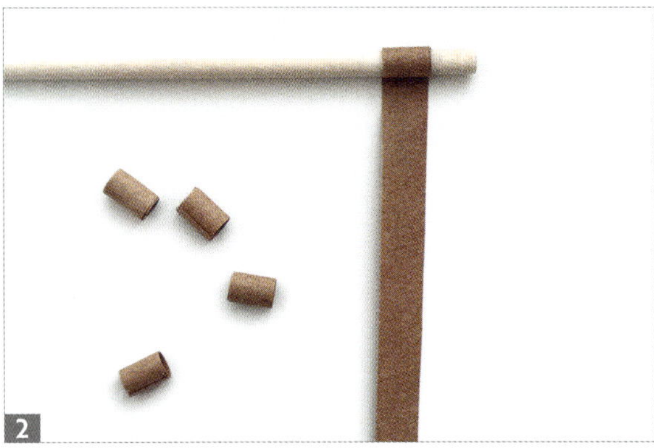

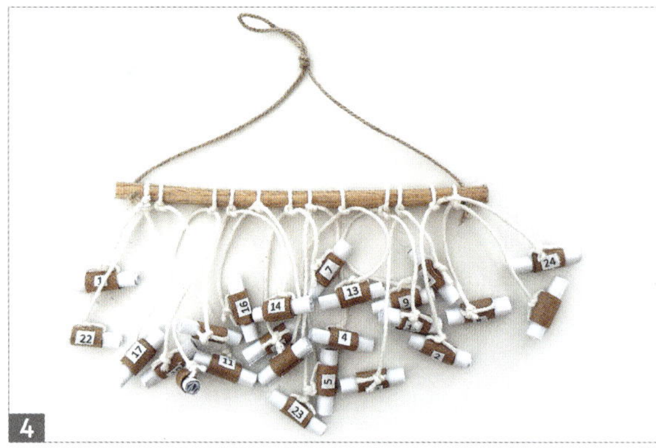

1 Einen kleinen Ast auf ca. 9 cm zuschneiden und kleine Löcher bohren für die Aufhängung, die ganz individuell ist.

2 Aus Packpapier werden 0,8 cm breite Streifen in beliebiger Länge geschnitten, je länger der Streifen, desto weniger braucht man davon. Mithilfe eines runden 4-mm-Bastelholzes werden aus den Streifen kleine Hülsen gebastelt, dazu den Streifen um das Holz legen, bis es sich etwas überlappt und dann kleben, im Anschluss den restlichen Streifen abschneiden und eine neue Hülse basteln, bis 24 Stück fertig sind.

3 Nun wird Garn an den Ast gebunden. An den Enden werden die Hülsen geknotet und überschüssiges Garn wird abgeschnitten. Dann werden die winzig kleinen Zahlen aus der Druckvorlage ausgeschnitten und aufgeklebt. Aber Achtung, dass nicht aus Versehen eine Hülse doppelt nummeriert wird.

4 Zuletzt die Wörter aus der Druckvorlage ausschneiden, aufrollen und in die Hülsen schieben.

PAPIERSTERN

GRÖSSE

3 cm x 3,5 cm x 4 cm

MATERIALIEN

Kraftpapier

Kettgarn (*Rayher*)

Vorlage Sterne

1 Nadel

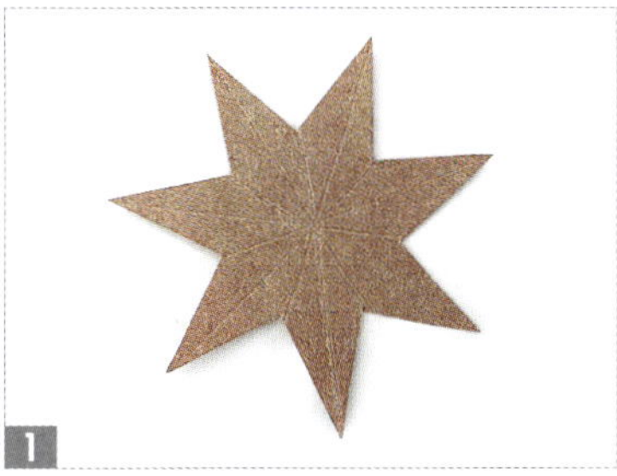

1

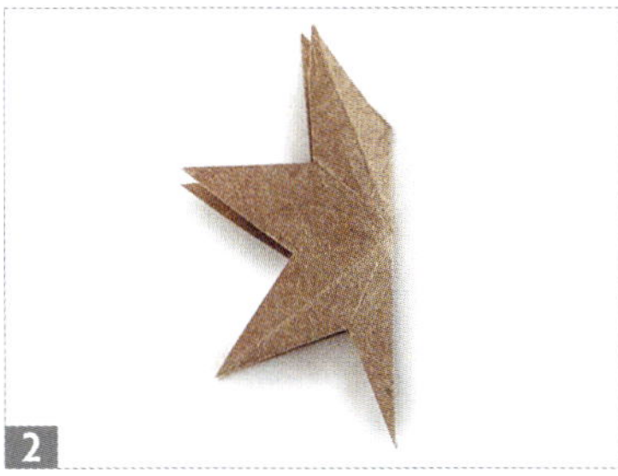

2

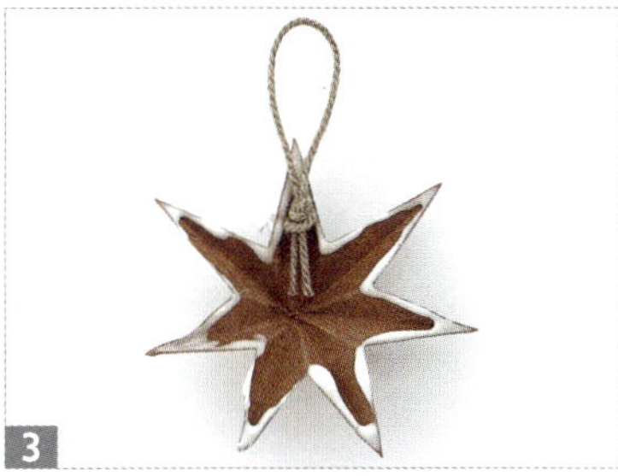

3

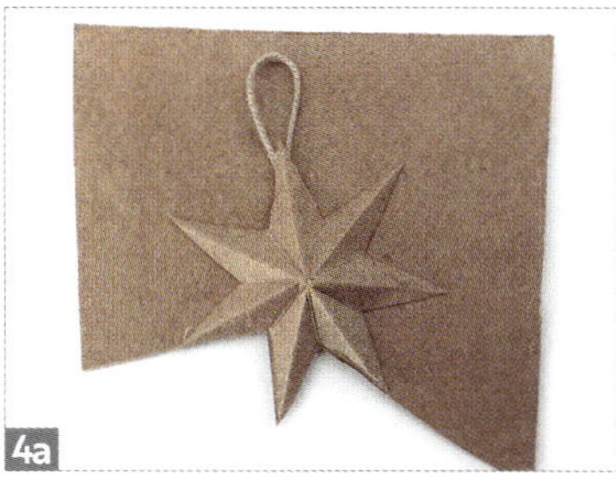

4a

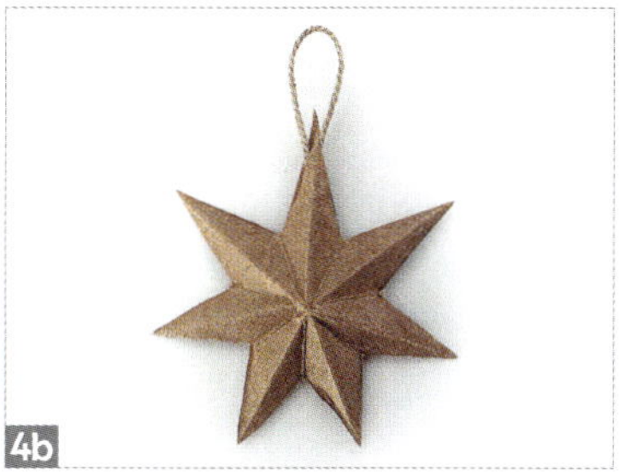

4b

1 Die Vorlage auf Kraftpapier ausdrucken und zuschneiden. Falzlinien mithilfe einer dünnen Nadel und einem Lineal ziehen.

2 Dann alle Linien falten.

3 Eine kleine Aufhängung mit Kettgarn hineinkleben und den Stern gut mit Kleber benetzen.

4 Diesen Stern auf ein weiteres Stück Kraftpapier legen und leicht andrücken, trocknen lassen und dann erneut ausschneiden. So verliert er seinen typischen Look nicht und kann durch die gerade Rückseite besonders nah anliegen.

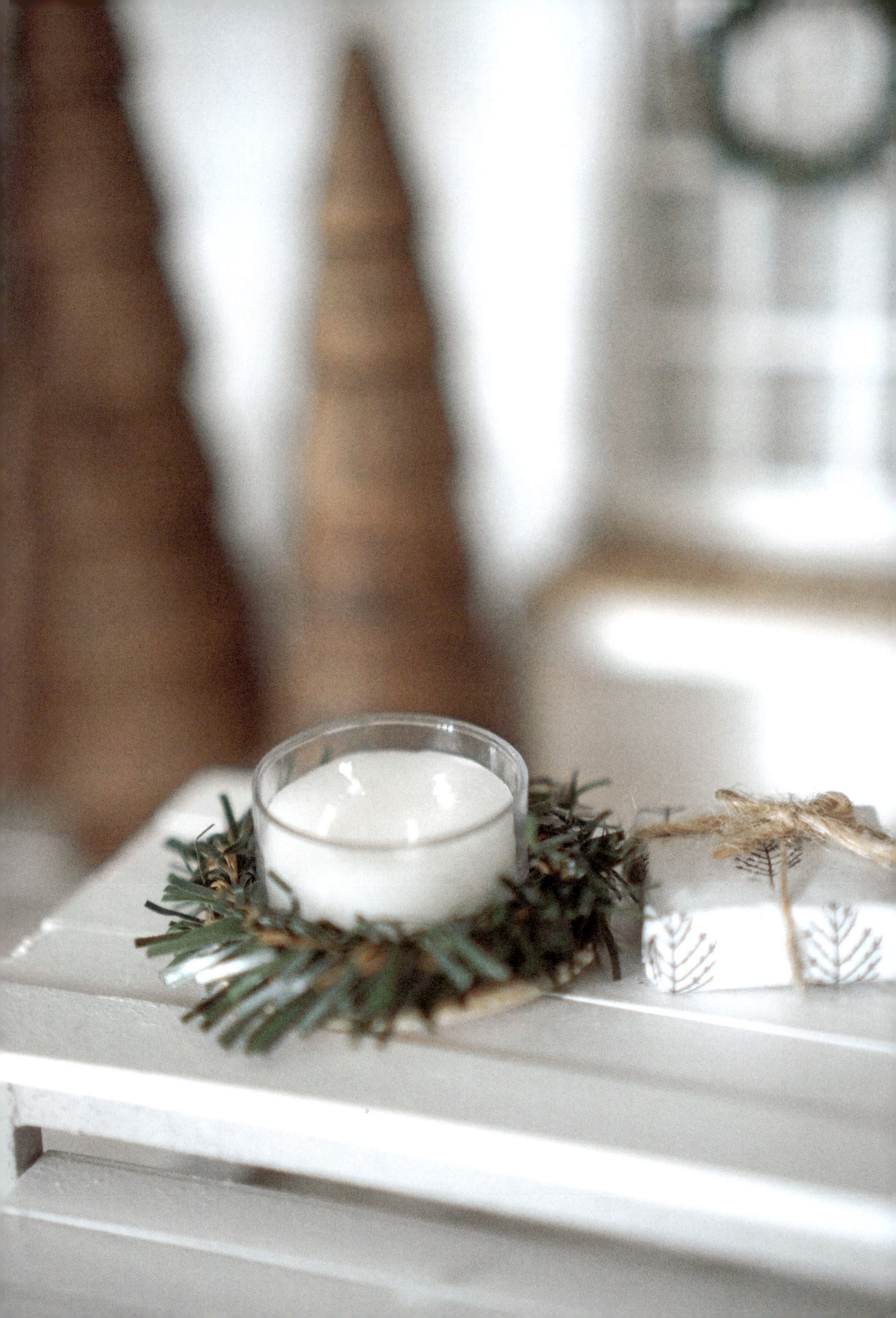

ADVENTSKRANZ MIT ADVENTSKERZE

GRÖSSE

Kranz ø 4,5 cm
Kerze ø 2,6 cm

MATERIALIEN

Tannengirlande

leere Klebebandrolle (*Tesa*)

alte Kerze

etwas Garn

Backpapier

4,5 cm Holzteller als Unterlage

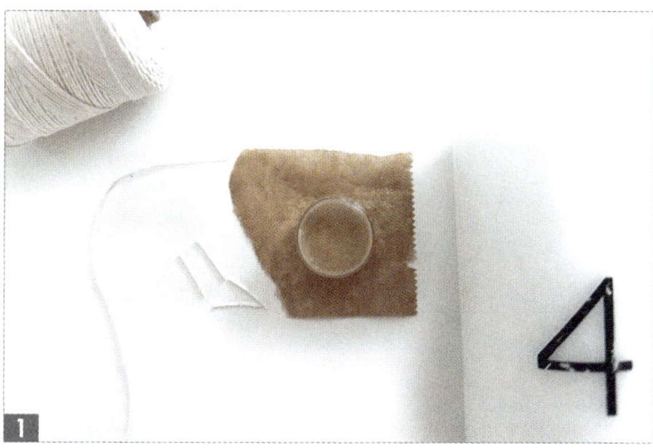

1

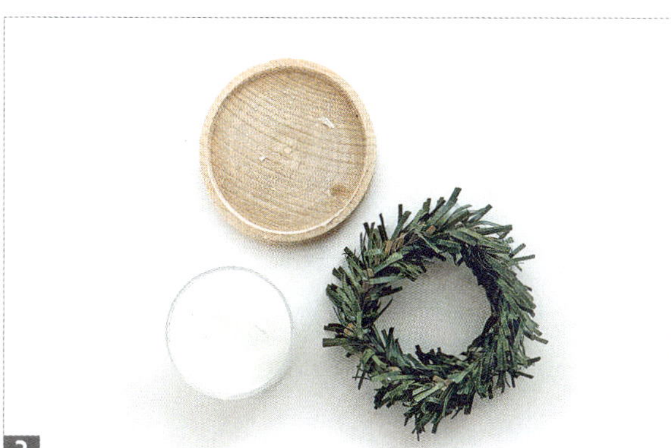

2

1 Aus dem Garn werden kleine Dochte gemacht. Dazu etwas Garn durch flüssiges Kerzenwachs ziehen und leicht zwirbeln, in vier gleich große Stücke à 1,5 cm teilen. Die leere Klebebandrolle auf Backpapier legen, mit flüssigem Kerzenwachs füllen, kurz warten und dann die Dochte gleichmäßig verteilt einsetzen. Auskühlen lassen.

2 Die Kerze auf dem Holzteller platzieren und drum herum aus der Tannengirlande einen Kranz formen. Die Kerze lässt sich super leicht aus der Form lösen und auch ohne Form dekorativ einsetzen, ich habe sie aber in der Form gelassen, da sie so mehr wie ein Windlicht wirkt und sehr gut zum Außenbereich des Wichtels passt. Damit die Kerze nicht verrutscht, habe ich sie mit etwas flüssigem Kerzenwachs auf dem Teller befestigt.

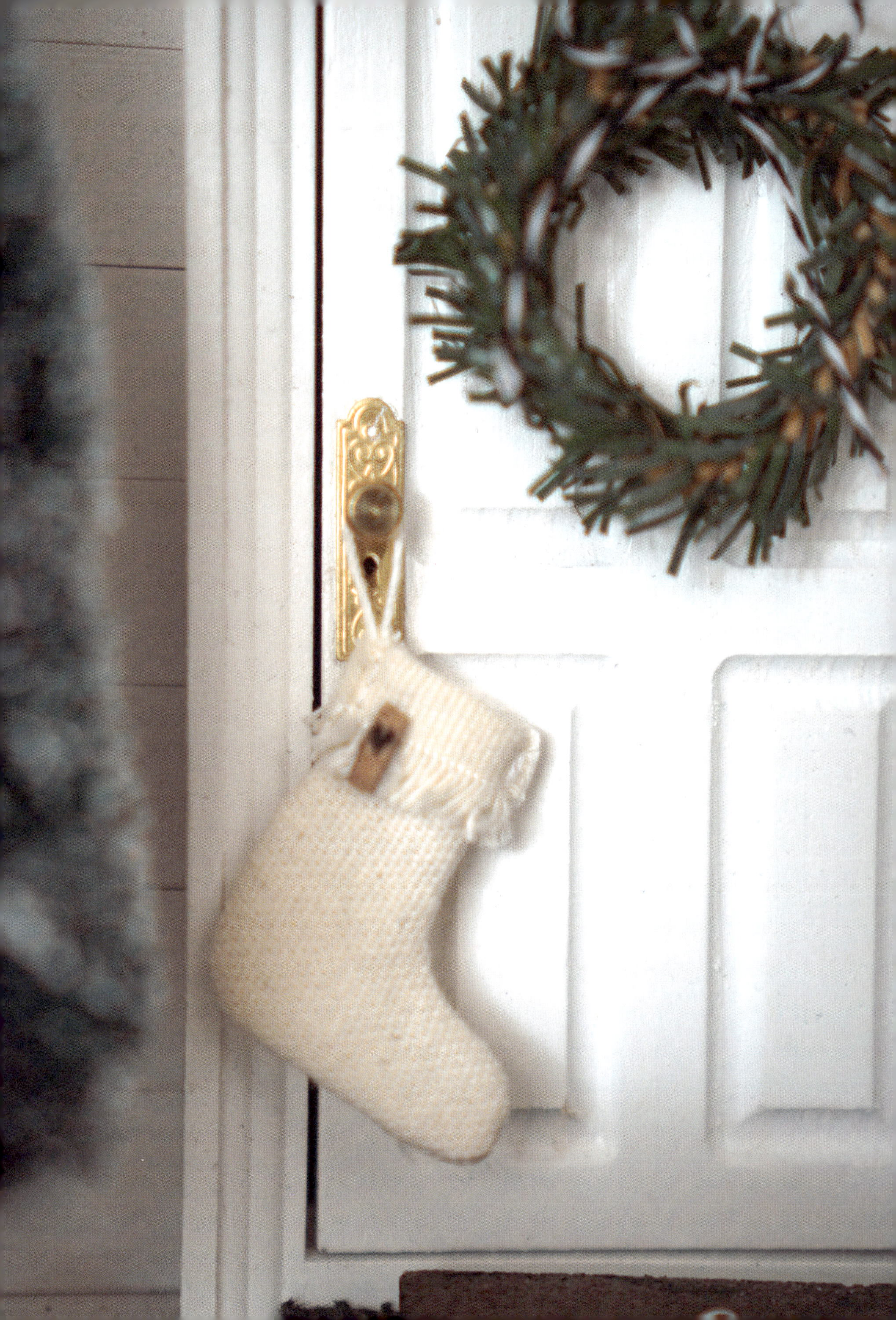

ADVENTSSTRUMPF

Eine tolle Möglichkeit, wenn der Wichtel am 6.12. mit dem Nikolaus unterwegs ist und keine Gelegenheit hat, seine Stiefel frisch geputzt vor die Tür zu stellen. Aber auch ohne diese Funktion ist so ein Weihnachtsstrumpf eine schön stimmungsvolle Dekoration.

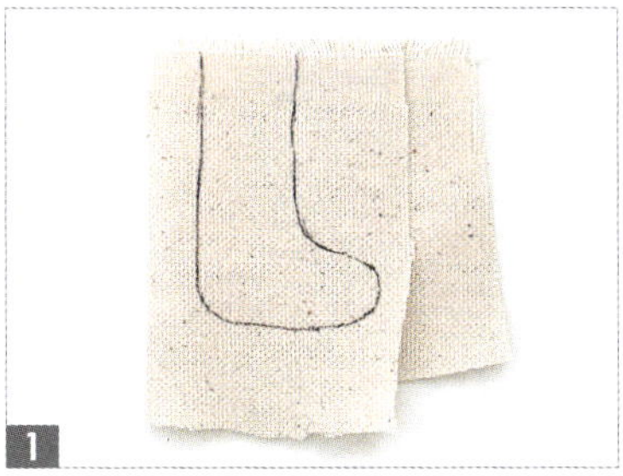

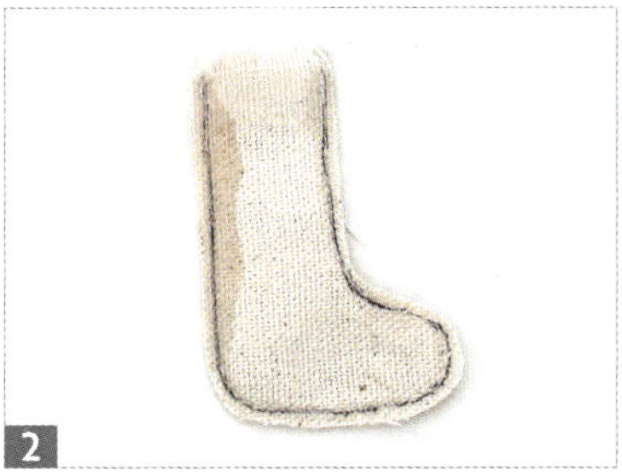

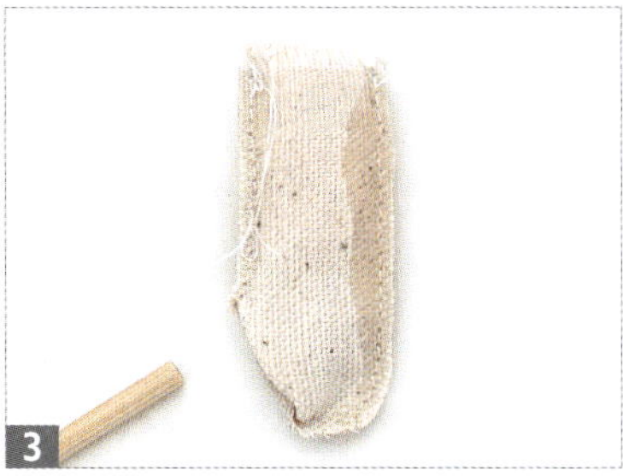

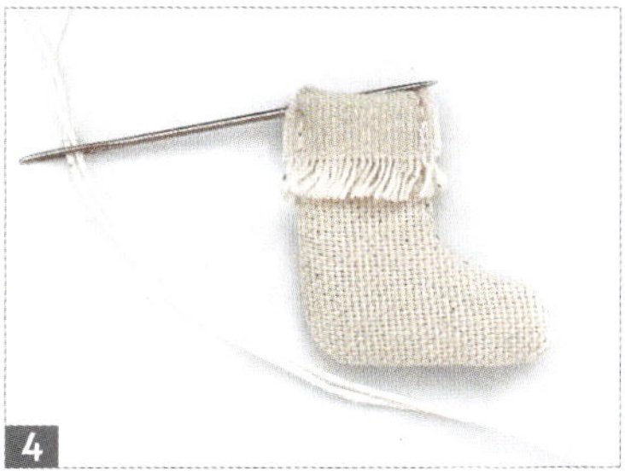

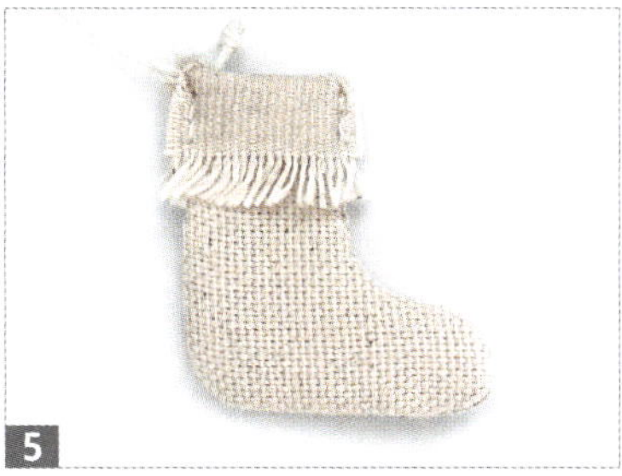

GRÖSSE

klein 3,5 cm x 3 cm
groß 4,5 cm x 3,5 cm

MATERIALIEN

Stoff nach Wahl

Fransenstopp (*Prym*)

Stift zum Anzeichen

Nadel und Faden (alternativ Nähmaschine)

dicke Nadel

Kettgarn (*Rayher*)

1,5 cm Veloursllederband 3 mm

Vorlage Weihnachtsstrumpf (Weihnachten)

1 Schnittteil aus der Druckvorlage ausschneiden, entsprechend der Größe zwei gleich große Stoffstücke zuschneiden und rechts auf rechts (die schönen Seiten sehen sich an) legen. Auf den oben liegenden Stoff wird die Vorlage mit einem Stift übertragen.

2 Entlang der gezeichneten Linie nähen, dann den Stoff bis auf ein paar Millimeter zurückschneiden. Entlang der Ränder Fransenstopp auftragen und trocknen lassen.

3 Dann wird gewendet und alles mithilfe eines Holzspießes gut ausgeformt.

4 Den Schaft etwas umstülpen. Ein Stück von dem Kettgarn abschneiden und mit einer dicken Nadel die Garnenden nach innen durchziehen.

5 Dann einen Knoten machen, der kann auch im Inneren festgeklebt werden. Nach Belieben noch ein kleines Velourslederband anbringen.

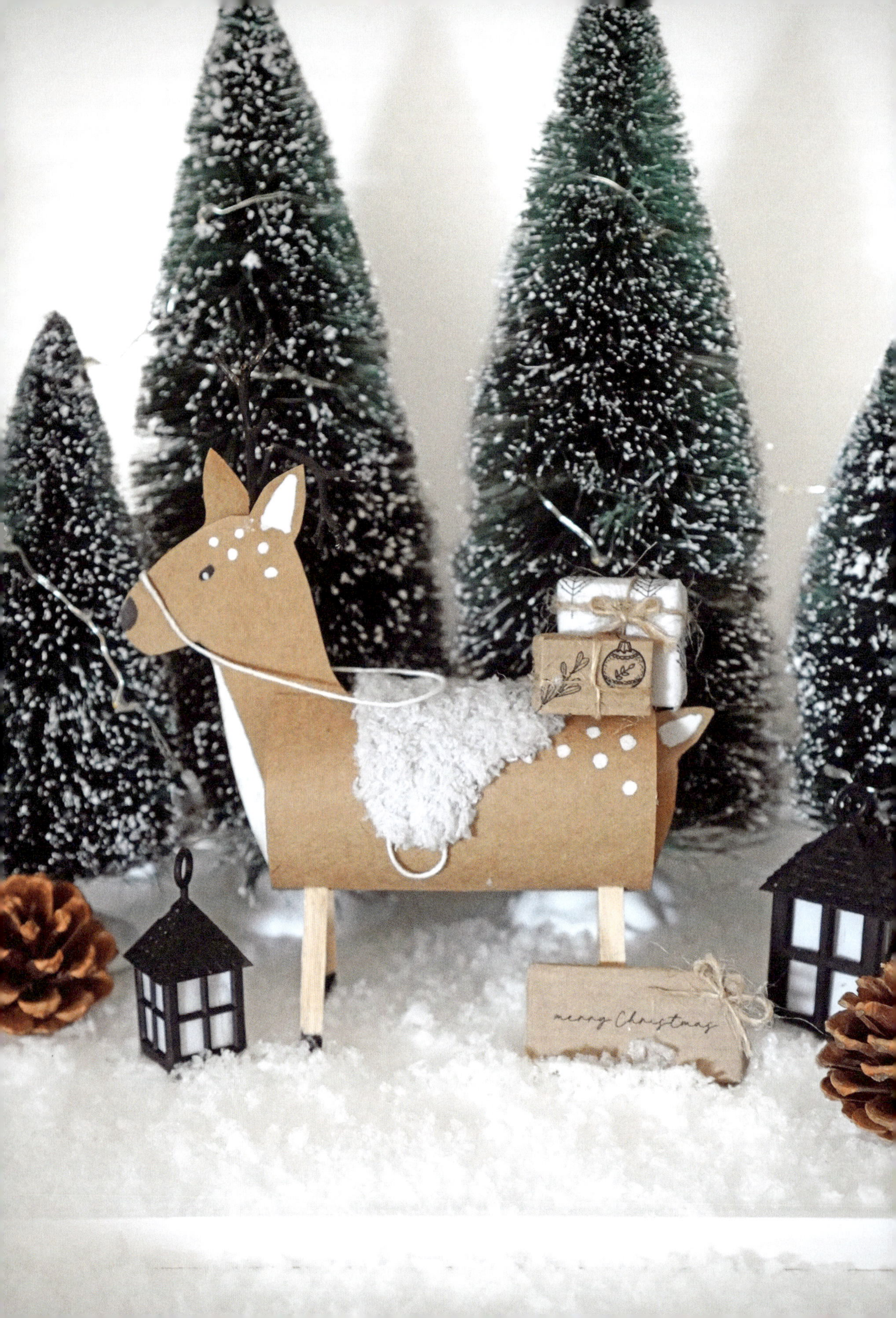
merry Christmas

RENTIER

Unser Wichtel möchte auch in diesem Jahr wieder den Weihnachtsmann unterstützen und mit ihm reisen. Da aber in der Vergangenheit hin und wieder mal was schiefging, hat er sich vorgenommen, auf einem gebastelten Rentier das Reiten mit Geschenken zu üben. Er könnte auch sein eigenes Rentier nehmen, möchte es aber nicht unnötig strapazieren, da die Anreise ja auch sehr lang war.

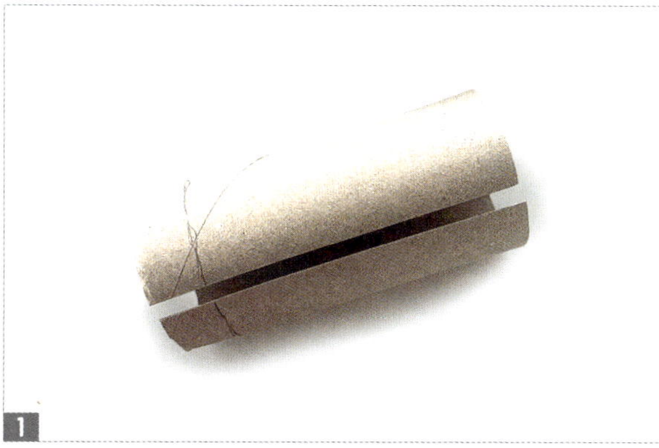

1

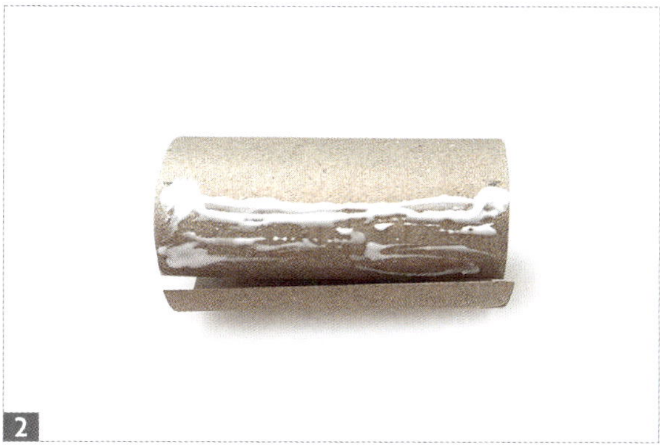

2

GRÖSSE

12,5 cm x 13 cm ohne Geweih

MATERIALIEN

leere Papierrolle

Kraftpapier

Kreidestift und Textmarker (*Edding*)

2 schmale Kaffeerührstäbchen

kleine verästelte Hölzer für das Geweih

Vorlage Rentier (Weihnachten)

Vorlage Geschenkpapier

Kettgarn (*Rayher*)

Plüschsocke

1 Die leere Papierrolle auf 8 cm kürzen.

2 Im Anschluss die Rolle der Länge nach einschneiden und so überlappend zusammenkleben, dass man auf ein Maß von ca. 3,5 cm Durchmesser kommt.

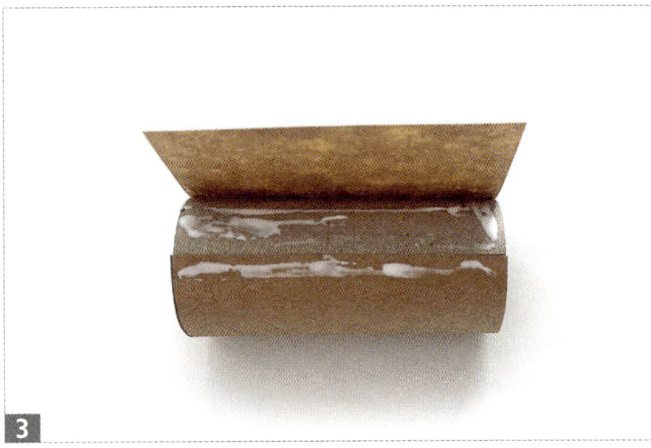

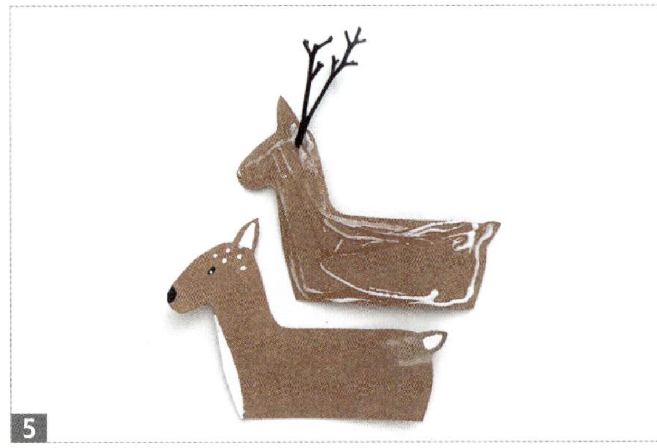

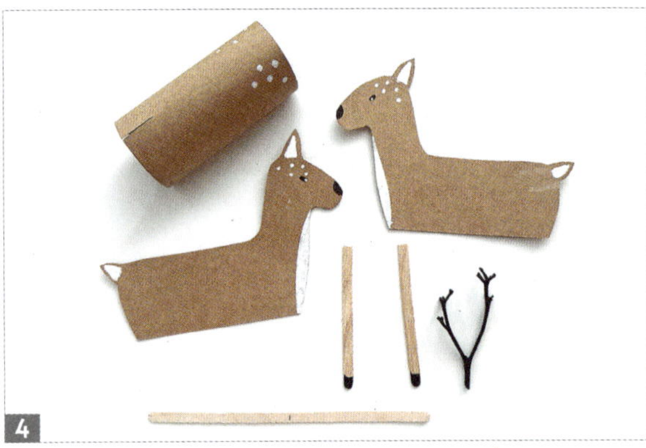

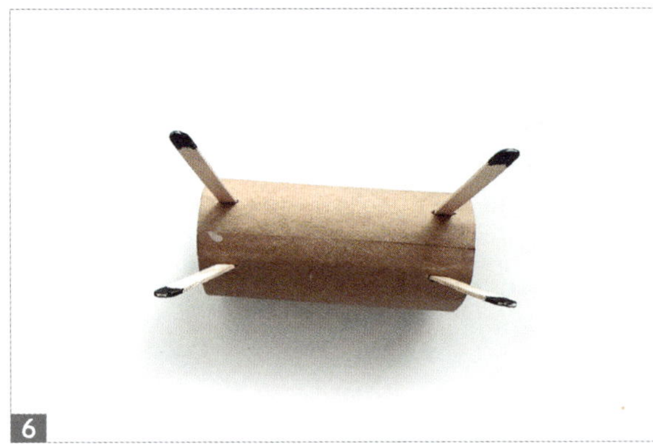

3 Die Papierrolle mit demselben Papier bekleben, auf das später die Vorlage gedruckt wird.

4 Druckvorlage ausdrucken, ausschneiden und alles nach Wunsch bemalen. Das Geweih so vorbereiten, dass es so flach wie möglich eingeklebt werden kann. Die fertige Rolle wird oben links ca. 1,5–1,7 cm eingeschnitten. Für die Beine werden zwei schmale Kaffeerührstäbchen genau in der Mitte getrennt und an der Rundung Hufe aufgemalt.

5 Jetzt werden beide Teile des Rentiers zusammengeklebt, zwischen die Ohren kommt das Geweih.

6 Unterhalb der Rolle werden vorsichtig vier Einschnitte gemacht und dann die Beine lose eingesetzt.

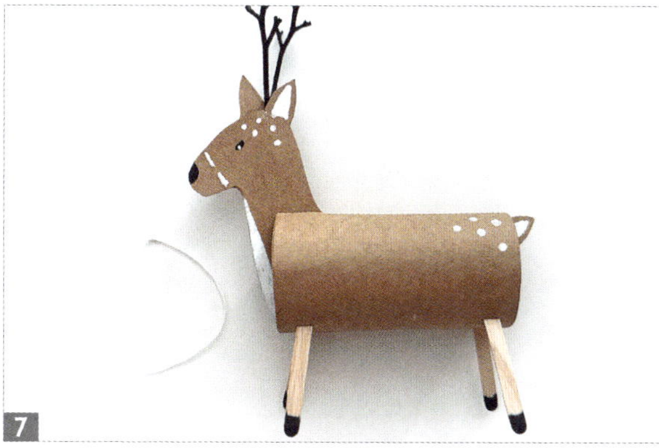

7

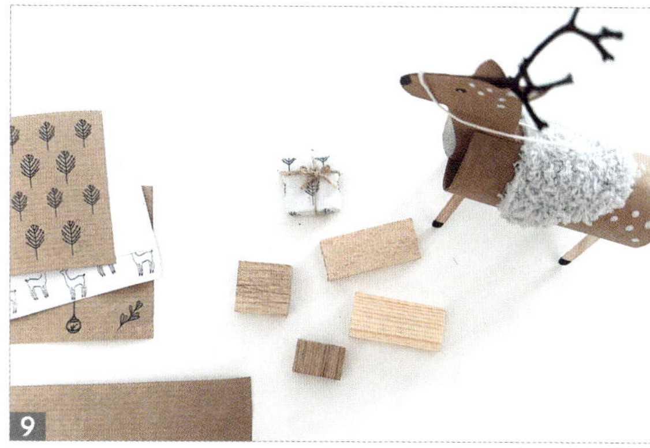

9

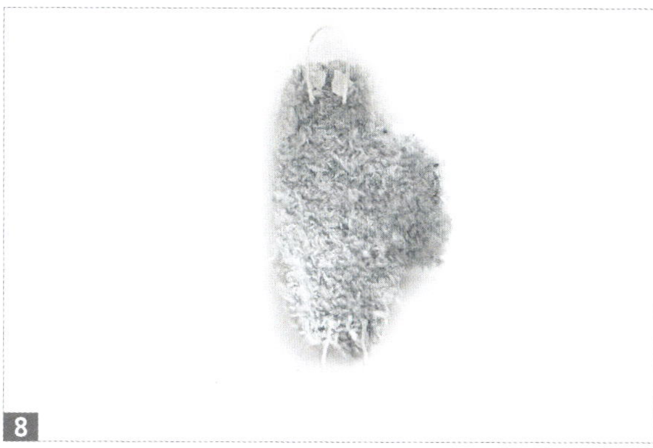

8

7 Dann wird der obere Teil des Rentiers in die Rolle geschoben. Evtl. sind hier noch ein paar Anpassungen nötig. Falls der Körper zu groß ist und sich eher schwergängig einschieben lässt, kann am Bauch noch etwas weggeschnitten oder der Einschnitt vertieft werden. Jetzt können auch die Beine justiert und innen festgeklebt werden. Aus einem Stück Garn einen Ring kleben, dazu die beiden Garnenden mit Holzleim benetzen und miteinander verzwirbeln.

8 Aus einer Plüschsocke mithilfe der Vorlage die Satteldecke schneiden, an den unteren Rundungen können noch kleine Steigbügel aus Garn angeklebt werden. Die Decke wird dann auf den Rücken des Rentiers geklebt.

9 Druckvorlage für Geschenkpapier ausdrucken. Wer möchte, klebt auf den Ausdruck verschiedene Papiersorten und druckt das Ganze über den oberen Einzug des Druckers erneut. Damit dann kleine Holzreststücke oder Ähnliches hübsch verpacken und ein Teil fest auf das Rentier kleben. Ein paar weitere Mini-Päckchen können daneben stehen.

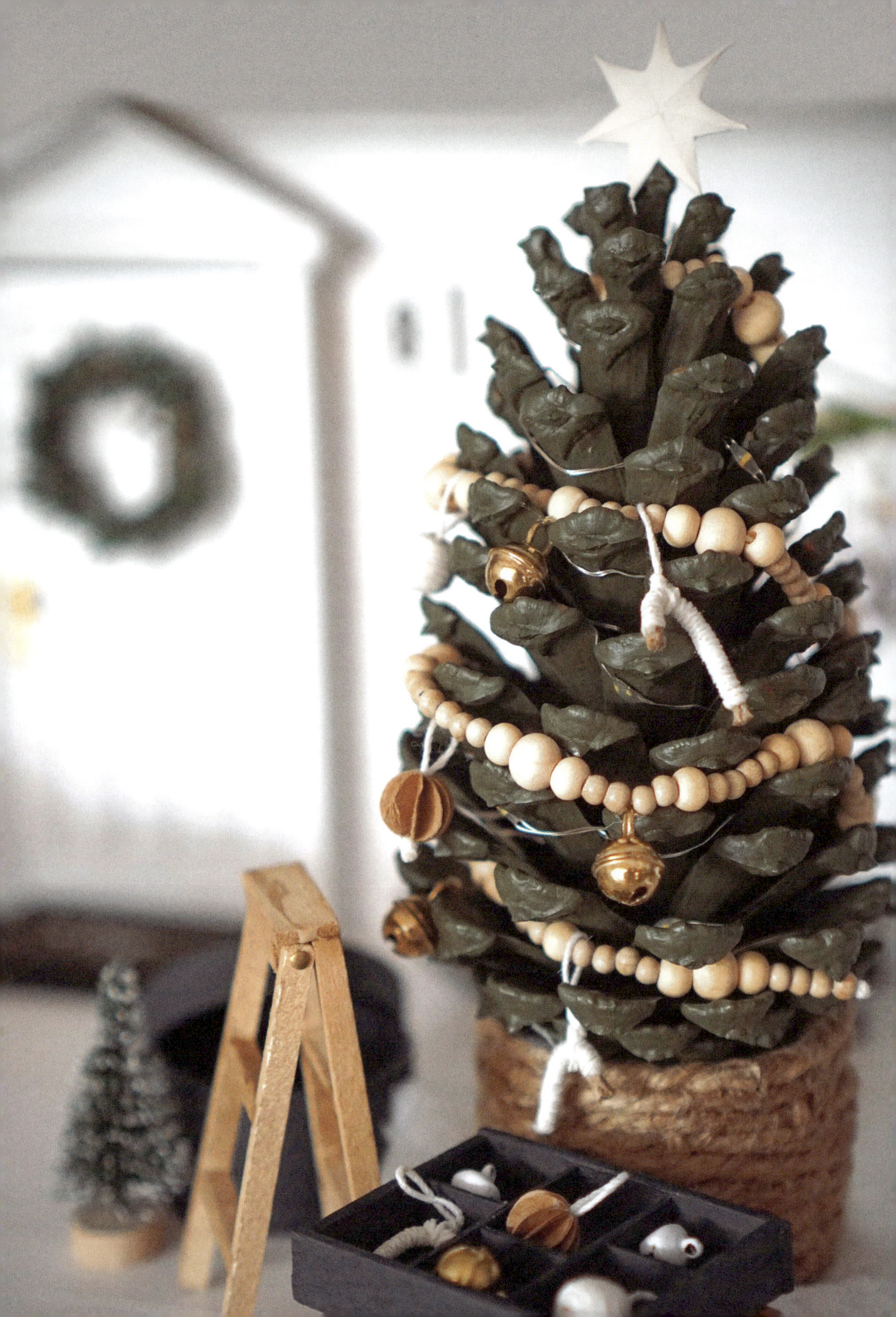

WEIHNACHTSBAUM

Bei unserem Wichtel ist es wie bei uns, jedes Jahr kommt ein wenig neuer Baumschmuck dazu.

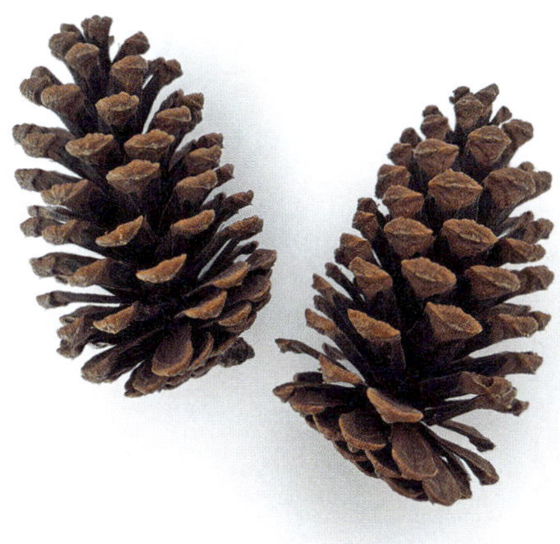

Als Baum geht auch ein etwas größerer Tannenzapfen von 14 cm. Diesen hier auf dem Foto habe ich farblich angepasst.

KORB

Damit der neue Baum gut steht, gibt es einen passenden großen Korb dazu.

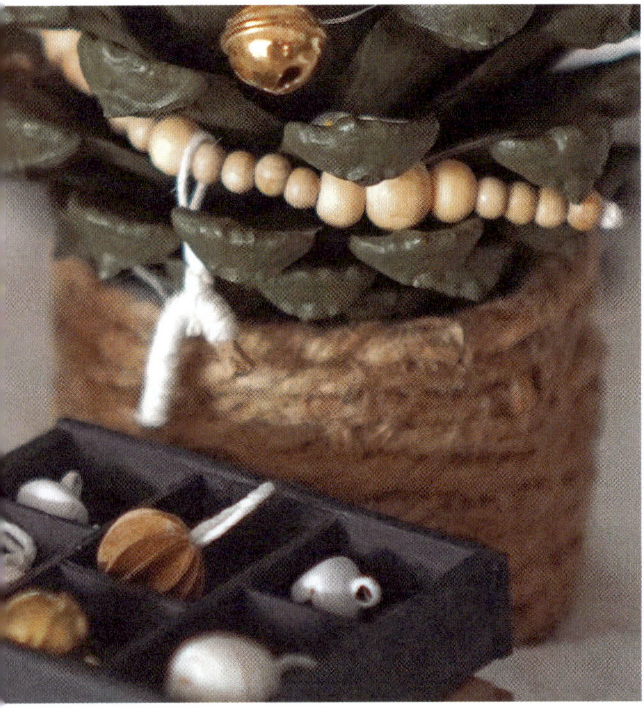

GRÖSSE

5,5 cm x 4,5 cm

MATERIALIEN

Pappbecher

Stift

Jutegarn

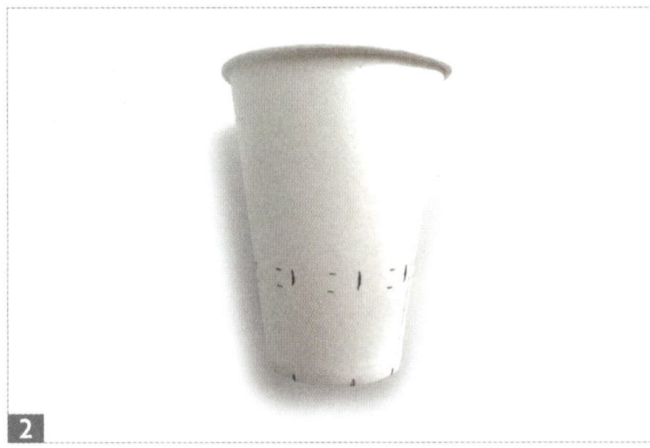

2

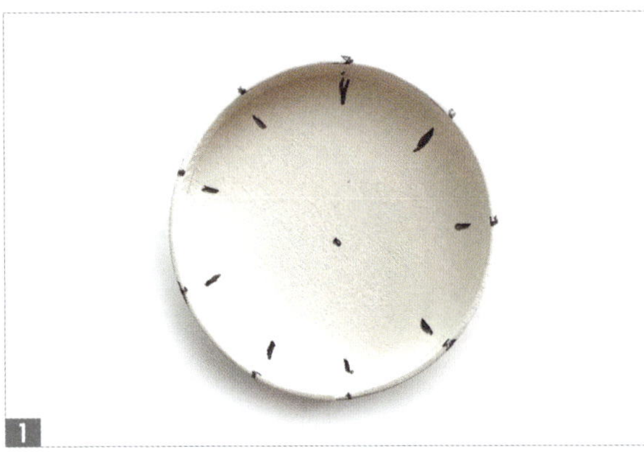

1

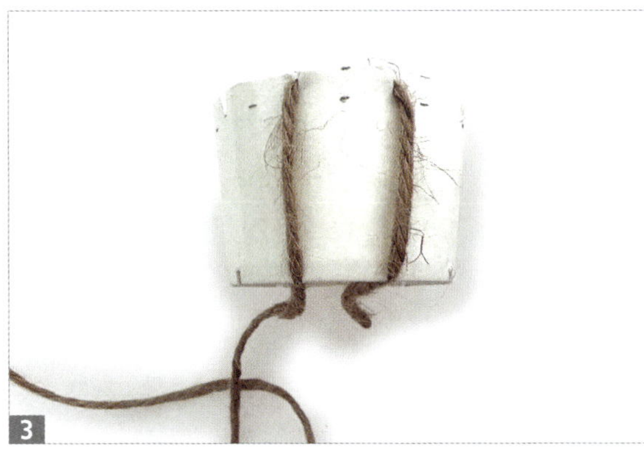

3

1 Den Boden des Pappbechers mit einem Stift in neun ungefähr gleich große Segmente unterteilen.

2 Die Markierungen vom Boden auf den Becher übertragen. Weitere Markierungen in Höhe von 3,5 und 4 cm setzen. Den Becher an der oberen 4-cm-Markierung abschneiden. Bis zur 3,5-cm-Markierung den Becher in den zuvor markierten Abständen einschneiden.

3 Dann wird das Jutegarn in den Becher gespannt. Der Anfangsfaden wird unter dem Boden fixiert und dann wird der Faden abwechselnd rund herum in die Einschnitte oben und unten gespannt.

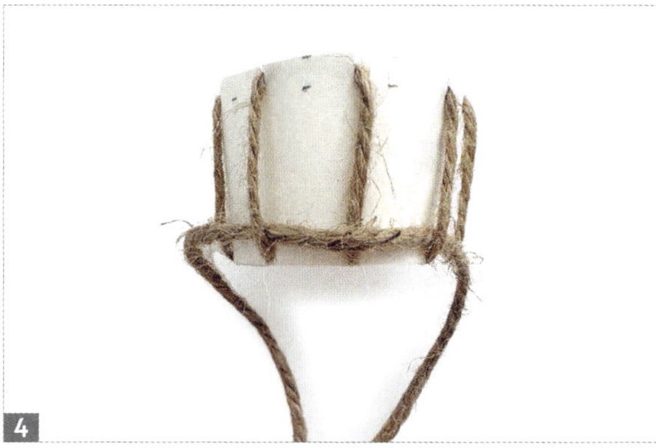

4

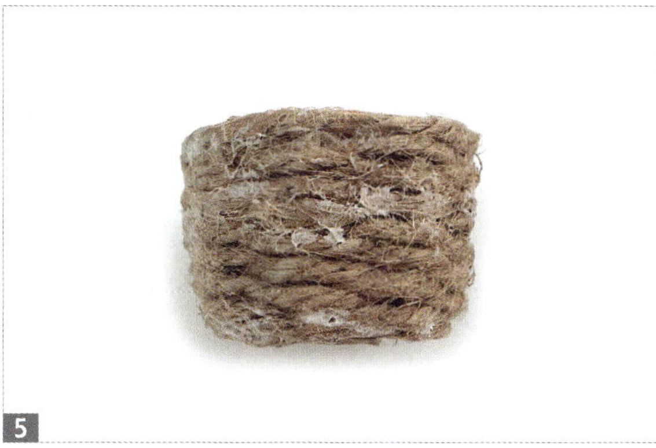

5

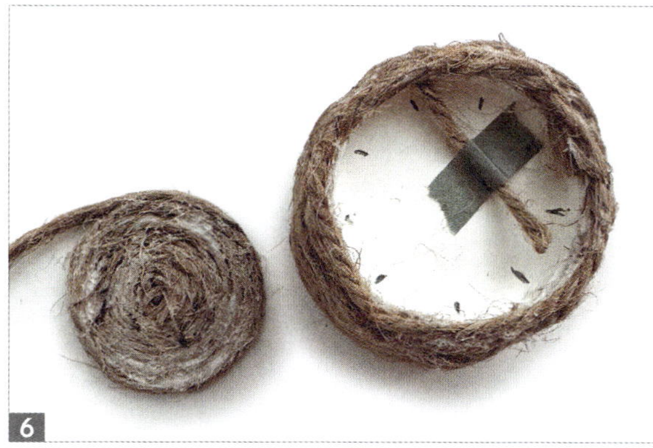

6

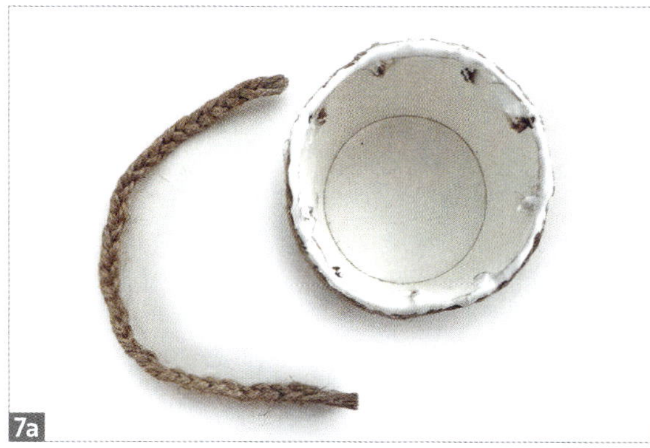

7a

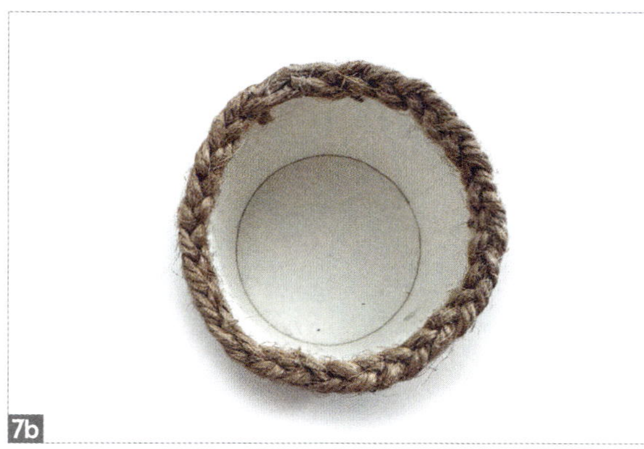

7b

4 Um in etwa die benötigte Länge zu ermitteln, wird das Jutegarn so oft lose um das Gefäß gewickelt, bis vom Becher nichts mehr zu sehen ist. Noch weitere fünf bis sechs Runden weiter wickeln, dann den Faden abschneiden. Jetzt wird der Faden eingewebt, immer abwechselnd mal über und mal unter den zuvor gespannten Faden.

5 Oben angekommen wird der Faden nun einmal um den noch sichtbaren Becher geklebt und dann abgeschnitten. Wenn das Jutegarn sehr stark fusselt, dann mit Holzleim etwas ein- und glattstreichen.

6 Um den Boden zu verschließen, wird mit Jutegarn und Holzleim eine Schnecke gebunden, bis sie die Größe des Bodens erreicht hat, diese wird dann angeklebt.

7 Oben wurden die gespannten Fäden durchgeschnitten, gekürzt und als Abschluss geflochten. Der Zopf wird dann auf den Rand geklebt.

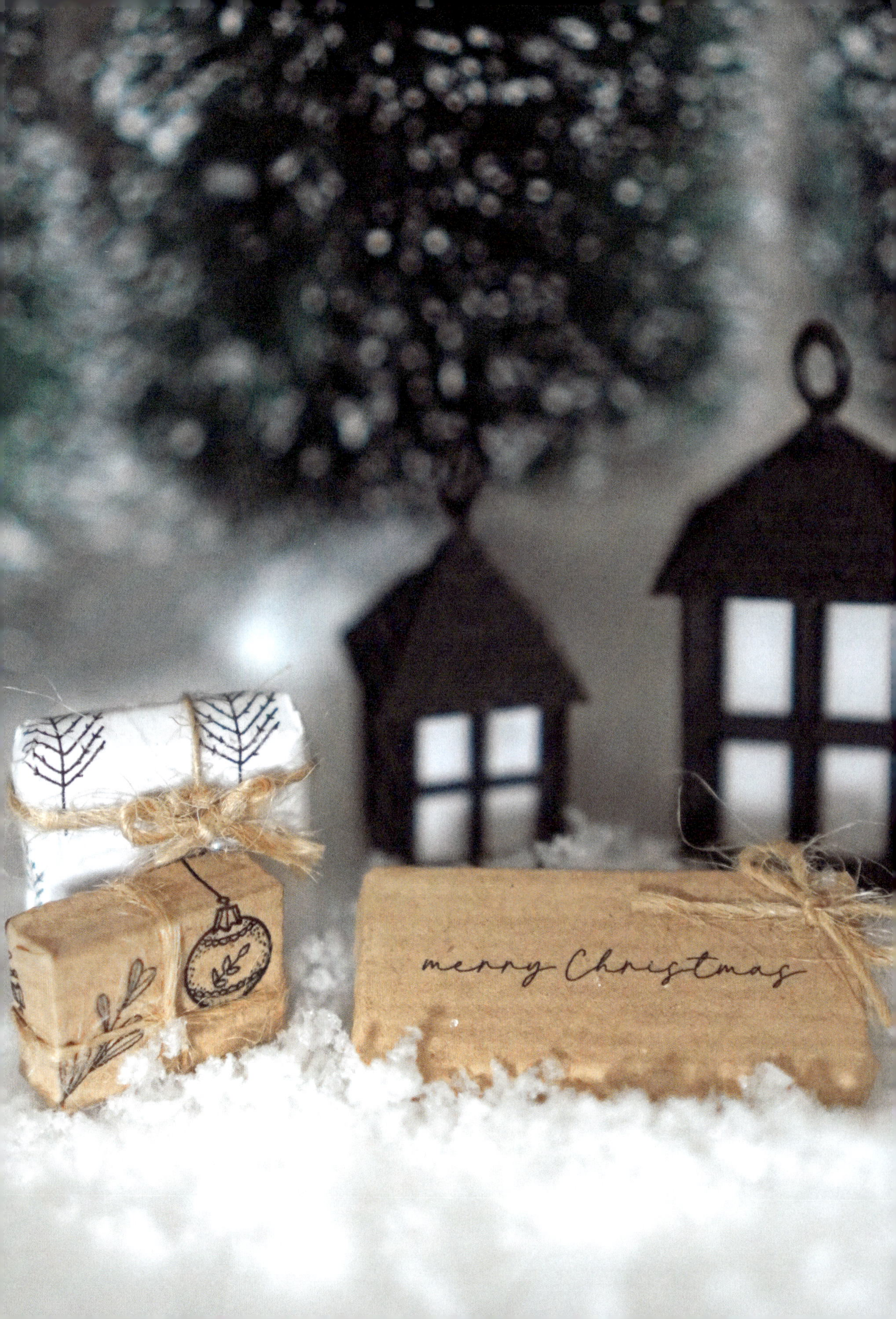
merry Christmas

BAUMSCHMUCK

GRÖSSE

Kette 65 cm
Kugeln 2–3 cm mit Aufhängung

MATERIALIEN

Holzperlen ø 4 mm (*Rayher*)

Holzperlen ø 5 mm (*Rayher*)

Holzperlen ø 6 mm (*Rayher*)

Kettgarn (*Rayher*)

Jutegarn

Kraftpapier

Stanzer ø 9,5 mm

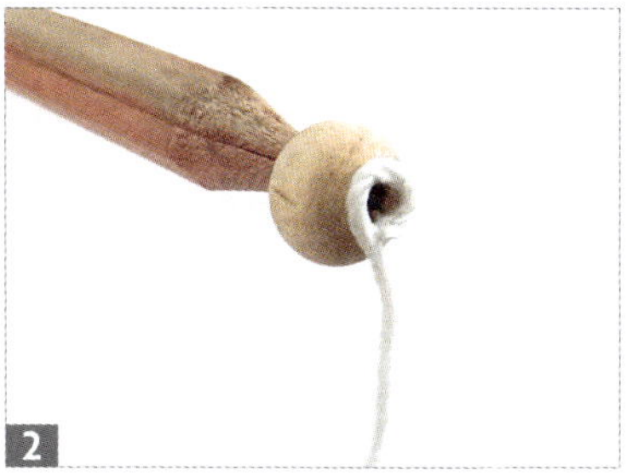

2

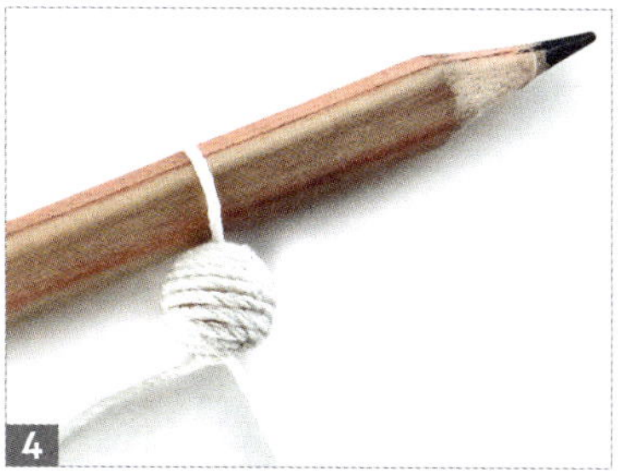

4

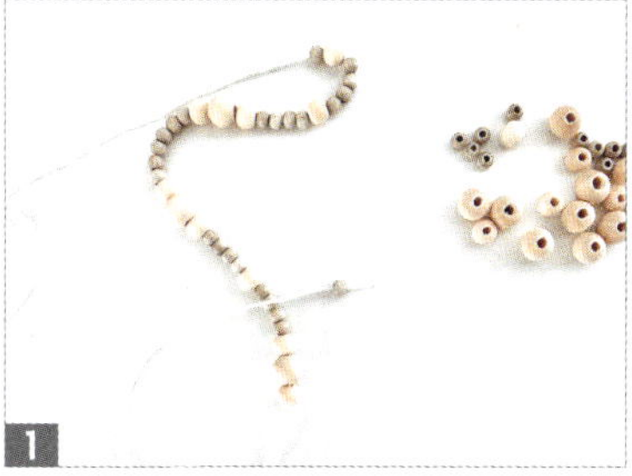

1

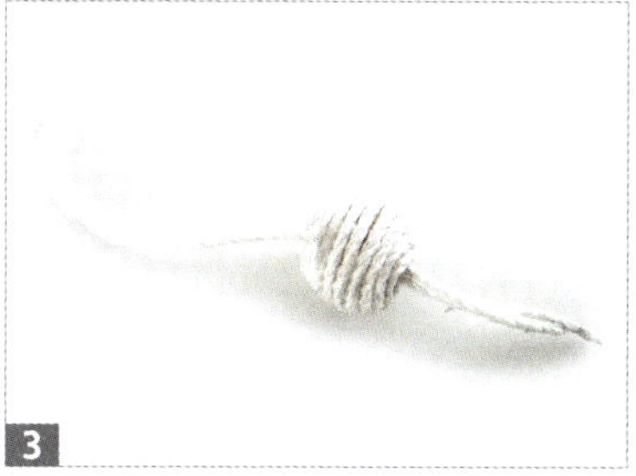

3

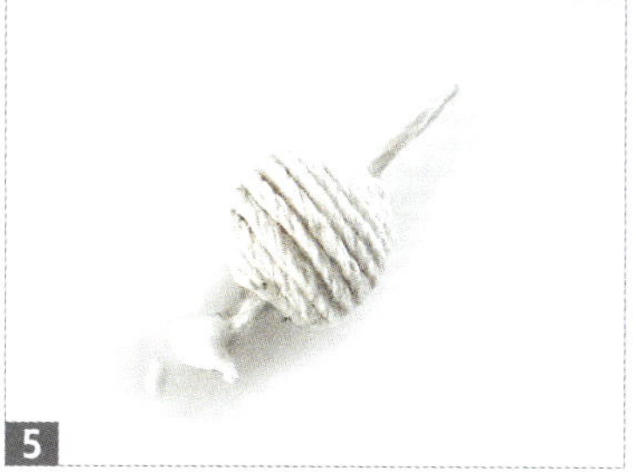

5

1 Aus 4, 5 und 6 mm großen Holzperlen eine Kette basteln. Die Perlen können beliebig angeordnet werden. Zwischendurch immer mal an den Baum anlegen, um zu schauen, ob die Länge reicht.

2 Kettgarn lässt sich sehr gut um Holzperlen kleben, wenn man die Perle auf eine Bleistiftspitze steckt. Dann den Anfangsfaden gut festkleben, etwas Holzleim auf die Perle auftragen und das Kettgarn um die Perle wickeln. Das Ende wird wie der Anfangsfaden festgeklebt.

3 Aufhängen lässt sich die Perle ebenfalls mit Kettgarn. Dazu ein Stück Kettgarn zu einer Schlaufe legen, die Enden mit Holzleim benetzen und verzwirbeln. Dann wird das Garn fester und kann durch das Loch in der Perle durchgeschoben werden.

4 Den Faden verknoten. Damit die obere Lasche dabei nicht herausrutscht, kann ein Bleistift Hilfe leisten. Wichtig ist, darauf zu achten, dass die Lasche nicht zu klein wird, falls sie später über die Perlenkette gezogen werden soll.

5 Der Knoten kann nun vorsichtig ein wenig herausgezogen und mit Holzleim festgeklebt werden.

ZUCKERSTANGEN

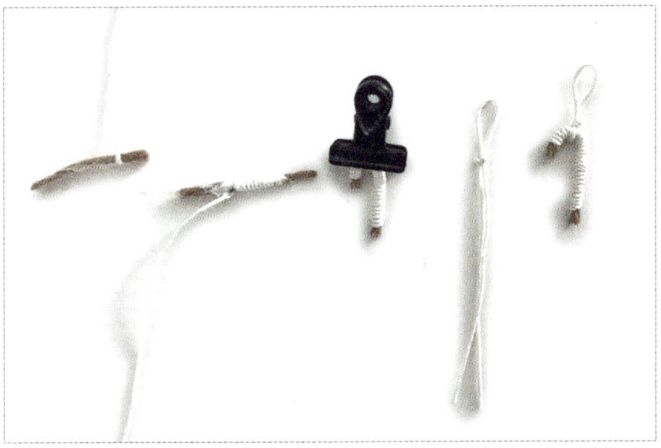

Für kleine süße Zuckerstangen wird etwas dickeres Jutegarn mit Holzleim bestrichen und mit Kettgarn umwickelt. Anschließend biegt man es in die gewünschte Form, fixiert es mit einer Klemme und lässt es kurz trocknen. Inzwischen knotet man die Aufhängung. Die offenen Enden werden später gekürzt und im inneren Bogen festgeklebt.

WABENKUGELN

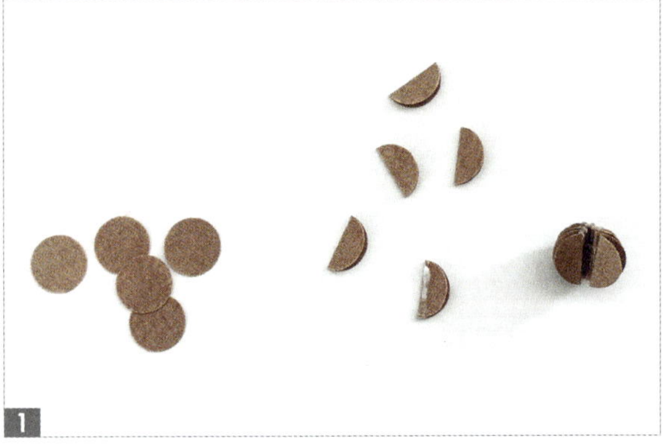

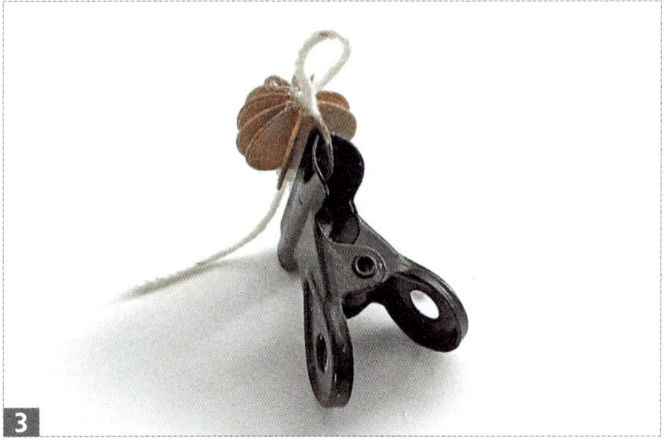

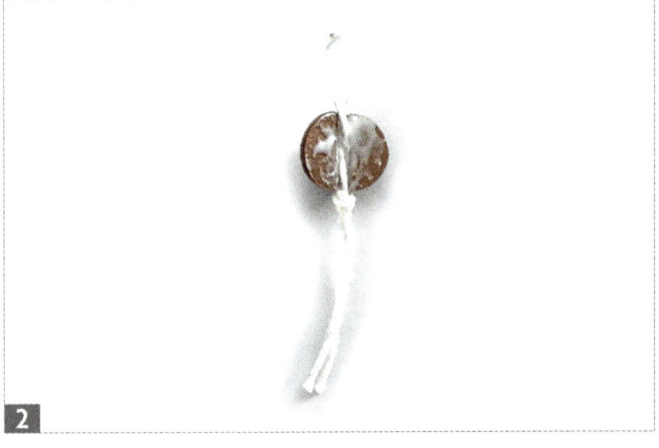

1 Mit einem Stanzer kleine Kreise aus Kraftpapier ausstanzen, in der Mitte falten und elf Stück pro Kugel aneinanderkleben.

2 Eine Aufhängung knoten und einkleben.

3 Dann die beiden noch offenen Seiten zusammenkleben und etwas fixieren, der untere Faden kann nach Belieben noch gekürzt werden.

Weitere mögliche Dekoration: kleine Glöckchen in verschiedenen Formen und Größen, Lichterkette, Kunstfell

BAUMSPITZE

GRÖSSE

ø 3 cm

MATERIALIEN

Papier

1 Nadel

Vorlage Sterne

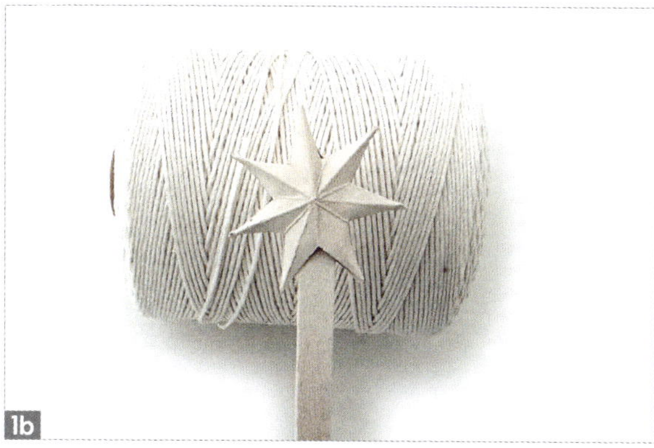

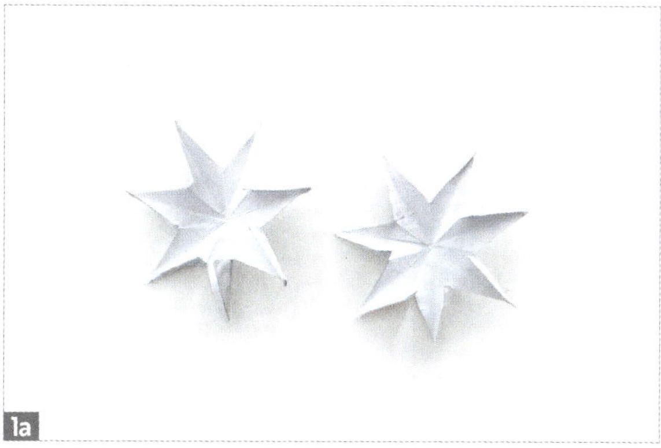

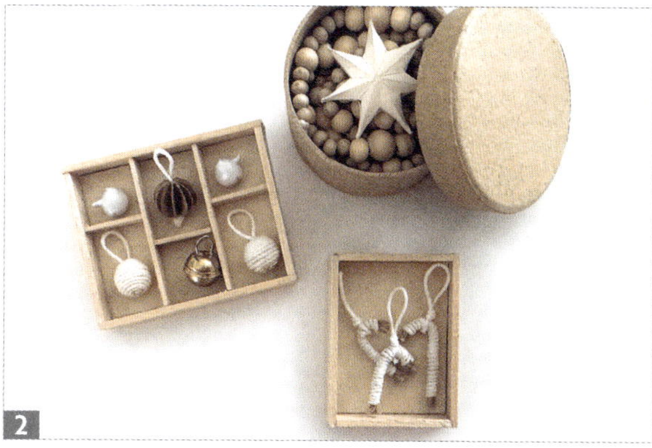

1 Vorlage drucken und den gewünschten Stern ausschneiden. Da Vorder- und Rückseite gleich aussehen sollen, wird die Variante mit den Klebelaschen gewählt. Falzlinien mithilfe einer dünnen Nadel und einem Lineal ziehen. Alle Linien inkl. der Laschen falten, Kleber aufbringen und genau aufeinander kleben.
Ich habe je Seite jeweils zwei nebeneinanderliegende Laschen weggeschnitten, weil dieser Stern genau auf das Ende der Lichterkette gesteckt wird. Papiersterne lassen sich auch mit Farbe noch passend gestalten.

2 Mit kleinen Boxen und Schachteln sieht es besonders hübsch aus und kann auch super von den Kindern inspiziert werden.

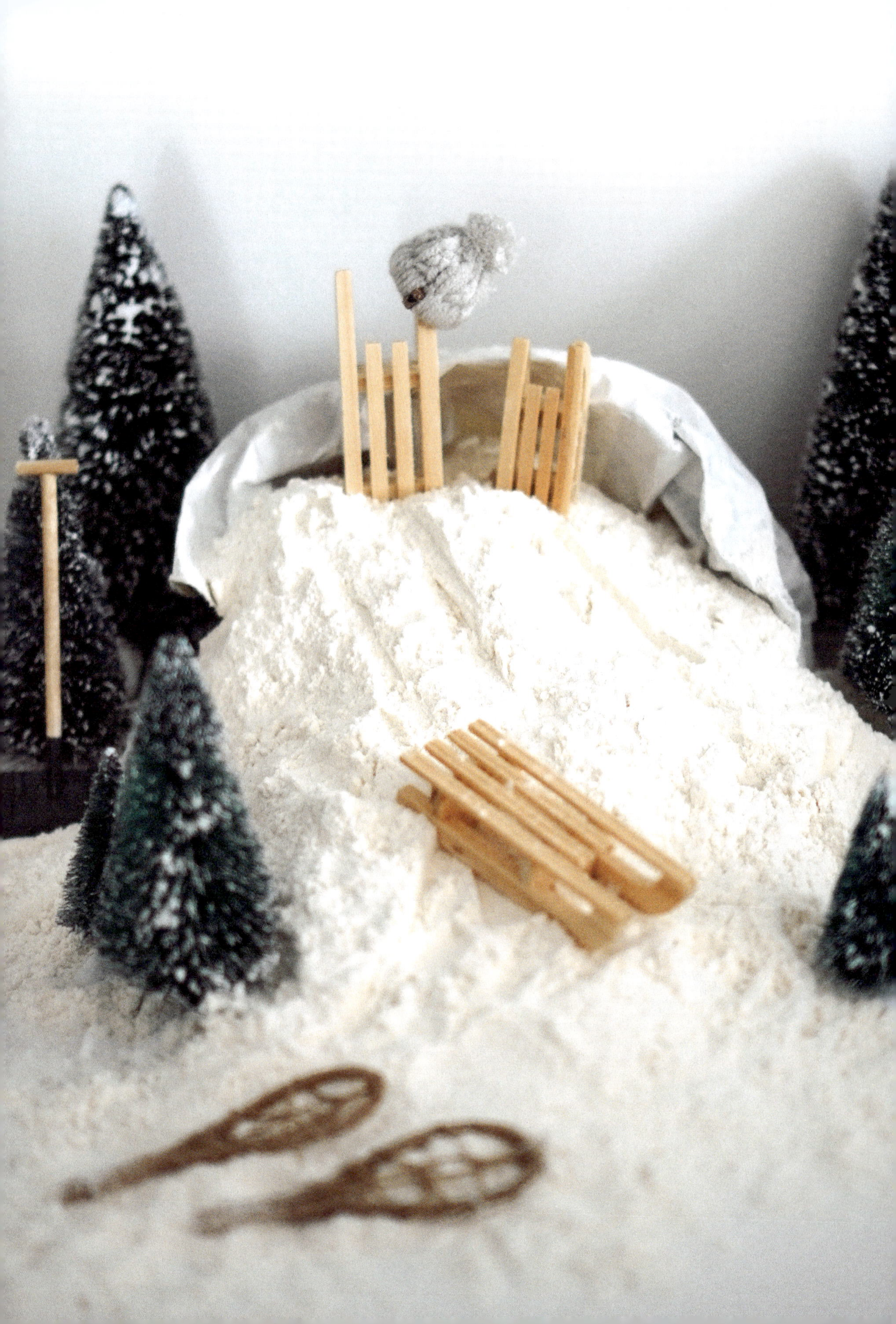

RODELPISTE

Bei unserem Wichtel naht zwischen Weihnachten und Neujahr die Abreise. Zeit für ihn, sich etwas zu erholen und ganz viel Spaß zu haben. Eine wilde Rodelpiste gibt es bei uns jedes Jahr, seitdem der Wichtel da ist. Auch im letzten Jahr war es wieder so weit.

BOMMELMÜTZE

GRÖSSE

2,5 cm x 3 cm

MATERIALIEN

Wolle (*Cool Wool Big*)

Pappe

1,5 cm Velourslederband 3 mm

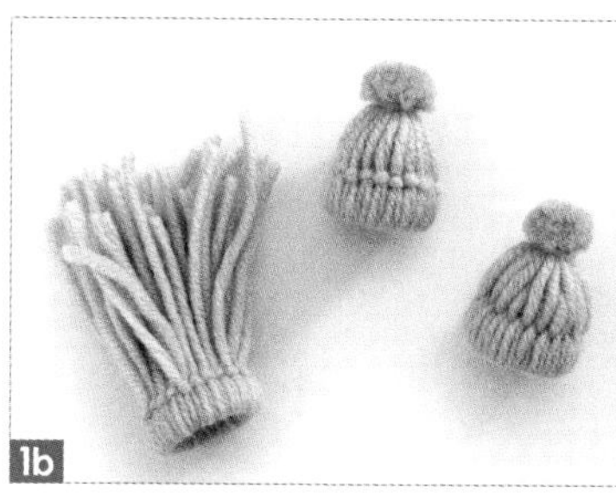

1b

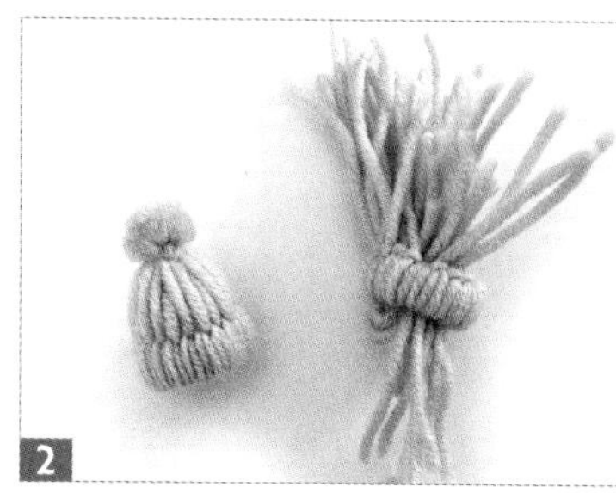

2

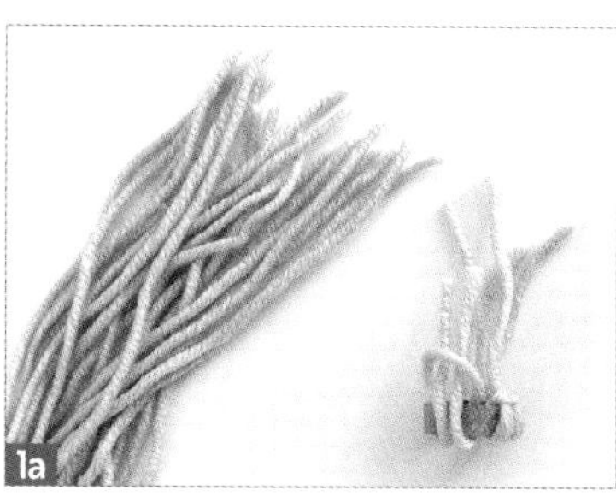

1a

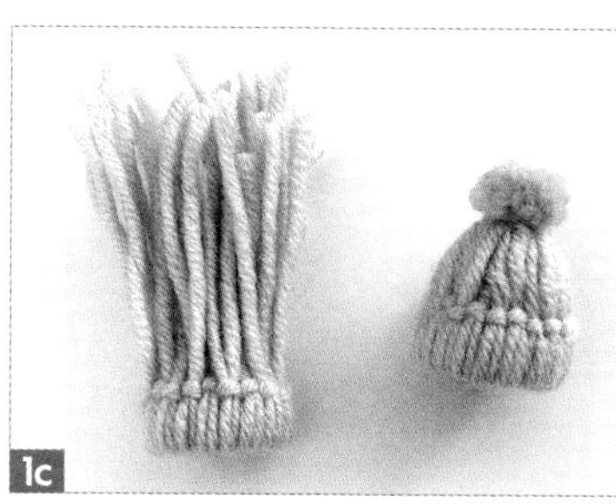

1c

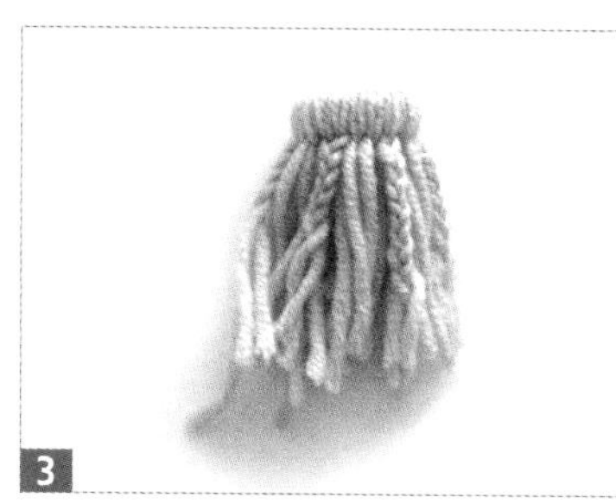

3

1 Aus deinem Pappstück einen 0,7 cm x 7 cm großen Streifen zuschneiden und ca. 0,5 cm überlappend zusammenkleben. Aus der Wolle werden 15 cm lange Fäden geschnitten, ca. 23 bis 25 Stück. Diese Fäden werden dann an den entstandenen Ring geknotet.

2 Nun muss entschieden werden, ob Knoten sichtbar bleiben oder ob sie lieber innen liegen sollen. Sollen die Knoten innen liegen, würden jetzt alle Fäden nach innen durchgezogen werden.

3 Es ist auch möglich, ein paar Fäden zu flechten.

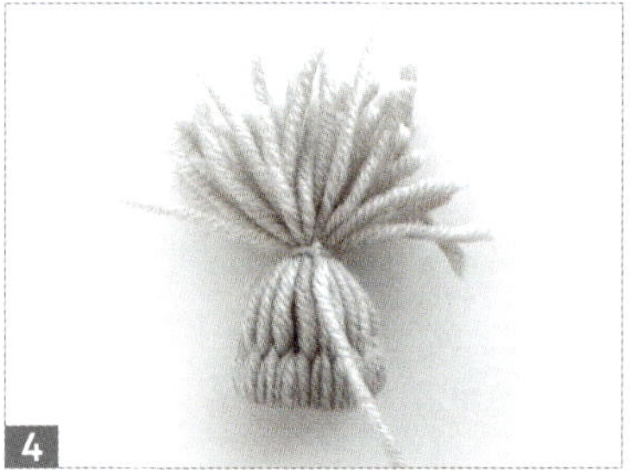

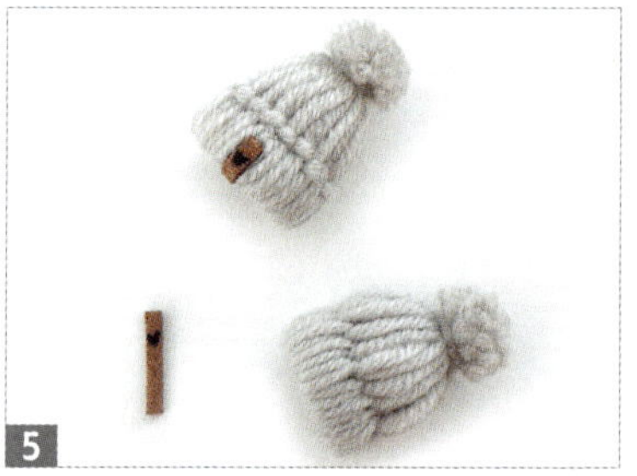

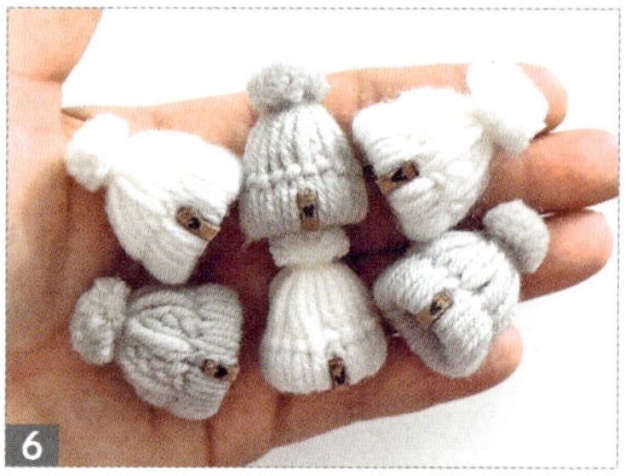

4 Wenn alles so ist, wie es sein soll, werden alle Fäden zusammengenommen und mit einem weiteren Faden zusammengeknotet. Überstehende Fäden kürzen, dadurch entsteht ein süßer Bommel.

5 Mit einem kleinen Stück Velourslederband kann ein kleines Label dargestellt werden.

6 Und ganz egal, für welchen Look man sich entscheidet, sie sind alle super süß.

SCHNEESCHUHE

GRÖSSE

2,5 cm x 7 cm

MATERIALIEN

sehr dünne Kabelbinder

dünnes Jutegarn

Heißkleber

Die ersten sind schon auf der Rodelpiste unterwegs. Der Schnee ist schon recht hoch geworden! Damit unser Wichtel sich trotzdem gut fortbewegen kann, gibt es jetzt noch ein paar Schneeschuhe.

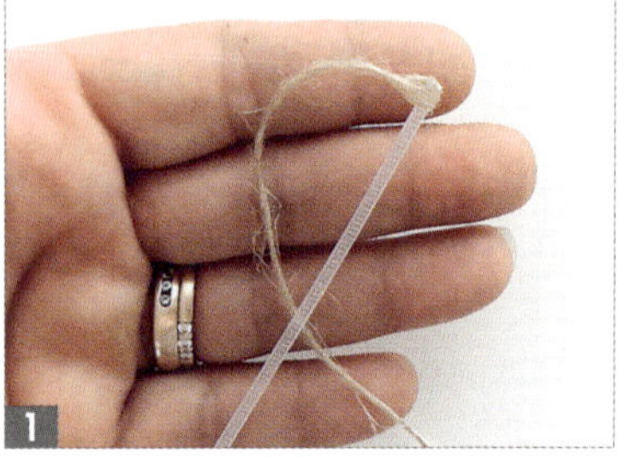

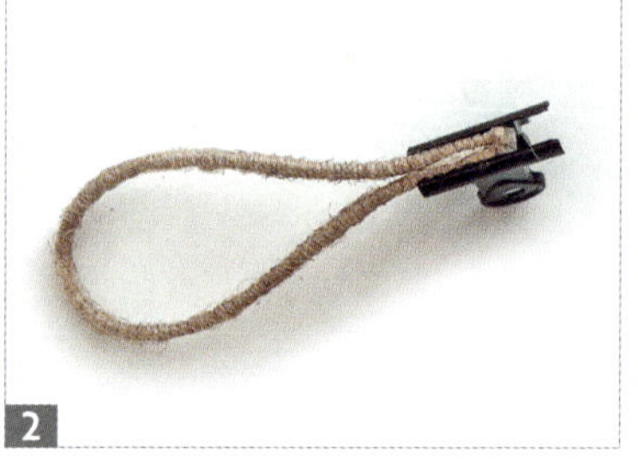

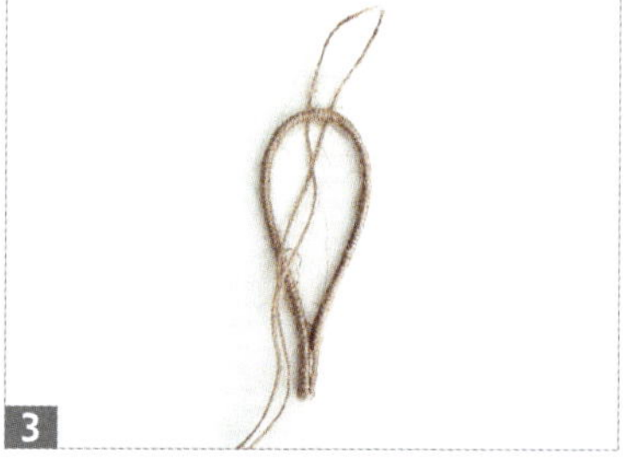

1 Kabelbinder auf 15 cm kürzen, dann den Faden mit Heißkleber festkleben und um das gesamte Stück wickeln.

2 Die Enden mit Holzleim ca. 1,5 cm zusammenkleben, mit einer Klemme fixieren und kurz warten.

3 Mit einem 60 cm langen Band wird mittig eine Schlaufe gelegt, die man unter dem Rahmen platziert.

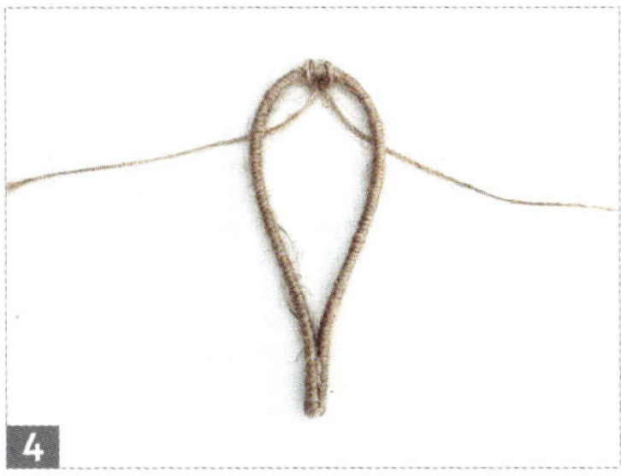
4

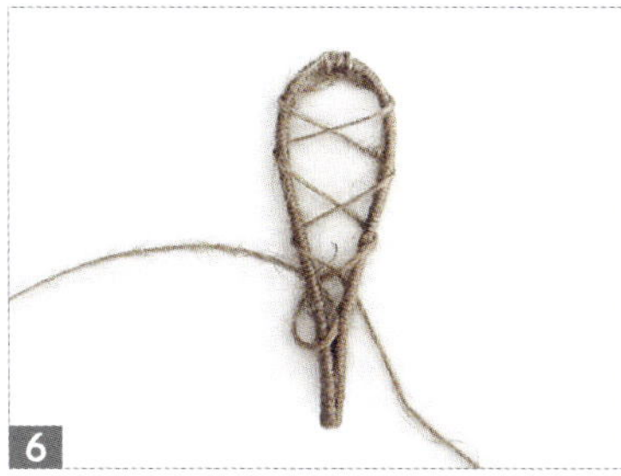
6

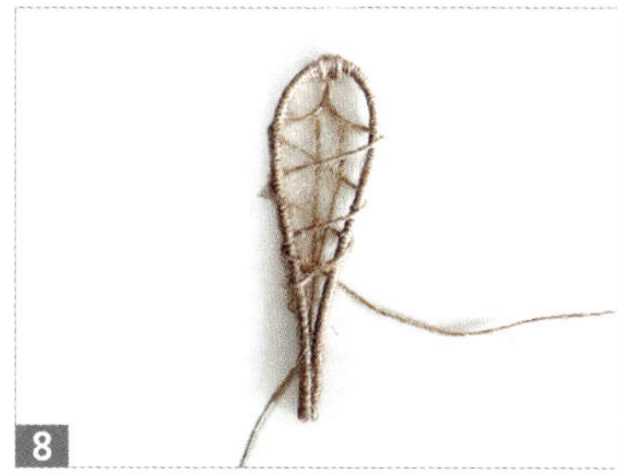
8

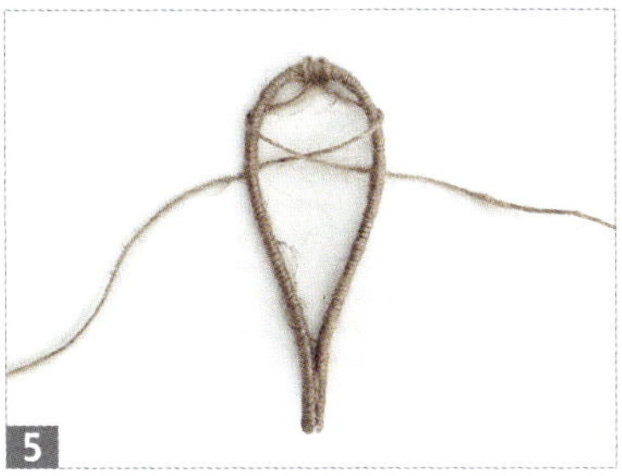
5

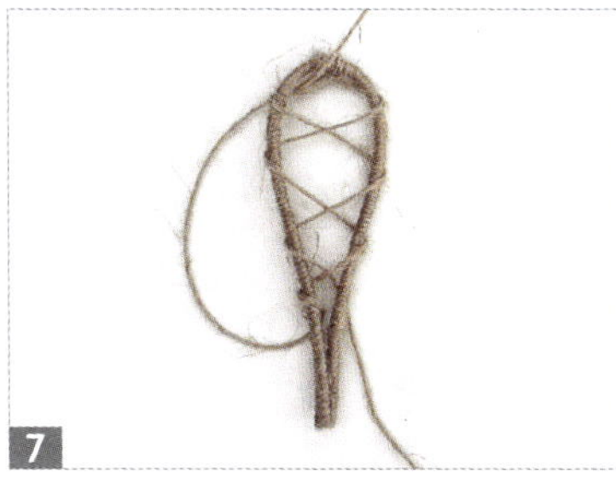
7

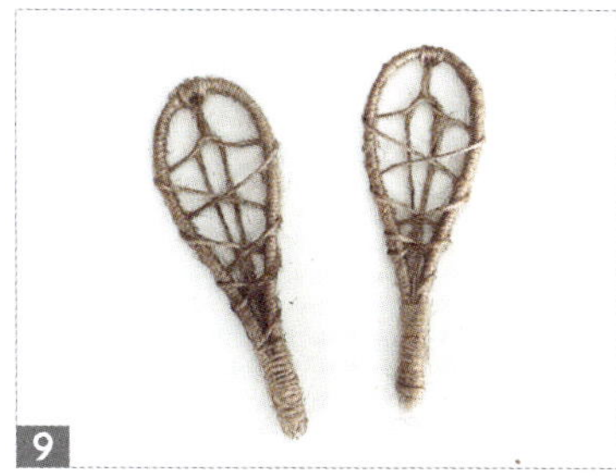
9

4 Beide Fadenenden werden durch die Schlaufen geführt, festgezogen und hinter den Rahmen gelegt.

5 Dann nach vorn führen, überkreuzen und wieder unter den Rahmen legen.

6 Den letzten Schritt noch einmal wiederholen.

7 Der linke Faden wird hinten entlang nach oben links durch eine kleine Schlaufe nach vorn geführt ...

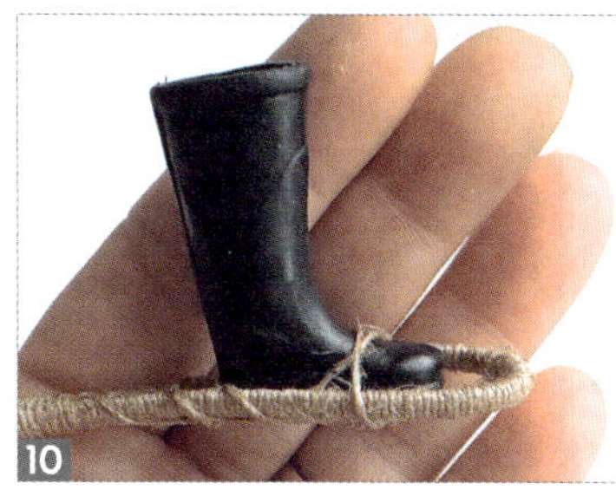
10

8 ... und gleich oben rechts in die Schlaufe daneben wieder nach hinten durchgefädelt und mit leichtem Zug nach unten gelegt. Mit dem rechten Faden wird der hintere durch Wickeln am Ende des Rahmens fixiert. Das Ende des rechten Fadens wird festgeklebt.

9 Alle Schritte werden dann noch einmal für den zweiten Schuh durchlaufen.

10 Und wenn alles richtig gut lief, ist eine kleine Lasche für kleine Wichtelstiefel entstanden.

TIPP

Mehl eignet sich super gut für Rodelbahnen, im Anschluss kann man das Mehl noch weiterverarbeiten und Salzteig draus machen. Kunstschnee auf Maisbasis ist besonders leicht und hat auch eine schöne Wirkung, ist aber fürs Rodeln eher ungeeignet. Dafür macht er sich toll direkt vor der Wichteltür.

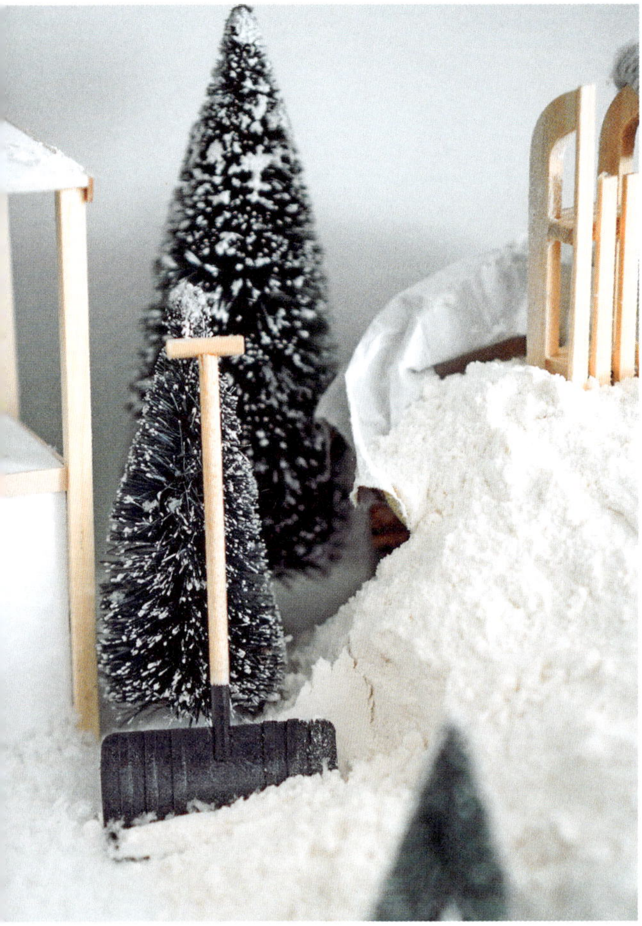

SCHNEESCHIEBER

Wenn der Schnee der Rodelbahn sich immer mehr verteilt, eignet sich ein Schneeschieber besonders gut, um ihn wieder zusammenzuschieben. Die Kinder können dabei auch super helfen.

GRÖSSE

5 cm x 10 cm

MATERIALIEN

1 leere Papierrolle

1 rundes 4-mm-Bastelholz (*Rayher*)

Klarlack glänzend (*COSMOS LAC*)

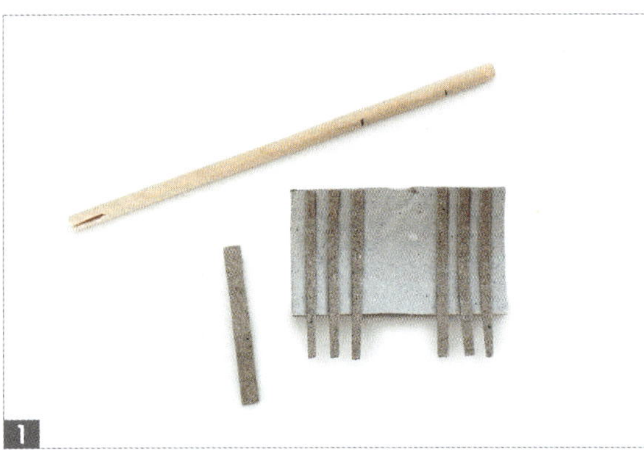

1

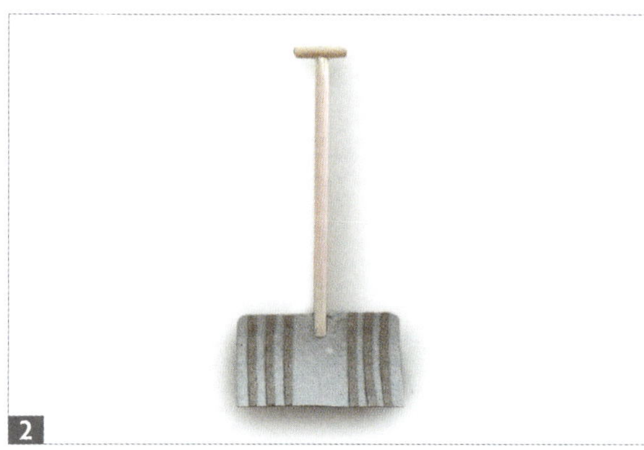

2

1 Aus der leeren Papierrolle ein 3 cm x 5 cm langes Stück ausschneiden, darauf werden sechs Pappstreifen à 3 mm geklebt. Das runde Bastelholz auf 8 cm kürzen, auf einer Seite einen 0,5 cm langen Spalt schneiden und das Bastelholz in dem Bereich etwas abflachen.

2 Jetzt wird das Holz auf den Schieber geklebt und farbig gestaltet. Das zuvor abgeschnittene Stück vom Bastelholz kann oben als Griff angeklebt werden.

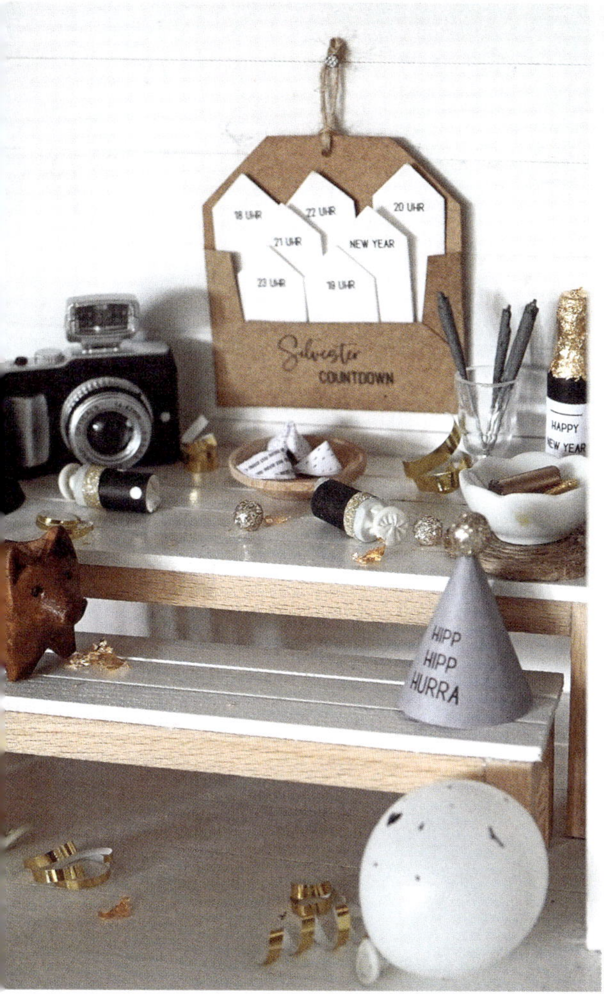

SILVESTER

Den letzten Tag im Jahr feiert unser Wichtel mit uns. In der Nacht zu Neujahr wird er dann allerdings abreisen. Bis dahin hat er jedoch noch eine paar tolle Sachen vorbereitet.

COUNTDOWN

MATERIALIEN

Kraftpapier in Weiß und Braun

Rubbelsticker

Vorlage Silvester

Druckvorlage ausdrucken. Wer möchte, klebt auf den Ausdruck verschiedene Papiersorten und druckt es über den oberen Einzug des Druckers erneut. Alternativ kann man die Vorlage zweimal ausdrucken, jeweils mit der gewünschten Papiersorte. Im Anschluss wird alles ausgeschnitten, an den Linien gefalzt und geknickt. Über den Text wird dann passend der Rubbelsticker zugeschnitten und aufgeklebt.

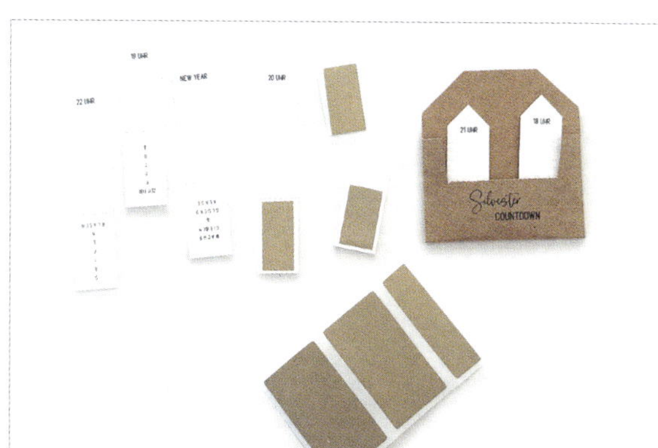

DEKORATION

Diese ist immer ein wenig abhängig davon,
was der Wichtel sich für den Countdown als Aufgaben überlegt hat.

Flasche zum Anstoßen

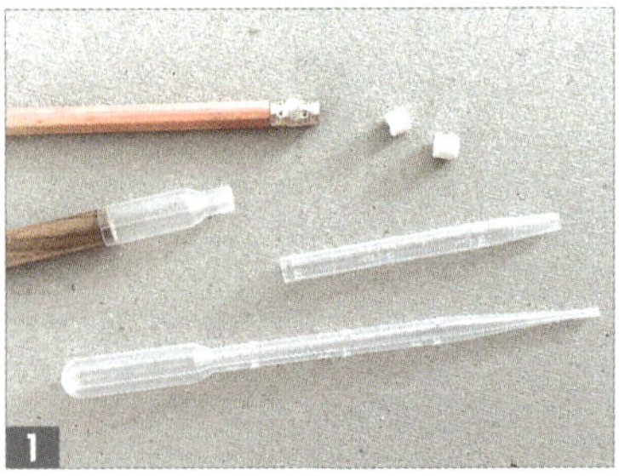

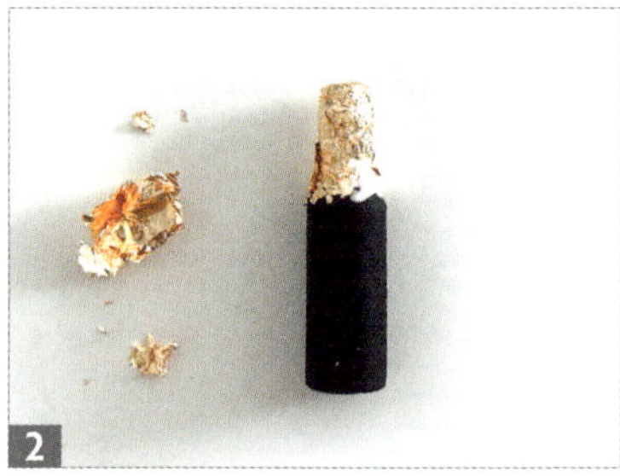

1 Aus einer Pipette, etwas Farbe und Blattgold lässt sich super eine etwa 4 cm große Flasche basteln. Der Boden kann mit einem kleinen Stück Rundholz mit einem Durchmesser von 10 mm verschlossen werden. Oben in den Flaschenhals passt ein kleines Stück Radiergummi von einem Bleistift.

2 Im Anschluss wird die Flasche schwarz eingesprüht und mit etwas Blattgold beklebt. In der Vorlage Silvester befinden sich auch ein paar Flaschenetiketten.

Konfettikanone

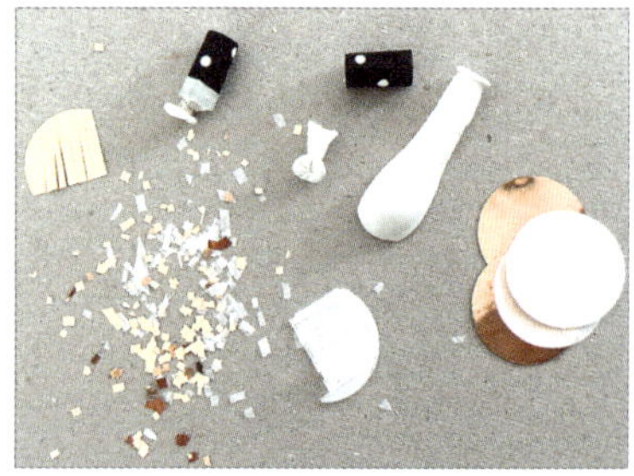

Aus bunten Pappstrohhalmen kleine Stücke à 1,5 cm schneiden. Kleine Wasserballons zuknoten, dann durchschneiden und mit der offenen Hälfte über den Papierstrohhalm ziehen. Fixiert wird das Gummi mit schmal zugeschnittenen Klebebändern. Für die Füllung Konfetti in kleine Stücke schneiden und einfüllen.

Wachsgießen

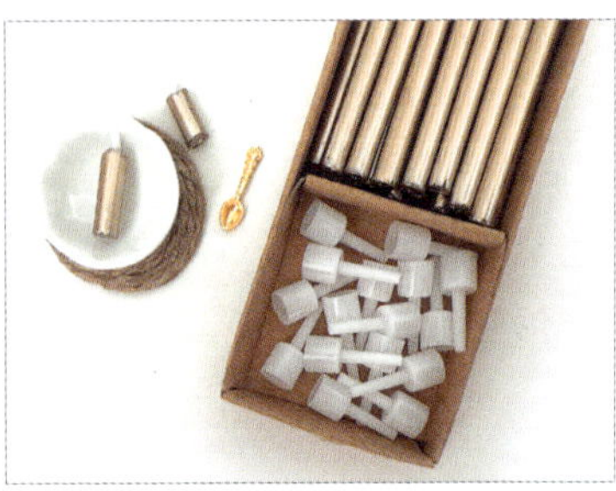

Aus einer kleinen goldenen Geburtstagskerze werden zwei kleine Kerzenstücke abgeschnitten. Dann wird der Docht etwas herausgearbeitet. Dazu stellt man dann eine Schüssel und legt einen Löffel bereit.

Glückskekse

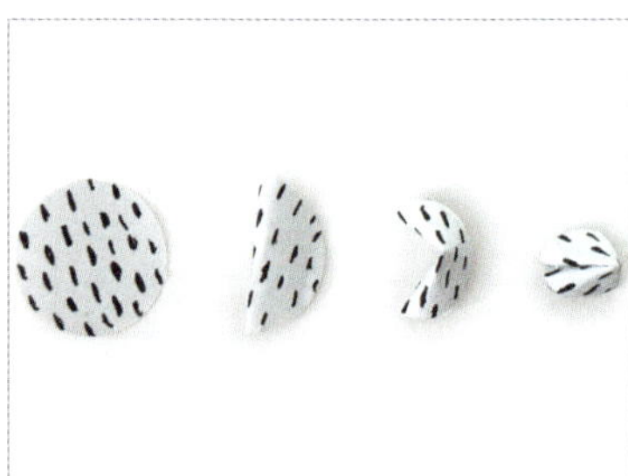

In der Vorlage Silvester befinden sich kleine 2 cm runde Kreise für Glückskekse aus Papier. Sie werden ausgedruckt, ausgeschnitten und wie im Bild zu sehen ist gefaltet.

Luftschlangen

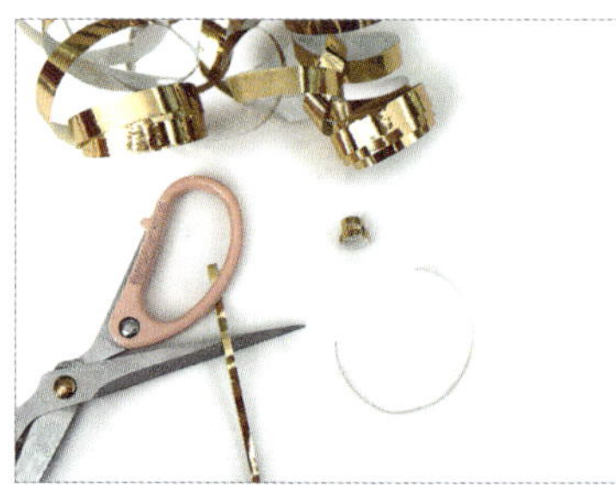

Aus alten Luftschlangen lassen sich schnell kleine für den Wichtel basteln. Dazu ein Stück der Luftschlange in dünne Streifen schneiden und – wie ein Geschenkband – neu kräuseln.

VITA UND DANKSAGUNG

Marie Krause, geboren 1984, liebt die skandinavische Wichtelwelt. Sie lebt mit ihren 5 Kindern, ihrem Mann und Golden Retriever Finni in Hamburg. Neben ihrem wundervollen, manchmal leicht chaotischen Familienleben arbeitet sie als Kinderkrankenschwester im intensivmedizinischen Bereich.
Ihre Liebe zu dieser besonderen kleinen Welt im skandinavischen Stil wächst stetig. Sie ist eine talentierte Autorin, in ihren Büchern bietet sie detaillierte Anleitungen und entfaltet ihre Kreativität.
Auf Instagram (*hej.wichtelthomes*) widmet sie ihrem Wichtel eine eigene Seite und ist für viele eine große Inspirationsquelle.

Lieben Dank an Svenja Wiglinghaus und allen Mitwirkenden aus dem Christophorus Verlag.
Ein ganz besonderer Dank geht an meinen Ehemann, da er mich immer unterstützt, liebt und wertschätzt. Nur durch ihn an meiner Seite konnte ich auch dieses Buch verwirklichen, dafür bin ich ihm unglaublich dankbar.
Ich danke meinen Kindern, die mir jeden Tag aufs Neue ihre bedingungslose Liebe schenken. Es ist so schön, sie aufwachsen zu sehen und ich bin so unfassbar stolz, ihre Mama sein zu dürfen.
Ganz liebe Grüße möchte ich auch in die Wichtel-Community schicken, ganz besonders an Daniela, die ich immer um Rat fragen kann und die mich schon ganz lang begleitet, an Christiane, die so ein tolles Gespür für schöne Dinge hat und so viel Liebe in sich und die Welt trägt.
Ich denke auch immer mit einem Lächeln im Gesicht an Geli, sie ist so unglaublich witzig und liebevoll.
Schön, dass es dich gibt, liebe Tanja, du faszinierst mich immer wieder aufs Neue mit deiner Kreativität und ich freue mich schon jetzt auf unsere nächsten gemeinsamen Projekte.

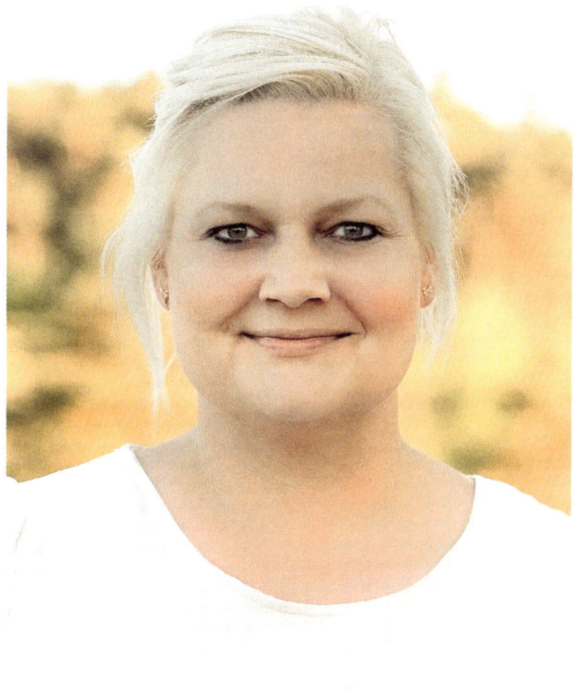

Lieben Dank auch an dich, liebe Franzi (Fotografie Heideliebe), für die Porträtbilder.

DANKE
Rayher
Edding
OwnGrown
COSMOS LAC
Eules Werkstatt
Basteln und Dekorieren
für die liebevolle Unterstützung mit ganz wundervollen Materialien.

IMPRESSUM

Autorin: Marie Krause
Fotos & Styling: Marie Krause
Produktmanagement: Svenja Wiglinghaus
Lektorat: Sigrun Borstelmann
Korrektorat: Mareike Weber
Umschlaggestaltung: Dominik Günzinger
Layout & Satz: Elke Mader
Repro: LUDWIG:media
Herstellung: Julia Hegele
Printed in Poland by CGS Printing

★★★★★

Sind Sie mit diesem Titel zufrieden? Dann würden wir uns über Ihre Weiterempfehlung freuen. Erzählen Sie es im Freundeskreis, berichten Sie Ihrem Buchhändler oder bewerten Sie bei Onlinekauf. Und wenn Sie Kritik, Korrekturen, Aktualisierungen haben, freuen wir uns über Ihre Nachricht an: Christian Verlag, Postfach 40 02 09, D-80702 München oder per E-Mail an lektorat@verlagshaus.de.

Unser komplettes Programm finden Sie unter

www.christophorus-verlag.de

Herstellerverzeichnis
Rayher, *www.rayher.com*
Edding, *www.edding.com*
OwnGrown, *www.owngrown.com*
COSMOS LAC, *www.cosmoslac.de*
Eules Werkstatt, *www.eules-werkstatt-shop.de*
Basteln und Dekorieren,
www.basteln-und-dekorieren.de

Die Deutsche Nationalbibliothek verzeichnet diese Publikation in der Deutschen Nationalbibliografie; detaillierte bibliografische Daten sind im Internet über https://www.dnb.de/ abrufbar.

ISBN 978-3-8388-3901-1

Kreativ-Service

Sie haben Fragen zu unseren Büchern und Materialien? Wir beraten Sie gern rund um alle Kreativthemen. Rufen Sie uns einfach an. Wir interessieren uns auch für Ihre eigenen Ideen und Anregungen. Sie erreichen uns per E-Mail: kreativ-service@c-verlag.de oder unter der Tel.: +49 (0)89-1306 99 577.

Besuchen Sie uns im Internet: www.christophorus-verlag.de & www.selbstgemacht.de